ドイツの最低生活保障

制度の仕組みと運用

田畑洋一 著

学文社

ドイツの最低生活保障

―制度の仕組みと運用―

はしがき

二〇〇二年三月、フォルクスワーゲン社の人事担当役員であったP・ハルツ氏を委員長とするシュレーダー首相の諮問委員会が発足し、そこで成案を得た「ハルツⅣ」法案が二〇〇三年一〇月一七日、ドイツ連邦議会で可決され、同一二月一九日に連邦参議院の同意を得て成立した．これにより、長い間懸案だった最低生活保障に関わる「社会法典」（SGB）の再編が実現し、同法は予定通り二〇〇五年一月一日に実施された．具体的には、従来の失業扶助とわが国の生活保護制度に当たる社会扶助を統合して、新たな給付＝「失業手当Ⅱ」を創設し、これを「求職者基礎保障」（Grundsicherung für Arbeitsuchende）として社会法典第二編に組み込み、同時に社会法典第一二編を社会扶助として再編するものである．

この「ハルツⅣ」改革は、「痛み」を伴う改革だけに厳しい批判と多くの論争をまき起こしていた．労働組合や福祉団体など、実際にその対象となる多くのグループが、ハルツⅣと結びついた失業扶助の廃止に真っ向から抗議したのである．だが、本書はそうした対立に照準を合わせたものではなく、ドイツ最低生活保障制度の主要な柱である、求職者基礎保障と社会扶助の仕組みと運用をわかりやすく解明することを目的にしている．

個人的なことをいえば、失業扶助と社会扶助の統合、すなわち「ハルツⅣ」改革が行われた丁度その間、二〇〇四年の九月一日から二〇〇五年八月三一日までの一年間、私はマルティン・ルター大学社会人類学研究所に留学の機会が与えられ、以後「ハルツⅣ」改革に関する研究を行うことができた．加えて「ドイツ公私扶助協会」や「連邦雇用エージェンシー」への訪問取材、また二〇〇五年七月には鹿児島国際大学とマルティン・ルター大学で研究チームを組織し、「ハルツⅣ法」改革に関する現地聞取り調査も実施した．本書は、そうした活動を通して纏めた論考を改めたものである．

ドイツの公的扶助としての最低生活保障制度は、単なる「受け皿」としてのセイフティーネットではなく、労働と生活を分離せずに、生活の基礎は労働にあるという認識から構築されたシステムといってよい．ドイツの就労支援と最低生活保障制度との関連あるいは最低生活保障制度や就労支援のあり方などの学びは、わが国に多くの示唆と教訓をもたらしてくれるものと思う．制度改革、とりわけ最低生活保障制度の改革にあたっては、労働することの価値と意欲を高める改革の考え方と方向性を示すことが必要であるが、本書がそのための一助になれば幸いである．

本書は三部構成になっており、まず第一部では「労働市場改革と最低生活保障制度」と題し、第一章「ドイツ労働市場の低迷とハルツ委員会」、第二章「最低生活保障制度の再編成」、第三章「最低生活保障制度の体系」を取り上げた．多くの紙面を割いている第二部では、最低生活保障制度の主柱である「求職者基礎保障制度」を取り上げ、受給資格者とその要件、諸給付、収入および資産の算入、就労奨励システムと制裁および第三者の義務、管轄・実施者と協力義務を考察した．第三部では、就労能力のない要扶助者を対象とする「社会扶助制度」を取り上げ、基本原則、給付の種類と方法、収入および資産の活用、実施者ならびに手続きの原則について論述した．そして巻末に給付申請申込書見本と索引を掲げ、参考に資するようにした．

本書は実に多くの方々から温かいご指導とご支援を受けて進められた．わけても指導教授の吉原直樹先生（現：大妻女子大学教授）をはじめ、そうした研究の機会と環境を与えていただいた東北大学大学院文学研究科の諸先生方に御礼を申し上げたい．また、日常的に研究上のご指導とご助言を賜り、多くの示唆を与えていただいた鹿児島国際大学大学院の前福祉社会学研究科長高山忠雄先生に改めて御礼を申し上げたい．さらに、本研究に対して、マルティン・

ルター大学社会人類学研究所の島田信吾教授（現：デュッセルドルフ大学教授）、同大学のS・タークゾルト助手、ドイツ公私扶助協会のP・フックス福祉部長（二〇〇五年当時）、本書の引用文献『Sozialhilfe und Arbeitslosengeld II』の著者であるJ・ヒュッテンブリンク弁護士をはじめ、多くの方々から直々に貴重なご助言をいただいた．図表と巻末の資料の作成に当たっては、鹿児島国際大学大学院生の陳琨君と大野さおりさんにご苦労をかけた．

最後になったが、本書は「鹿児島国際大学研究論文出版助成」を受けて刊行されるものである．ここに記して、大学および関係者各位に深謝の意を表したい．また学文社の田中千津子社長には、出版の計画から完成に至るまでお世話になった．厚くお礼を申し上げたい．

二〇一一年四月一五日

著　者

目次

第2章　諸給付

第4章　就労奨励システムと制裁および第三者の義務

第3部　社会扶助制度 187

第1章　社会扶助法の諸原則 188

第4章　社会扶助実施者 …… 225

第5章　情報の保護と手続きの原則……234

凡　例

1. 本書における資料の引用は左記によることとした。
　①本書においては、和書・洋書を問わず、本文の中で（著編者名　出版年：頁）の順で示した。
　②雑誌掲載論文についても、和書・洋書を問わず、（著者名　出版年：頁）の順で示し、法制度等については略語一覧を参照されたい。
　③引用文中の省略は………で示した。
2. 脚注は可能な限り同頁末に、文献は巻末に示した。

略語一覧（Abkürzungsverzeichnis）

ABM……………………Arbeitsbeschaffungsmaßnahmen
Abs. ……………………Absatz
Alg………………………Arbeitslosengeld
AltZertG ………………Altersvorsorgeverträge-Zertifizierungsgesetz
AsylBLG ………………Asylbewerberleistungsgesetz
BA ………………………Bundesagentur für Arbeit
BAfög……………………Bundesausbildungsförderungsgesetz
BEG ……………………Bundesentschädigungsgesetz
BErzGG ………………Bundeserziehungsgeldgesetz
BetrAVG………………Gesetz zur Verbesserung der betrieblichen Alterversorgung
BetrVG…………………Betriebsverfassungsgesetz
BGB ……………………Bürgerliches Gesetzbuch
BGBl. ……………………Bundesgesetzblatt
BR-Drucks. ……………Bundesrats-Drucksache

BSG ········ Bundessozialgericht
BSHG ········ Bundessozialhilfegesetz
BT-Drucks. ········ Bundestags-Drucksache
BVerfG ········ Bundesverfassungsgesetz
BVerwGE ········ Entscheidungssammlung des Bundesverwaltungsgerichts
BVG ········ Bundesversorgungsgesetz
CDU ········ Christlich-Demokratische Union
CSU ········ Christlich-Soziale Union
DV ········ Deutscher Verein für öffentliche und private Fürsorge
EGG ········ Existenzgrundlagengesetz
EStG ········ Einkommensteuergesetz
EU ········ Europäische Union
f., ff. ········ folgend (e)
FDP ········ Freie Demokratische Partei
GBD ········ Grundgesetz für die Bundesrepublik Deutschland
GSiG ········ Grundsicherungsgesetz
OVG ········ Oberverwaltungsgericht
PSA ········ Personal Service Agenturen
RdErl. ········ Runderlass
RVO ········ Reichsversicherungsordnung
s. ········ siehe
S. ········ Seite
SAM ········ Strukturanpassungsmaßnahmen
SGB II ········ Grundsicherung für Arbeitssuchende

SGB III……Arbeitsförderung
SGB VII……Gesetzliche Unfallversicherung
SPD……Sozialdemokratische Partei Deutschlands
vgl.……vergleiche
z.B.……zum Beispiel

図表一覧

第一部　労働市場改革と最低生活保障制度

第1章

ドイツ労働市場の低迷とハルツ委員会

一　失業の長期化と雇用戦略

一九九〇年一〇月三日の東西ドイツ統一以降、環境の激変と急激に進行したグローバル化も加わり、ドイツ労働市場は厳しい状況が続いた（田中 2003：79-83）．この間の失業率をみると、一九九七年秋から二〇〇一年春にみられた景気回復期には全ドイツの失業率は九・四パーセントまで改善したが、その後再び大きく上昇し、二〇〇四年七月には失業率一〇・五パーセント、失業者数約四四〇万人となった．二〇〇五年一月には失業者が五〇〇万人の大台を超えた[(1)]．連邦雇用エージェンシー（Bundesagentur für Arbeit）によると、二〇〇五年七月の全ドイツの失業率は一一・五パーセント（旧西ドイツ地域九・六パーセント、旧東ドイツ地域一八・六パーセント）、失業者数約四七五万人となっており、ドイツ労働市場は依然として厳しい状況にあることが分かる．

（1）二〇〇五年になって失業者数が急増したのは、建設関係の雇用減と「ハルツⅣ」の導入に基づき、社会扶助受給者のかなりの部分を失業者として処理する統計分類変更によるものである（田畑 2006d：14）．

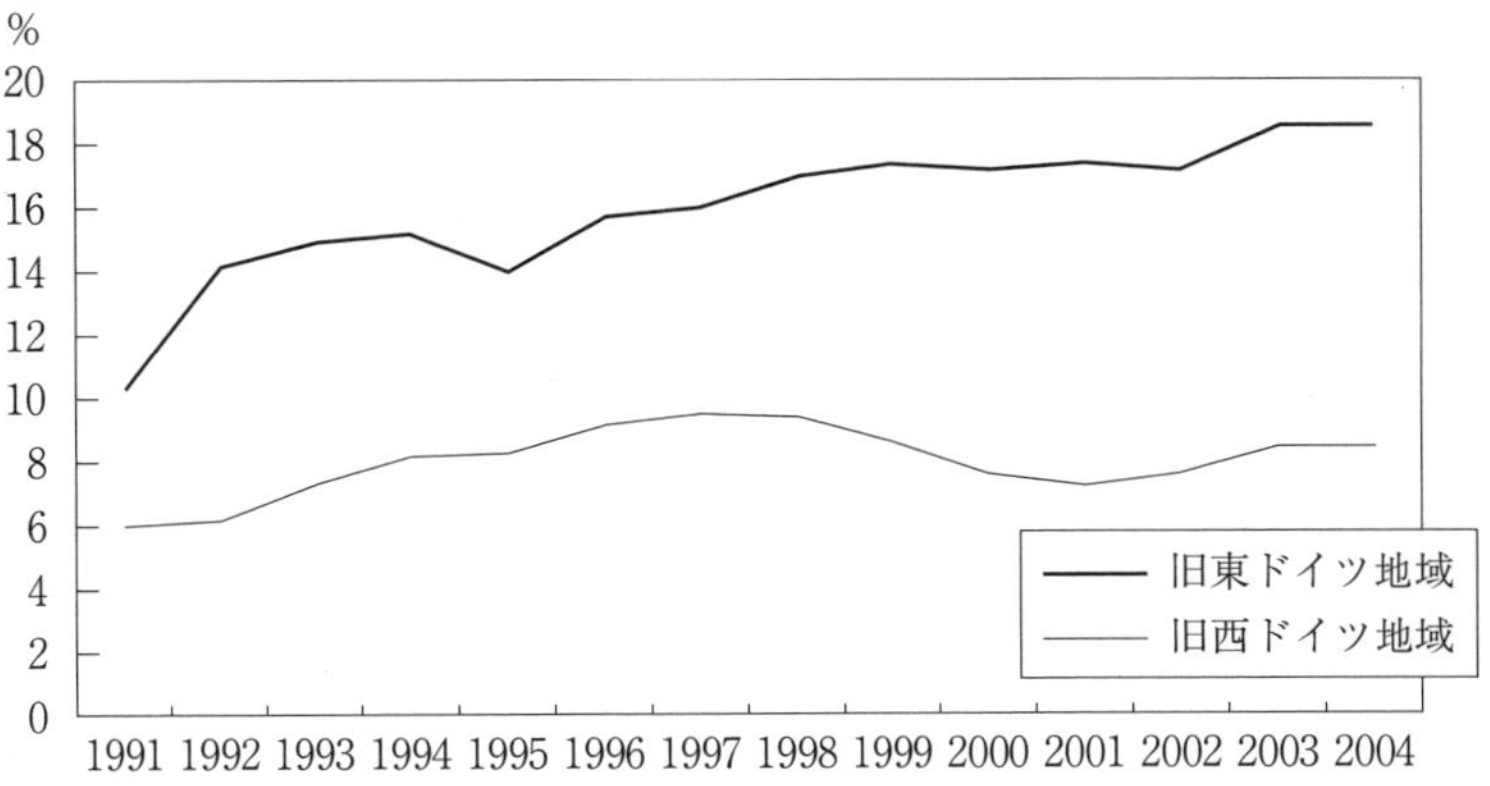

出所）連邦雇用庁（連邦雇用エージェンシー）

図1-1-1　ドイツの失業率の推移

こうしたドイツの高失業率の原因は、図1－1－1をみても分かるように、旧東ドイツ地域の雇用状況に起因している．旧東ドイツ地域では、統一とそれに伴うシステムの変化により、国営企業が閉鎖され、仕事の三分の一が失われ、同時期に旧西ドイツ地域は景気後退期に入ったため、統一ドイツの失業率は急上昇し、同時に就労率は低下した．一九九八年から二〇〇一年までの短い期間、景気回復がみられ、労働市場は改善したが、この改善は主として旧西ドイツ地域に限定されたものであった．しかし、旧西ドイツ地域でも、それほど良い状態にあるとはいえない．

ところで、失業者が短期間のうちに新たな職業に就くことができれば、失業率が高い場合でも、個人の精神的負担は比較的小さいと考えられる．だが、失業が長期化すると精神的にも経済的にも負担が大きくなるため、失業期間が一年以上の長期失業者への対応が緊急かつ重要な課題となる．ドイツでは、失業者全体に占める長期失業者の割合は高く、一九九二年の二五・八パーセントから一九九八年には最高の三六・七パーセントに増加し、二〇〇三年でも三六・四パーセントと高率を占めていた（図1－1－2）．

こうした人々のほとんどは、充分な職業訓練を受けていない者、中

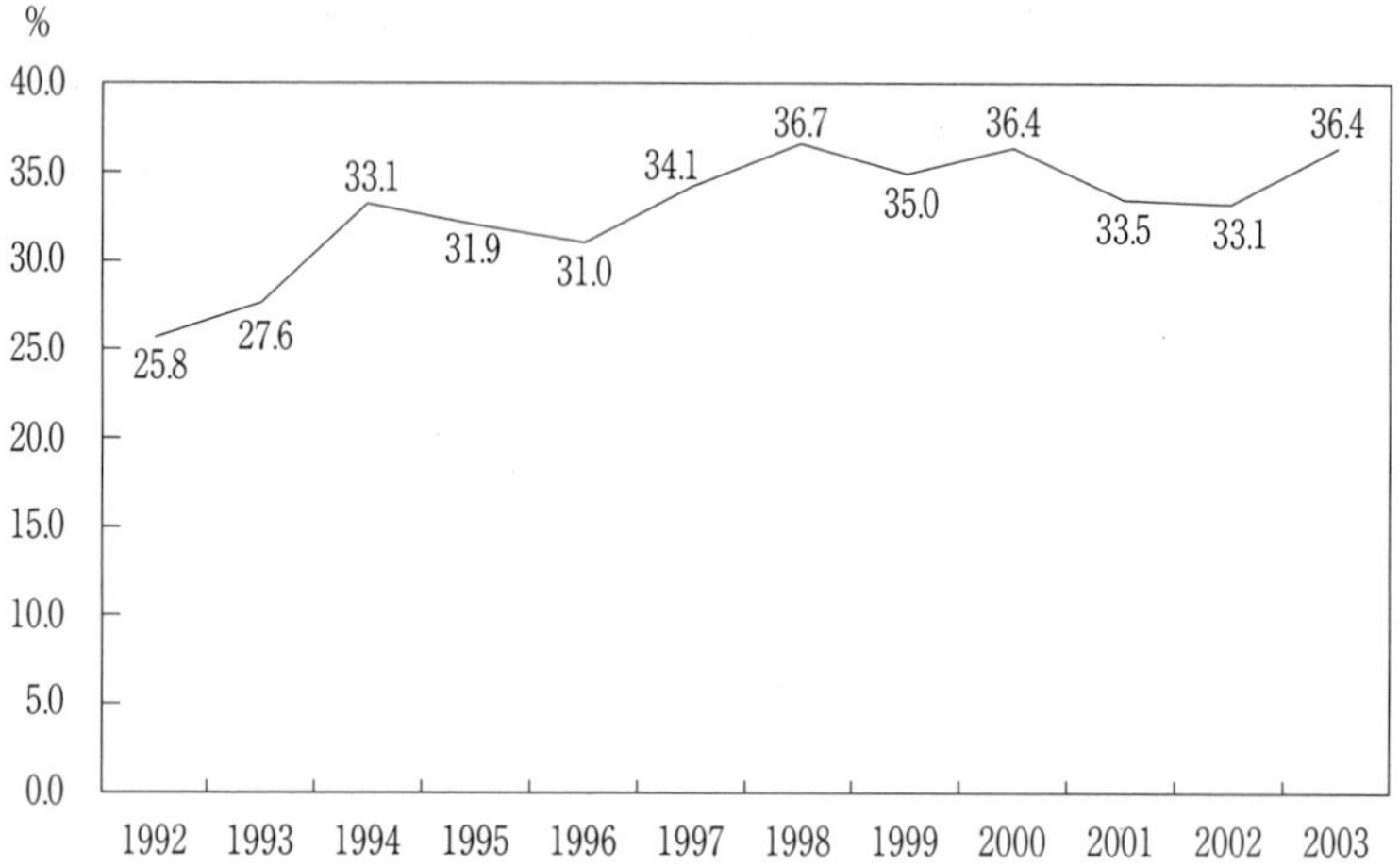

出所）連邦雇用庁

図1-1-2　失業期間１年以上の長期失業者の割合

高年、健康に問題を抱える者、市場経済への移行に伴い職を失った旧東ドイツ地域の女性たちであるが、失業を長期化させるのは失業者や需要側の要因だけではない．「国の政策、とりわけ失業保険制度が大きく影響する」（小原 2004：34）．失業という深刻な事態に直面した者にとって、求職活動の期間中における失業保険給付は真に生命線であり、失業保険加入者が失業状態になれば失業保険給付が行われるのは当然である．このことに誰も異論はないだろう．問題は、給付の中身が失業者の再就職インセンティブを低下させてしまう場合である．給付内容が良いために再就職インセンティブがそがれ、再就職活動が鈍化するとすれば、本来もっと早く再就職できたはずの人を長く失業状態にとどめてしまい、それがさらに再就職を困難にさせることになる（樋口 2001：42）．そのために、ドイツでは研修生受入促進プログラムをスタートさせる等、一連の雇用促進のための措置が行われてきた．他方、失業率を下げる目的で高齢者を非労働力化させるための早期引退政策を採ってきたが、これらは失業率を下げることにも、若年層に雇用機会を提供することに対しても、きわだった効果をあげることができなかった．

こうした中で、既に一九九〇年代にＯＥＣＤとＥＵの雇用戦略が相次いで提起され、失業問題への対応策が雇用戦略という形で打ち出されていた(2)。ＯＥＣＤの雇用戦略は、詳細な分析に基づく対応策を提起しただけだったのに対して、ＥＵ雇用戦略では、加盟各国が雇用ガイドラインに基づいて行動計画を策定し、政策評価が行われるという一連の枠組みを築き上げた。この行動計画は、各国に裁量が認められており、どのような政策を実施するかは各国政府に委ねられているが、政策評価が公表されるため、一定の対応をせざるを得ない構造になっていた。

ＥＵ雇用戦略は、どの個人も生産のみならず、社会全体の発展への活動的な参加を通じて貢献できるようなアクティブな社会の構築をめざしている。それ故、激しい競争原理の下では弱者が社会から排除される危険性が高いことを考慮し、労働を通じて国民を社会的に統合する連帯の道を選択したのである。そこでは福祉国家の背後にある連帯という価値観は維持するものの、これまでの所得の再分配という消極的な連帯のあり方から、経済活動に参加する機会のよりよい分配というより積極的な連帯方式にシフトしていくべきだとし、これからは雇用にプライオリティを与えて、すべての人を社会に統合していくことが目標にならなければならないと主張するのである。労働の機会を与えることによって労働市場に参加できるようにし、労働を通じて社会的統合を進めていくという政策理念である。「労働は所得を付与するというだけではなく、…個人の尊厳であり、社会的なつながりであり、認知であり、生活を組織する基盤」との原理的論議にも踏み込み、もはや社会問題は社会の上層と下層の不平等にあるのではなく、「社会の中に居場所のある者」と「社会から排除されている者」との間にあるとの視角を提起したのである（Green Paper 1993）。そして人口高齢化という趨勢に対しても、短縮する一方の職業生活期間の延長の方向に反転させることを主張するの

（2）ＯＥＣＤならびにＥＵの雇用戦略については、労働政策研究・研修機構（二〇〇四年）『労働政策研究報告書 No.15』を参照。

である．ここでは、もろもろの社会的給付が社会政策の中心ではなく、「雇用政策こそが社会政策の中核にならなければならない」（濱口 2004：24–25）という考えになる．

こうした理念を実現していくためには、長期失業者や若年失業者などの再就職を促進することが不可欠になる．したがって、ＥＵの雇用戦略は失業率それ自体を下げることを目的とするのではなく、むしろ就労率の引き上げを目標にする．「適切な技能を付与し、安定的な雇用に持っていくことこそ、『失業の罠』『貧困の罠』から脱却させることになるというのが、ＥＵ雇用戦略の基本的な考え方なのである」（濱口 2004：27）．そのために打ち出された政策は、失業給付の水準を大幅に下げるというのではなく、失業保険給付と再就職活動を一体化させ、失業者に対して失業給付の権利を保障するとともに、再就職活動の義務（責任）を課することを明確にした．

ＥＵ雇用戦略の影響もあって、各国とも九〇年代後半から政策スタンスを転換し、受動的労働市場政策から積極的労働市場政策に移行し、税制や失業給付を改革し、「失業の罠」「貧困の罠」を防止するために、「from Welfare to Work」（福祉から就労へ）、「making work pay」（働くことが経済的に引き合う）といった内容の改革が実践されている（伊藤 2004：3）．たとえば、イギリスでは失業給付受給者に職業訓練への参加を義務づけ、またデンマークにおいては失業給付の受給期間の短縮とそれを二年以上受給する場合のその者に対する職業訓練への参加の義務づけ等が行われた．これらの改革は、就労可能な者については、できるだけ早く就労が可能になるよう、職業訓練への参加を要請し、求職活動を支援し、給付を真に必要な者に限定するという共通点がある．ＥＵ統合を牽引してきたドイツに対しても、そうした政策転換に基づく労働市場改革をはじめとする構造改革の実施を迫る国内外の要求が高まっていた．

二　ハルツ委員会の指導理念と原則

ドイツ労働市場の低迷は、二〇〇二年の年始から一段と深刻な状況に突入していた．シュレーダー首相（社民党＝SPD）は、失業者数を減少させるという政権発足当初の公約を守ることができないまま、連邦議会選挙が行われる二〇〇二年を迎えることとなり、加えて、こうした時期に職業安定所（現、雇用エージェンシー）が集計し、公表している職業紹介実績を水増し公表するという不祥事に見舞われた．他方、最大野党のキリスト教民主・社会同盟（CDU／CSU）は連邦議会選挙をにらんでシュレーダー政権の経済・労働政策を批判し、連立与党、とくに「SPDの支持率は経済・労働市場の状況悪化と連動する形で低下していった」（横井 2003：27）．これに対して、政府は連邦雇用庁に関する緊急の組織改革と失業問題の改善を図るため、二〇〇二年二月、「労働市場における現代的サービス事業委員会」（Kommission "Moderne Dienstleitungen am Arbeitsmarkt"）という名の諮問委員会を設置し、これに労働市場に関する包括的改革案の策定が委ねられた．同委員会は委員一五名で構成されており、委員長であるフォルクスワーゲン社の人事担当役員であるP・ハルツ氏の名前を採って、通称「ハルツ委員会」（Hartz-kommission）[3]と呼ばれている（Stumberger 2005：11）．

（3）ハルツ委員会は、企業関係者六人、労働組合関係者二人、自治体関係者三人、商工団体関係者一人、大学教授一人、企業コンサルタント一人、研究機関一人の計一五人から成る委員会である．委員長のハルツ氏（六三歳）は、フォルクスワーゲン社が経営不振に陥った時に、週四日勤務制の導入によるワークシェアリングを実施するなど、斬新な労務対策によって経営危機を切り抜けた立役者の一人であり、最近では失業者を一律五、〇〇〇マルクで五、〇〇〇人雇用する「五、〇〇〇×五、〇〇〇」賃金協定モデルの考案者としても知られており、労働界では著名な人物である．ただし、フォルクスワーゲン社のチェコ共和国の子会社であるシュコダ自動車に絡む部下の汚職事件が発覚し、ハルツ氏の関与を疑われる等の混乱を招いたため、二〇〇五年七月、ハルツ氏はフォルクスワーゲン社を引責辞任した（田畑 2006c：80）．

ハルツ委員会の基本構想は、一方で職業教育・就職支援の強化や高齢労働者の早期退職を防止する補助策あるいは労働市場の柔軟化措置を実施し、他方で失業給付や社会扶助に依存して就労を回避しようとする者に対するペナルティーを強化し、労働市場への復帰を促すことによって失業率の低下を達成するというものである。この構想は、手厚い失業給付や社会扶助給付がしばしば低賃金労働に就労するよりも有利な状態を生み出し、失業者が再就職に消極的になっているという「CDU／CSUの経済重視派やFDP（自由民主党）のかねてからの批判を取り込んだものとなっている」（横井 2003：28）．同委員会の最終答申では、失業者を労働市場に参入させるという目的達成のためには、ある程度の制裁措置を伴う強制を行うが、労働市場に参入する失業者に対しては支援も約束し、このようなやり方で労働市場の改善を図ろうとする考えが基本にある．同委員会答申ではそれを「『自助努力は引き出し、保障は約束する』（Eigenaktivitäten auslösen-Sicherheit einlösen）という新しい指導理念で表現している」（都倉 2002：53）．そのために、連邦雇用庁の抜本的な組織改革を行い、これを職業紹介等のサービス提供に重点を置く運営体に変革し、失業者の職業相談にもきめ細かく対応する代わりに、失業者にもそれ相応の要求をしていくという改革の方向を定めた．これを「支援と要求」（Förden und Forden）という原則で示した(4)（Marburger 2005：11–13）．これは、当事者を支援するが、同時に当事者に協力を求めるというもので、「最初から圧力をかけて強制するものではないが、協力に欠ける場合は支援を受ける権利がないという考え方である」（庄谷＝布川 2002：38–55）．ここにいう支援とは、概していえば、適切な情報・相談・ケア・紹介および紹介バリアの排除をいい、要求とは、自助努力・積極的な協力などを緊密な連携の下で行うことをいうが、失業給付および社会扶助改革をはじめとする一連の労働市場改革は、まさにこの原則に沿

（4）Moderne Dienstleistungen am Arbeitsmarkt 2002：45ff.

って行われたのである．

三　ハルツ委員会答申の法制化

ハルツ委員会は，「支援と要求」をモットーに委員会発足から六ヵ月を経た二〇〇二年八月一六日に最終答申を行った．この答申の中には，連邦雇用庁等の組織変革に関する事項，職業紹介の迅速化とサービスの向上等，失業者を労働市場に参入させる施策および失業関係給付の整理・統合などが盛り込まれた[(5)]．

ハルツ委員会はこれらの施策の全部を実施することで，平均失業期間三三週間を二二週間にまで短縮し，約四〇〇万人の失業者を二〇〇五年までに半減させ，これにより失業にかかる公的支出を現状の三九二億ユーロから一九六億ユーロまで節減することが可能であるとされていた．だが，このことの達成可能性に関しては，答申発表時から疑問視する声もあった．いずれにしても与野党，経営者団体，エコノミスト，そして労働組合など各方面から大きな反響を呼んだ（駐在員事務所報告 2003：13）．

二〇〇二年九月の総選挙で辛うじて再選を果たしたシュレーダー首相は，最終答申の公表を受けてからその法案化に着手した．しかし，ハルツ委員会答申が発表された後からは，野党や労働組合をはじめとした利害関係者の反発が続き，結果として妥協の色合いが濃いものとなった．それらの関連法案は二〇〇三年一二月までに成立し，段階的に施行に移されている．法案は，全部で四つにまとめられ，通称「ハルツⅠ」，「ハルツⅡ」，「ハルツⅢ」，「ハルツⅣ」

（5）ハルツ委員会の答申内容に関しては都倉祐二（二〇〇二）「シュレーダー政権の課題―ハルツ委員会の答申と労働市場改革―」『海外労働時報 No.330』五〇頁以下を参照．

表1-1-1　労働市場改革立法の概要

法　律　名	主要な内容
労働市場の現代的サービスのための第1次法 （第1次ハルツ法）	① 労働契約終了にあたっての職安への通知義務 ② 人材サービス機関の設置 ③ 労働者派遣法改正 ④ 失業給付の諸改正（スライド制の廃止、中断期間の柔軟化、就労要求可能性の若干の厳格化） ⑤ 職業訓練有価証券の導入 ⑥ 有期労働契約の緩和（52歳以上の労働者の雇用では正当事由不要）
労働市場の現代的サービスのための第2次法 （第2次ハルツ法）	① 起業支援（「私会社」「家族会社」） ② 些少労働（ミニジョブ）改革 ③ 家庭におけるサービス給付の導入
労働市場改革法	① 解雇制限法改正 ② 設立企業における有期雇用契約の最長期間の廃止 ③ 失業給付金の減額
手工業法改正および小企業促進のための法	手工業の中核に属しない単純行為の、非手工業企業による行為
労働市場の現代的サービスのための第3次法 （第3次ハルツ法）	① 連邦雇用庁・職業安定所改革 ② 失業手当受給権の要件の緩和 ③ ABM と SAM の統合
手工業法およびその他の手工業法の諸規定改正のための第3次法	① マイスター強制を有する企業数の減少 ② 経験職人による手工業企業譲り受けの簡易化 ③ マイスター制度の緩和
労働市場の現代的サービスのための第4次法 （第4次ハルツ法）	① 失業扶助手当と社会扶助手当の統合（失業手当Ⅱの制度化） ② 就労支援の強化と制裁の厳格化 ③ 実施機関の統一と協働化

出所）Jahresgutachten 2003/2004：143. 一部修正

と呼ばれる四本の法律が成立した（正式には「労働市場における現代的なサービス提供のための（第一〜第四）の法律」という）．これらの法律の内容は極めて多岐にわたるが，ここでは主要な内容だけに触れておきたい[(6)]（表1-1-1）．

「ハルツI」（二〇〇三年一月施行）により，早期の求職義務が労働者に課せられ（SGB第三編第三七六条），労働者は保険義務関係の終了時点を知ったらすぐに自らの求職者登録をしなければならなくなった．これに伴い失業者の再就職を促すため労働者派遣事業として，ジョブセンターに人材派遣エージェンシー（PSA）が導入された（橋本 2005：187，野川 2006：10）．すなわち，人材派遣会社の機能をもつPSAを設置し，PSAが失業者を雇用し派遣労働の形で新しい職場を仲介するというもので，ハルツ委員会答申の中で「失業者削減の核心」と表現されている対策である．PSAに登録された失業者は，PSAの派遣社員としての身分で企業に派遣されるが，この派遣を拒否した場合は，一定の制裁が科せられる．派遣労働者の賃金については，民間の派遣会社による派遣労働者も包含した新しい規定を導入し，派遣受入れ企業の労働者の賃金と原則同一水準とするという「平等の原則」が採用された（労働者派遣法[(7)]第三条一-三）．ハルツ委員会答申では，自由で柔軟な派遣を可能にすることを目指し，①PSA派遣労働者の試用期間中の賃金は失業手当支給額相当額とする，②試用期間終了後はPSAのために取り決められた賃金協定が適用されるとしていたが，この点が労働組合の反発にあい，右規定のように大幅な譲歩を余儀なくされた．そのため，

(6) ハルツ立法全般の解説として名古道功（二〇〇四）「ドイツにおける労働市場改革立法」労働法律旬報一五七一号，橋本陽子（二〇〇五）「第二次シュレーダー政権の労働法・社会保険法改革の動向－ハルツ立法，改正解雇制限法，及び集団的労働法の最近の展開－」『法学会雑誌四〇巻二号』学習院大学などを参照．

(7) 労働者派遣法の正式名は「国境を越えた業務における強制的労働条件（適用）の為の法律」である．派遣元事業主・派遣先事業主・労働者の三角関係を規定する日本の労働者派遣法とは，名称は同じでも内容が大きく異なる．

派遣労働者はすべて正規職員と同等に遇することになり、雇用機会の拡大どころか、逆に縮小する可能性が高くなったとの批判があり、ハルツ委員長自身も平等化原則を厳しく批判した(8)。派遣か否かに関わらず、労働者の同一労働・同一賃金の原則は追及するべき課題であるが、ハルツ委員会ではそれが求められておらず、「逆に低い賃金を認めることで雇用を促進しようとしていた」(名古 2005：79‒80)のであった。

「ハルツⅡ」(二〇〇三年一月施行)は、失業者による「個人企業」(Ich‒AG)の創業に対する自立補助金制度や税・社会保険料負担について軽減措置となるミニジョブ等の低賃金労働(geringfügige Beschäftigung)の定義拡大などを内容とし、概ねハルツ委員会の答申を踏襲している。ただし、当初予定されていた「個人企業」に対する法人所得税の一括課税(Pauschalbesteuerung)を一〇パーセントまで抑えるという優遇策は今回見送られた。また、ハルツ委員会答申では低賃金労働として定義される所得水準を月額五〇〇ユーロまで引き上げ、雇用側の税・社会保険料負担を一律一〇パーセントまで引き下げるというものであったが、法案化の過程では社会保険財政の悪化が危惧され、結果として定義上限は月額四〇〇ユーロに抑えられ、雇用側の税・社会保険料負担も一二～二五パーセントまでの引き下げにとどまった(SGB第四編第八条二、六編第一六八条)。

「ハルツⅢ」(二〇〇四年一月一日施行)は、ニュールンベルクにある連邦雇用庁(Bundesanstalt für Arbeit)を連邦雇用エージェンシー(Bundesagentur für Arbeit)に組織替えし、雇用仲介のための「サービス」を充実させることを目的としている。この「ハルツⅢ」の実施により、連邦雇用エージェンシーは従来の「失業者管理」から「職業仲介

(8) ハルツ氏は労働組合が「『同一労働同一賃金』のテーゼに固執するならば、派遣労働は、かなりの程度、機能し得ない」(『Der Spiegel』48/2002)と述べ、結局、派遣労働者は雇用されなくなり、立法者の意図とは逆に、派遣労働は減少すると指摘した。

サービス」に重点を移したことになる．また，地方の「職業安定所（Arbeitsamt）」も「雇用エージェンシー（Agentur für Arbeit）」と名称が変更された．その他の改正点は，①失業保険受給権の要件等の簡素化，②雇用調整措置と構造調整措置との統合（前者を特に失業率が高い地域および職業に重点化した上での促進など，労働市場政策のための手段投入の簡素化），③高齢者の就労保障を拡大し，また若年者就労の潜在性を開拓する新たな措置などである（名古 2005：107）．

「ハルツⅣ」（二〇〇五年一月一日施行）は，既述したように，従来の失業扶助（Arbeitslosenhilfe）と社会扶助（Sozial-hilfe）を統合し，失業扶助を廃止して失業手当Ⅱ（ArbeitslosengeldⅡ）を新設するというものである．この点については，以下で詳細にみていくこととする．

四　ハルツⅣの立法手続き

ハルツⅣの目的は，新たな社会法典第二編において，就労可能な要扶助者（erwerbsfähige Hilfebedürftige）に対する給付として，失業扶助と社会扶助とを統合した制度に再編することである．以後，新たな給付は失業手当Ⅱ（AlgⅡ）と呼ばれる．

1　前置き

このプロジェクトのための準備は，ハルツ委員会と並行して活動していた，いわゆる地方自治体財政改革委員会（Gemeindefinanzreformkommission）において主に進められた（Albers 2004：118）．二〇〇二年三月二七日，連邦政府（Bumdersregierung）は悪化し続ける地方自治体（Kommunen）の財政状態に直面して，地方自治体のための「地方自治体財政改革委員会」を設置した．連邦大蔵大臣および連邦労働・社会秩序大臣（二〇〇二年の連邦選挙および連邦政府再編成の後は連邦経済雇用大臣）がその委員長のポストを占めていた．内閣の委員会設置決議に当たって、委員会に課せられた課題は、主として「委員会活動を地域団体のための営業税の将来に焦点化すること、ならびに異なる社会的所得移転システム（sozialen Transfersysteme）、とりわけ失業扶助と社会扶助のより効率的な編成による経済効果」を調べることであった（Steck/Kossens 2008：1）．

新しい給付の重要な目的は、人々を労働市場へ統合させることである．新しい給付は、就労可能な要扶助者のすべてを対象にすべきで、また就労可能な要扶助者と同じニーズ共同体に生活している就労不能な人々にも、生計費給付の機会が与えられるべきであるとされた．同委員会では給付額についての合意は得られなかったが、新しい給付は少なくとも需要を充たすべきであるという点のみは合意がなされた．そして基礎保障給付の基準については、社会扶助がそうであるように、社会文化的な最低生活費が基準となるべきであるとした．そのために基礎保障給付の査定システムは、社会扶助に倣う必要があり、社会扶助は照準給付（Referenzleistung）としての機能を持つことになる．同委員会の委員は、給付の包括化（Pauschalierung）を推し進め、税金から支給される最低生活費の引き上げは見送るべきである、との前提から議論が開始された（Steck/Kossens 2008：2）．

2　法案／調整手続き

二〇〇三年九月一一日、連邦政府ならびにキリスト教民主同盟・キリスト教社会同盟（ＣＤＵ／ＣＳＵ）などの連邦議会連合は、失業扶助と社会扶助を統合するための法案を連邦議会に提出した(9)．キリスト教民主同盟・キリスト教社会同盟の州政府を代表して、ヘッセン州が、キリスト教民主同盟・キリスト教社会同盟連邦議会連合と同じ文面の草案を連邦参議院に提出した．多くの点で連邦政府の法案と，キリスト教民主同盟・キリスト教社会同盟の提出した生存基盤法（EGG）のための草稿は一致していたので，基本的骨格および多くの実質的問題においては当初から合意がみられた．どちらの草稿にも共通していたのは，税金によってまかなわれている失業扶助と社会扶助の二つの扶助について，①今日の社会扶助の水準での統合，②新しい給付に対する費用は連邦の負担にする，③たとえ実際の管轄署が異なるとしても，均一額で実施する，④扶助を求める者の立証責任，すなわち，扶助を求める者はなぜ就労しないのか，根拠のある理由を立証しなければならなくなる，⑤受動的な給付受給者に対しては，支援と要求をより強調すること，⑥統合協定（Eingliederungsvereinbarung）の締結，⑦度重なる労働拒否に対する制裁の強化，⑧以前の失業扶助および社会扶助受給者に対する就労奨励の統一，⑨方法は異なるが，社会給付における双方のグループの平等な取り扱い，などであった（Steck/Kossens 2005：2）．

失業扶助と社会扶助の統合法案に対する両者の大きな違いは，実施者（Trägerschaft）に関する問題にあった．連邦政府の草案では，新しい給付を連邦雇用エージェンシー（連邦雇用庁の改称）に移管する予定であった．これに対し，キリスト教民主同盟・キリスト教社会同盟連邦議会連合の法案は，社会扶助を管轄している地方自治体の管轄区域を利用して，新しい給付に対する管轄を基本的には地方自治体に委嘱する意向であった．同時に，各州間の財政調整のほかに，連邦と地方自治体間の継続的スライド式の負担調整を修正し，憲法上保障することも考慮に入れていた．野党は，新しい給付の資金調達を基本的に連邦に割り当てたいという意見であったからである．

その他，両者の法案の大きな違いは，キリスト教民主同盟・キリスト教社会同盟連邦議会連合の草稿は政府の草稿

（9）BT-Drucks15/1516.

とは逆に、低賃金層の支援（Förderung des Niedriglohnsektors）を予定している点にあった．ここで問題になったのは、受給資格のない低所得層に対する賃金加算（Lohnzuschläge für Geringverdiener）である．この支援の新形式こそが、キリスト教民主同盟・キリスト教社会同盟連邦議会連合の生存基盤法の根幹を構成するものであり、それはわずかな、あるいは乏しい専門教育しか受けていない人々にも新しい仕事を与えられるようにするためである．

二〇〇三年一二月、連邦議会に代表を送っている党派のすべての総裁が史上初めてそろって交渉の席につくという、画期的な調整手続き会議の終了後、地方自治体（郡および郡に属さない市）が望めば、実施を担うという選択肢を含むという妥協案で意見が一致した．しかし、通常の事例には連邦政府が提案したモデルが適用され、「受動的金銭給付」（passiven Geldleistungen）および労働市場への「能動的統合給付」（aktiven Eingliederungsleistungen）は連邦雇用エージェンシーが実施し、住居費用および心理社会的サービスは地方自治体の実施となる．その際、要扶助者に扶助を提供する機関を一本化するために新設される現業の共同組織（Arbeitsgemeinschaften vor Ort zusymmenarbeiten）において、連邦雇用エージェンシーと地方自治体の双方の機関は協働すべきことになる（Steck/Kossens 2005：3）．

この選択肢に関する条項（Optionsklausel）は原則ができあがったのみであったので、さらに連邦施行法（Bundesausführungsgegesetzes）が必要であった．この社会法典第二編による地方自治体実施選択肢法（Optionalen Trägerschaft von Kommunen）、は、非常に難しいさらなる調整手続きを経て、二〇〇四年六月三〇日にようやく完了した[10]．今日では、後述するように、全ドイツで計六九の地方自治体に選択権が認められ、実験条項（Experimentierklausel）の枠内でそれが行使されている（SGB第二編第六a条）．

(10) BT-Drucks15/1516.

第2章

最低生活保障制度の再編成

最低生活保障制度は、いかなる拠出も要せずに基本的ニーズを租税でカバーする最終のセイフティーネットである．しかし、ドイツの最低生活保障制度は、単なる「受け皿」としてのセイフティーネットではなく、労働と生活を分離せずに、より快適な生活の基礎は労働にあるという認識から構築されたシステムといってよい．その基本的な考えはまさにワークフェアである．だが、脱工業化・サービス経済化あるいはグローバル化が進展している今日、ワークフェアの前提は必ずしも現実的とはいえない．そうだとすれば、雇用の機会を享受できるかどうかにかかわりなく、平等に最低限所得をすべての市民に国家が支給するという仕組みも、財政的に成り立つのであれば、一定の合理性がある．こうしたベーシックインカムの実施には、一見すると膨大な費用がかかるように思える．たが、「各種の社会保障制度がベーシックインカムに統合されることやそれ自体が従来の社会保障制度に比べて単純な仕組みであるため、その運営にあまり費用がかからないと考えることができる」ので、「必要な費用はそれほど膨大なものにはならないという見方もできる」[1]（平岡 2007：36）．しかし、現実的には、少なくとも近い将来において、ベーシックインカムの

（1） たとえば、小沢は日本におけるベーシックインカムの構想の実施は費用的に十分可能であると述べている（小沢 2007：164−180）．

仕組みが全面的に導入されるとは考えにくいが、この制度による就労へのインセンティブが失われるのを防止し[2]、この構想の趣旨を活かしながら導入されたのが、今回のドイツ新最低生活保障制度であるといえよう．

これまでドイツの失業時生活保障は、失業手当、失業扶助、社会扶助の三重構造になっていた．すなわち、第一段階の失業手当がわが国の雇用保険求職者給付に相当する役割を担い、第二段階では社会保険と公的扶助の性格を併せ持つ失業扶助が、そして第三段階では、わが国の生活保護にあたる社会扶助が最後のネットとしての役割を果たすという構造である．しかし、一九七〇年代以降の失業期間の長期化に伴って、稼働能力のある失業者の社会扶助受給が増大するなど、失業扶助と社会扶助の対象者を明確に区別することができず、制度と予算の重複化の問題や失業者への支援体制の非効率性が指摘されていた（横井 2004：36）．既述したように、ＣＤＵ／ＣＳＵの経済重視派やＦＤＰは、失業者が再就職に消極的になっているのは手厚い失業給付や社会扶助給付にあるとの批判をかねてから行っており、労働市場改革の一環としての失業給付および社会扶助改革は、そうした批判を取り込み実施されたのである（田畑 2006b：10）．

一　失業保険給付期間の短縮等の実施

労働市場改革は、二〇〇三年一月一日に施行された前述の「ハルツⅠ」と「ハルツⅡ」によって幕を開けた．これ

（2）インセンティブ問題について後藤は「…経済学者たちが懸念するように、これらの制度はインセンティブ問題をともなうおそれがある」が、「人びとがそのように行動する可能性があるという問題と、そのような行動を人びとが容認することとは別問題である」と述べている（後藤 2006：172）．

により解雇保護法（Kündigungsshutzgesetz）の適用範囲が緩和され、二〇〇四年一月一日以降、一〇人以下（従来は五人以下）の企業において新たに雇用されるものにとって同法は有効ではなくなった．この改正は、ドイツの労働法関連規定が労働者の権利を過剰に保障しており、一旦雇用すると解雇することが難しく、そのことが雇用創出の障害になっているという批判に応えてのものである．

二〇〇四年一月一日、失業者に対する「支援と要求」を指針とする失業保険改革法も同時に実施された．同法では、まず失業保険金給付である失業給付（失業手当I）を受給する条件として、すべての失業者が離職の日前二年間に一二ヵ月以上の保険料納入が義務づけられた（SGB第三編第一二三条）．離職前の期間を三年から二年に短縮したうえ、それまで軍隊は一二ヵ月の納付義務が免除されていたが、これが無効となった．季節労働者は最低六ヵ月の納付義務が課せられていたが、これも一二ヵ月に延長された．家族を介護している者は、この規程の適用除外であったが、これも廃止された．自営業者も二〇〇六年二月から自発的に保険料を納付することで失業保険制度に組み込まれる道が開かれた．

失業保険による失業給付は、失業時の生活保障の重要な役割を担うが、失業手当Iを受給するには、①失業中であること、②雇用エージェンシー（Agentur für Arbeit）に本人が求職申請していること、③受給資格期間を満了していること、のすべての条件を満たすことが必要である（SGB第三編第一一八条）．六五歳の誕生日の翌月の一日以降は、全員が年金を受給するため、失業手当Iの受給資格は失効する．週一五時間以上就労する被用者であれば、原則的に失業保険に加入する義務がある．ただし、賃金が月額四〇〇ユーロ以下の者、公務員、船員、満六五歳以上の者、就労不能の者等は加入義務がない（田畑 2006a：63，中内 2008：31）．

保険料は現在、失業前賃金の六・五パーセントで、労使が折半して負担する（SGB第三編第三四一条）．しかし、いわゆる保険料算定上限があり、二〇〇五年には旧西ドイツ地域が月額五、二〇〇ユーロ、旧東ドイツ地域が四、四〇〇ユーロとなっていた．連邦雇用エージェンシーに払い込む保険料は、失業手当Ⅰの給付金と並んで、労働者が職業の継続教育のための施策に参加した場合の必要経費やこうした措置の運営にかかる費用、就職に際して特別な訓練や教育が必要な労働者のための支援金、公的な雇用創出策やその他多くの施策の資金となっている．これらの財源として保険料収入が不足した場合は、政府が補助金を支出する．

失業手当Ⅰの支給額は、直近の手取り賃金に対して一定の比率を乗じて算出される．支給額は、子どもがいる場合は六七パーセント、いない場合は六〇パーセントが支給される（SGB第三編第一二九条）．失業手当Ⅰは毎月、その月が終わってから受給資格者の口座に振り込まれる．失業手当Ⅰ自体は非課税で、受給期間中の疾病・年金の保険料は連邦雇用エージェンシーが負担する．

支給期間は、加入期間と年齢により二区分し、二〇〇六年一月以降、五〇歳未満では最長一二ヵ月、五〇歳以上では最長二四ヵ月となっており、改正前の最長三二ヵ月からすると大幅に短縮されることになった（表1-2-1）．

雇用期間が終了することが明らかになった時点で、労働者は個人的に「遅滞なく」（unverzüglich）求職届を雇用エージェンシーに提出する義務がある（SGB第三編第三七条b）．期限付き雇用契約については、契約の期限切れの三ヵ月前から届け出ることができる．この届け出が遅れた場合には、遅滞日数一日につき、七ユーロ（標準報酬日額が六〇ユーロまで）、三五ユーロ（標準報酬日額が一〇〇ユーロまで）、五〇ユーロ（標準報酬日額が一〇〇ユーロ超）、最大で三〇日分までの額が失業手当から減額される（SGB第三編第一四〇条）．雇用主もまた、雇用期間が終了することが明らかになった時点で、労働者に求職届の早期提出を喚起し、就職活動の開始、次の就職に必要な職業訓練の受講等を可能とすべきである（SGB第三編第二条第二項）．これは、いわゆる「soll」規定（勧告規定）となっているが、

表1-2-1　失業手当Ｉの受給期間

改正前		改正後	
保険加入期間（年齢）	受給期間	保険加入期間（年齢）	受給期間
12ヶ月以上	6か月	12か月以上	6か月
16ヶ月以上	8か月	16か月以上	8か月
20ヶ月以上	10か月	20か月以上	10か月
24ヶ月以上	12か月	24か月以上	12か月
28ヶ月以上（45歳以上）	14か月		
32ヶ月以上（45歳以上）	16か月	30か月以上（55歳以上）	15か月
36ヶ月以上（45歳以上）	18か月	36か月（55歳以上）	18か月
40ヶ月以上（47歳以上）	20か月		
44ヶ月以上（47歳以上）	22か月		
48ヶ月以上（52歳以上）	24か月		
52ヶ月以上（52歳以上）	26か月		
56ヶ月以上（57歳以上）	28か月		
60ヶ月以上（57歳以上）	30か月		
64ヶ月以上（57歳以上）	32か月		

出所）社会法典第３編第127条により作成

これを行わなかった場合には、失業手当Ｉの減額分について損害賠償請求権が認められる可能性がある（田畑 2006a：64）．

解雇ではなく雇用主との合意によって雇用契約を解除した場合、または労働者からの雇用契約の解約の場合は、従来どおり失業当初の一二週間は失業手当Ｉの受給資格を喪失するが、再就職促進施策（Integrationsmaßnahme）を拒否した場合や途中で放棄した場合、さらに就職斡旋を拒否した場合なども受給資格を喪失することが明確に規定された．就職機会を拒否した場合は、初めての場合は三週間、二回目の場合は六週間の期間の失業手当Ｉの受給資格の喪失につながる．また、再就職促進施策への参加拒否および途中放棄の場合は、再就職促進施策が比較的短期に終了する見込みであったという事情がない限り、原則として一二週間の受給資格喪失となる（ＳＧＢ第三編第一四四条第四項）．

二　求職者基礎保障制度の創設

労働市場改革の目的は「ハルツⅣ」によっても追求された.「ハルツⅣ」の骨子は、前述のとおり、従来の失業扶助を廃止し、その代わりに失業手当Ⅱを創設することである. これまでの失業扶助は、失業手当の受給権を喪失した者等に対する給付であり、毎年その需要が審査されるというものの、支給期間に制限はなく、扶養義務のある児童のいる失業者には失業前賃金の五七パーセント、その他は五三パーセントを受給できる制度であった (Mohr 2007：116). このように失業扶助の給付水準は、最低生活費を意識して決定されるものではなく、失業前賃金の高低によるため、失業前賃金が低位であった者の失業扶助の給付水準は社会扶助の水準に届かない場合も考えられる. しかし、失業扶助の給付額が少ないからといって、その世帯が要保護状態にあるとは結論づけられない. なぜならば、失業扶助が低額だとしても、世帯単位の所得にはパートナーの収入が加わるからである. 事実、妻が失業扶助を受給し、夫は就労している世帯も多く、この点、女性の失業率が高い旧東ドイツ地域では、旧西ドイツ地域に比べると単身世帯が少なく、妻が失業扶助を受け、夫が就労している世帯が多い. こうした違いもあって、失業扶助受給者の中で、社会扶助を併給している人の割合は旧西ドイツ地域が旧東ドイツ地域に比べて多い (布川 2002：39). なぜなら、失業扶助受給世帯において、社会扶助を必要とするかどうかは、失業扶助の給付額の多寡だけではなく、パートナーの就労に大きく左右されるからである.

いずれにせよ、実際は稼働能力のある失業者が社会扶助を受給するなど、両給付の対象者を明確に区別することができず、制度と予算の重複化を招いていた. また、失業扶助が連邦の費用で賄われるのとは異なり、社会扶助は地方自治体の郡 (Kreis) または郡に属さない市の管轄となっているため、社会扶助支出は自治体にとって大きな負担になっていた.「ハルツⅣ」はこうした課題を解消することを狙いとするが、ここに創設された失業手当Ⅱの給付水準は、後述するように社会扶助と同程度になるので、これは事実上の失業扶助と社会扶助の統合である.この統合は、失業保険による通常の失業給付(失業手当Ⅰ)の受給を終了した長期失業者や、稼働能力のある社会扶助受給者を労働市場に呼び戻し、失業の減少と就労率のアップを目指して行われたものである(田畑 2005 : 47-51).

しかし、「ハルツⅣ」が「痛み」を伴う改革だけに厳しい批判と多くの論争をまき起こした(3).今回の改革による「失業手当Ⅱ」への移行は、人によってはこれまで受給していた失業扶助よりも受給額が低下することがあり、また、それを受け取るためには厳しくなった資産査定をクリアしなければならなくなる.こうした背景により、二〇〇四年八月以降は、失業者の多い旧東ドイツ地域を中心に、毎週月曜日に抗議デモが開催されていたが、さしたる混乱もなく同法は予定どおり二〇〇五年一月一日から施行された(4).

三 社会扶助制度の生成と再編成

1 連邦社会扶助法の成立

ビスマルクの社会保険に始まるドイツの社会保障は、社会保険による労働者保護制度として歴史的に体系化されて

(3) ドイツの有力週刊誌『Der Spiegel』(二〇〇四年第二九号)はハルツⅣ改革について「新しい出発か、それとも凋落か?…何百万人もの失業者は極度の損失を覚悟しなければならない.どんな仕事も今後は割り当てられるようになる.そして、失業者は減るのだろうか?」と報道した.これが引き金になってハルツⅣ改革に厳しい批判が向けられるようになった.

(4) ドイツの新聞「Die Welt」(二〇〇五年三月七日付)の報道によると、「ハルツ改革」を支持する者が五一%、不支持が四一%となっている.また、失業扶助と社会扶助の統合には四九%が賛成し、反対の四二%を上回っており、国民は「ハルツⅣ」の実施後はそれを肯定的に捉えていることが分かる.

きた。しかし、社会保険とともに社会保障を構成する主要な施策である公的扶助の近代的な制度化は社会保険によるかに遅れてスタートした．

ヨーロッパにおいて後進国であったドイツは、一八七一年の統一とともに、一九世紀後半から産業化を急速に押し進めたため、労働条件が悪化し、労働者の生活はきわめて深刻な状況におかれていた．こうしたなかで労働運動とこれに連動した社会主義運動が高まりをみせ、その勢力を拡大していった．これに対して、鉄血宰相とよばれたビスマルクは、社会主義政党とそれに近い組合を弾圧するために「社会主義者鎮圧法」（一八七八年）を制定する一方で、世界に先駆けて社会保険制度を設け、労働者と国家の融和を図ろうとした．これが「ムチとアメ」（Peitsche und Zukerbrot）の政策であり、当時のドイツ社会政策の典型とされたものである（近藤 1963：90）．

一八八三年の疾病保険法、一八八四年の災害保険法、一八八九年の老齢・廃疾保険法というビスマルクの社会保険は、こうした意図の下で制定された．ドイツ社会保険は、ビスマルク失脚後も発展を遂げ、一九一一年にはそれまで不統一であった関連諸法規を体系化して統合を図るため帝国保険法（ＲＶＯ）を制定し、社会保険の運営を監督する統一官庁が設立されるとともに、サラリーマンを対象とする職員保険法が実現した．

このように労働者を対象とした社会保険が形成されることによって、ドイツ社会保障制度の体系の基礎が築かれたのであるが、労働者問題としてではなく、一般的な「貧困」の問題が社会問題として注目されるようになったのは、第一次世界大戦後になってからであった（田畑 2009a：16）．第一次世界大戦後に急増した失業者のために、一九一四年の失業扶助に関する細則および一九二七年の職業紹介および失業保険法が新たに制定されたが、これら社会保険を補完するに相応する新しい対策と公的扶助の立法化が要請されていた．要するに、第一次世界大戦は「貧困階層の変化」（Umschichtung von Armut）を引き起こし、旧来の貧困層に加え、多数の国民階層が貧困化し、公的扶助の対象となったのであった（Sachße/Tennstedt 1988：49）．

こうした新しい貧困階層に対する公的扶助の新規制は，一九二四年二月のドイツ救助義務に関する細則（Reichpflichtverordnung）および公的扶助の要件，種類および程度に関する帝国の諸原則（Reichsgrundsätz über Voraussetzung, Art und Maß der öffentlichen Fürsorge）によって実施されることになった．この規制は，その後変更を経つつ，第二次世界大戦後も適用され，公的扶助制度の基盤になったものである．しかし，この規制には法的根拠がないということで，学説や判例は扶助請求権を否定していた．

だが，一九四九年に制定された基本法（ＧＢＤ）ならびに連邦行政裁判所は，こうした従来型の公的扶助法を根底から見直すことを迫った．基本法第一条第一項が「人間の尊厳の保護」を謳い，同法第二〇条第一項が「民主的社会国家」という国家体制の原理を宣言したのを受けて，連邦行政裁判所は一九五四年六月二四日の判決において，公的扶助の運営主体は扶助を必要とする人に対して法的義務を負い，当該者は訴追できる法的請求権を有すること等を判示し，基本法の理念に合致する新しい公的扶助の立法化を要請したのである．一九五七年の身体障害者福祉法，一九五九年の結核予防法などの個別立法の法制化は，こうした要請を具体化したものであった．

そこで，連邦政府は長い準備期間を経て，一九六〇年四月に連邦社会扶助法案を議会に提出した．同法案は，一九六一年六月三〇日に連邦社会扶助法（ＢＳＨＧ）として可決・公布され，施行のための一年近くの準備期間を設けて一九六二年六月一日から施行された．同法は，さきの身体障害者福祉法や結核予防法を統合・吸収するなどして，扶助法の包括化を行い，第二次世界大戦後の西ドイツ社会的保護立法となった．同法の制定により，従来の慈恵的な響きをもつ「公的扶助」（öffentliche Fürsorge）という用語に代えて，新たに「社会扶助」（Sozialhilfe）という用語が採用され，現代的な公的扶助制度の理念を明確化したのである（田中 1999：152）．

2 「ハルツⅣ」改革と社会扶助制度の再編

連邦社会扶助法（ＢＳＨＧ）は、その後幾度も改正されてきたが、一九九〇年の旧東西ドイツの再統合の後は、若干の特例を除いて、ほぼ全面的に旧東ドイツ地域の各州にも適用され、ドイツ連邦共和国共通の社会扶助給付と法的権利性が確立されるに至った．しかし、既述したように、東西再統合による失業者の増大、とくに失業期間の長期化に伴って稼働能力のある失業者の社会扶助受給の増大などがみられ、長期失業者が社会的給付に依拠して就労意欲を失い、社会から脱落してしまう現象の拡大がみられ、また失業者への支援体制の非効率性が指摘されていたため、失業関係給付の改革に相まって社会扶助の改革も行われ、連邦社会扶助法は社会法典の第一二編として編纂された(5)．それまで連邦社会扶助法の第一八条～二〇条に規定され、就労可能な要扶助者に対し実施されていた就労扶助は、各自治体ごとにその取り組みに濃淡があり、ドイツ連邦全体で見る限り必ずしも有効とは言い難いものであった．そのため、この就労扶助は社会法典第二編第一六条に組み込まれ、社会扶助（ＳＧＢ第一二編）から切り離されるに至った．したがって、就労可能な要扶助者は、社会法典第二編の「求職者基礎保障」の適用を受けるものとされ、社会扶助の対象は就労不可能な要扶助者に限定されることになった．

既述のとおり、連邦社会扶助法は一九六二年に発効し、それによって全国共通の社会扶助給付と法的権利性が確立されることになったが、同法は二〇〇四年一二月三一日にその歴史的発展にとりあえず終止符が打たれたことになっ

（5）これにより、総則（第一編）、求職者基礎保障（第二編）、労働促進（第三編）、障害保険（第七編）、児童および青少年保護（第八編）、身障者のリハビリテーションと社会参加（第九編）、社会福祉行政手続およびデータ保護（第一〇編）、介護保険（第一一編）に加え、社会扶助（第一二編）が追加されることになった．

表1-2-2　社会法典第12編の構成

第1章	総則 社会扶助の任務（第1条）、社会扶助の後順位性（第2条）、社会扶助の実施者（第3条）、協働（第4条）、民間社会福祉との関係（第5条）、専門職（第6条）、連邦の課題（第7条）
第2章	社会扶助の給付
第3章	生計扶助
第4章	「老齢・障害者等基礎保障」
第5章	保健扶助
第6章	障害者統合扶助
第7章	介護扶助
第8章	特別な社会的困難を克服するための扶助
第9章	その他の境遇に対する扶助
第10章	施設
第11章	所得および資産の活用
第12章	社会扶助実施機関の管轄
第13章	費用
第14章	手続的規定
第15章	統計
第16章	経過的規定および附則

出所）Sozialgesetzbuch（SGB）12編-Sozialhilfe により作成

た（Hüttenbrink 2004：3）。社会扶助をさらに発展させることとし、社会扶助を新たな第一編として社会法典に組み込むことは、立法機関の長い間の懸案であったが、二〇〇五年一月、それがようやく実現したわけである（表1−2−2）。

なお、老齢期および稼得能力減退期の必要に応じた基礎保障（以下「老齢・障害者等基礎保障」という）は、二〇〇一年に成立した「法定年金保険の改正および資本カバーされた老齢準備財産促進のための法律」の第一二章「高齢期および稼得力減退期の必要に応じた基礎保障法[6]」（Gesetz über eine bedarfsorientierte Grundsicherung im Alter und bei Erwerbsminderung）において定められていたが、今回の社会扶助改革では同法が殆ど変更を加えられずに社会法典第一二編第四一条〜四六条に編入されることとなった。

わが国でも、雇用保険と生活保護制度との間を埋めるためのセイフティーネットの提案がなされてきたが、ドイツのような抜本的改革は行ってはいない．制度創設以来、わが国の生活保護制度は、性格の異なる対象を丸抱えしているものの、ドイツと異なり、就労世代に対するセイフティーネットが極めて不十分である．「いま、国家・市場・福祉の連環は大きな裂け目をのぞかせている」（吉原 1996：268）が、こうした社会的亀裂を補整し、また健全な労働市場を構築するためにも、雇用保険制度と生活保護制度の問題点と可能性を検討したうえで、新たにセイフティーネットを張りなおす必要がある（戸田 2010：29）．

（6）本法は高齢期および稼得力減退期にある者であって、年金給付などで必要な収入が得られない者が、社会扶助の申請を行わないために、いわゆる「隠れた貧困」に陥ることを防止することを目的として、租税により必要に応じた給付を行う制度であった（松本 2004：228）．

第3章　最低生活保障制度の体系

一　ハルツⅣ概要

ハルツⅣについては、何年もの間、広く民衆とメディアの関心を強くひきつけてきた．何百万という人々にとって当たり前だった社会扶助に関する規定が問題になったのである．

失業者が多発し経済成長が停滞した時代においては、すべてが不確かな雰囲気の中におかれる．大多数の人に関わりのある諸規定が不透明で、不当と受け取られるとすれば、それがパニック、ひいては激怒を惹起するのは当然である．しかし、それらの規定をもっと正確に、より理解を深めたとすれば、新しい規定が以前の法律に比べて多くの点で改善されていることがわかる．従来の社会扶助受給者にとってハルツⅣは、基準額（Höhe des Regelsatzes）の実質的な改善ばかりでなく、法定年金保険、健康保険・介護保険への加入、また双方の対象者、すなわち、以前の社会扶助受給者および以前の失業手当受給者に対するケア拡充、支援と要求（Fördern und Fordern）による就労奨励策の諸条件の改善がみられた（Löschau/Marschner 2004：2–4）．

就労可能な要扶助者およびその家族に対する基礎保障給付の規定は、部分的には対立する面があるため、諸要求に沿うように多様化する必要がある．これら諸規定は，一時的に自助・自立できない者に「人間にふさわしい生活」を可能にし，再び自己責任による生活へ導くような奨励規定を定める．もちろん，生活保護システムを維持するため，これらの費用を負担する人々に負担をかけすぎることがあってはならないし，「これ以上の実質的改善を望む者は，その要求の対象が副収入（Hinzuverdiensten）であろうと，資産枠（Vermögensfreigvenzen）であろうと，生活費給付（Leistung zum Lebensunter）であろうと」，そこにかかる金銭は「他人により調達されているということを知るべきである」．連帯責任は両サイドに求められ，就労者に対する失業者の連帯責任であっても，またその逆であっても，「全体の負担になる失業にかかる費用を極力抑えるため，失業者はそれ相応に寄与しなくてはならない」（Steck/Kossens 2005：4）のである．

ハルツⅣは，当然ながら労働市場への再統合（Widereingliederung）を目標として，以前の失業手当や社会扶助双方のシステムが実施してきたよりも，扶助受給者のケア（Betreuung der Hilfeempfänger）により重きを置いている．今までは，担当者が定期的かつ集中的にケア等で当該者と関わることはせずに，彼らに毎月の支払いを行うことを業務の中心としていた．ハルツⅣはそれとは逆に，扶助受給者の社会復帰の優位性をはっきりと強調し（SGB第三条第一項第三号），基本法で保障されている従来の社会扶助による実質的保護を減じることなく，必要な役務を提供することとなった．

税金によって賄われている失業手当と社会扶助の二つの生活保護システムは，どちらかといえば，従来の社会給付システムに近い新しい給付法に統一された．たとえば，活用できない資産についての規定などは，いくつかの領域では，新法律が従来の失業手当に沿った形になっているばかりか，その規定を改善している．生計費支給についての規定は，従来の社会扶助に類似しているし，失業手当Ⅱや社会手当は以前の基準額を思い起こさせる．ハルツⅣは，かつての社会扶助と同様、就労要求可能性を定め、また住居費用の負担や臨時労働（Arbeitsgelegenheiten：いわゆる一ユーロジョブ）についての規定もある．換価できない（保護）資産についての規定も置かれ、従来の失業手当、とりわけ以前の社会扶助に比べ、明らかに財政上の改善がみられる．失業手当や社会法典第三編からあらゆる適応措置のサービスが提供され、かつての社会扶助受給者もこれらの措置を利用することができることになった[1]．

二　従来制度との比較

就労できるにもかかわらず、仕事がなく扶助を必要とする人々については、これまでさまざまな機関で支援が行われてきた．それは公共職業安定所（現：雇用エージェンシー）であったり、または福祉事務所（Sozialämtern）であったり、または両機関によるときもあった（Steck/Kossens 2005：5）．そのため、要扶助者たちは二つの異なるシステムから金銭給付と統合措置の給付を受けていた．

・従前、失業手当を受給していた失業者は、その終了後、公共職業安定所から失業扶助を受けていた．また、公共職業安定所が新しい職探しにあたっても援助していた．
・失業手当または失業扶助の請求権のない失業者は、福祉事務所から社会扶助および就労扶助を受給していた．
・失業扶助または失業手当を受給しているものの、その金額が最低生活費を保障するには足りない失業者は、福祉事

（1）失業手当Ⅱ（AlgⅡ）に関する情報は雇用エージェンシーで、あるいはインターネットサイト www.arbeitsagentur.de、または連邦雇用エージェンシーホットライン01801-012012で入手できる．

務所から補足的に社会扶助を受けていた（いわゆる「上乗せ受給者」Aufstocker）．

これまでの失業扶助は保険給付と扶助給付（Fürsorgeleistung）の中間的位置を占めていた．失業扶助は，有効期間を過ぎた失業手当請求権を受け継ぐもので，期限付きの保険給付である失業手当とは違って，期限的制約はないが，困窮度により左右される給付である（Bäcker 2004：88）．その給付額は社会扶助とは異なり，家計の需要ではなく，個人的給付として，最後に得られた手取りの賃金に関連していた．需要査定，すなわち，収入と資産の活用ならびに就労要求が，社会扶助よりも緩やかであったことにも，失業扶助の中間的立場が現れていた．それにもかかわらず，失業扶助は社会扶助と同じように，税金によって賄われる福祉扶助給付であり，保険給付ではなかった．

政府自身の発表によれば，二〇〇三年，連邦政府は約一六五億ユーロを失業扶助に支出し，地方自治体はおよそ九五億ユーロを社会扶助として就労可能な要扶助者に費やしたという．この巨額の出費は，それでも該当者の扶助必要性をすみやかに克服するのには役立たなかった．失業扶助は平均二六ヵ月にわたって支払われなければならず，社会扶助にいたっては平均二八ヵ月間支払っていた．しかも，失業期間が長くなるにつれて，対象者の就労復帰はますます難しくなる．二〇〇五年の連邦政府の財政案によれば，社会法典第二編による給付に二四五億ユーロの支出を見込み，そのうち九六億五千万ユーロが長期失業者の統合およびケアに充てられると見込んでいた．

その当時，既に公共職業安定所と福祉事務所が協働している地域，個人相談担当者が熱心に世話している地域，また扶助必要性を引き起こす原因となる問題にあらゆる手段を用いて全面的に取り組んでいる地域では，よりよい結果を生んでいた．つまり，集中的なケア構想だけでも，ヨーロッパ近隣諸国の経験に現れているように，国の扶助に頼っている人々の数を大幅に減らすことができると考えられていた（Steck/Kossens 2005：6）．

三　求職者基礎保障と社会扶助制度との関係

社会法典第二編第五条では他の実施者の給付、とくに他の社会給付の実施者との優先関係を定めている．法はここで再度、助成概念（後順位性）(2)を再び規定する．すなわち、他の実施者の義務および給付は、基本的に社会法典第二編による給付に優先するというものである．法は社会法典第二編第五条第一項二号において、社会法典第二編に同等の給付があるからという理由で他の実施者の裁量給付を拒否することはできない、と明確に示している．

社会扶助に対する優先関係（Rangverhältnis zur Sozialhilfe、ＳＧＢⅫ）は、社会法典第二編第五条第二項で、次のように規定している．すなわち、社会法典第二編に基づく生計費保障のための給付の請求権は、社会法典第一二編に基づく生計費保障のための給付を排除する．(3)しかしながら、「老齢・障害者等基礎保障」に対する請求権（ＳＧＢ第一二編第四一条より第四六条）は、社会手当（ＳＧＢ第二編第二八条、つまり、就労可能な要扶助者と同一のニーズ共同体に生活する就労不可能な者に対する給付）に優先する．社会法典第一二編第四七条より第七四条による他の社会扶助給付は、必要に応じて社会法典第二編による生計費保障のための給付に加え補う形で支給することができる（Hüttenbrink 2004：15）．

社会法典第二編第五条第三項によれば、要扶助者が催告を受けたにもかかわらず、申請をしなかった場合、要扶助

(2) ＳＧＢ第一二編第二条第二項、第三条第三項も合わせて参照のこと．

(3) 例外としては、ＳＧＢ第一二編第三五条に基づく「施設での必要生活費」の給付ならびに社会法典第一二編第二二条第五項に基づく「特別な場合の家賃負債」の引受などがある．

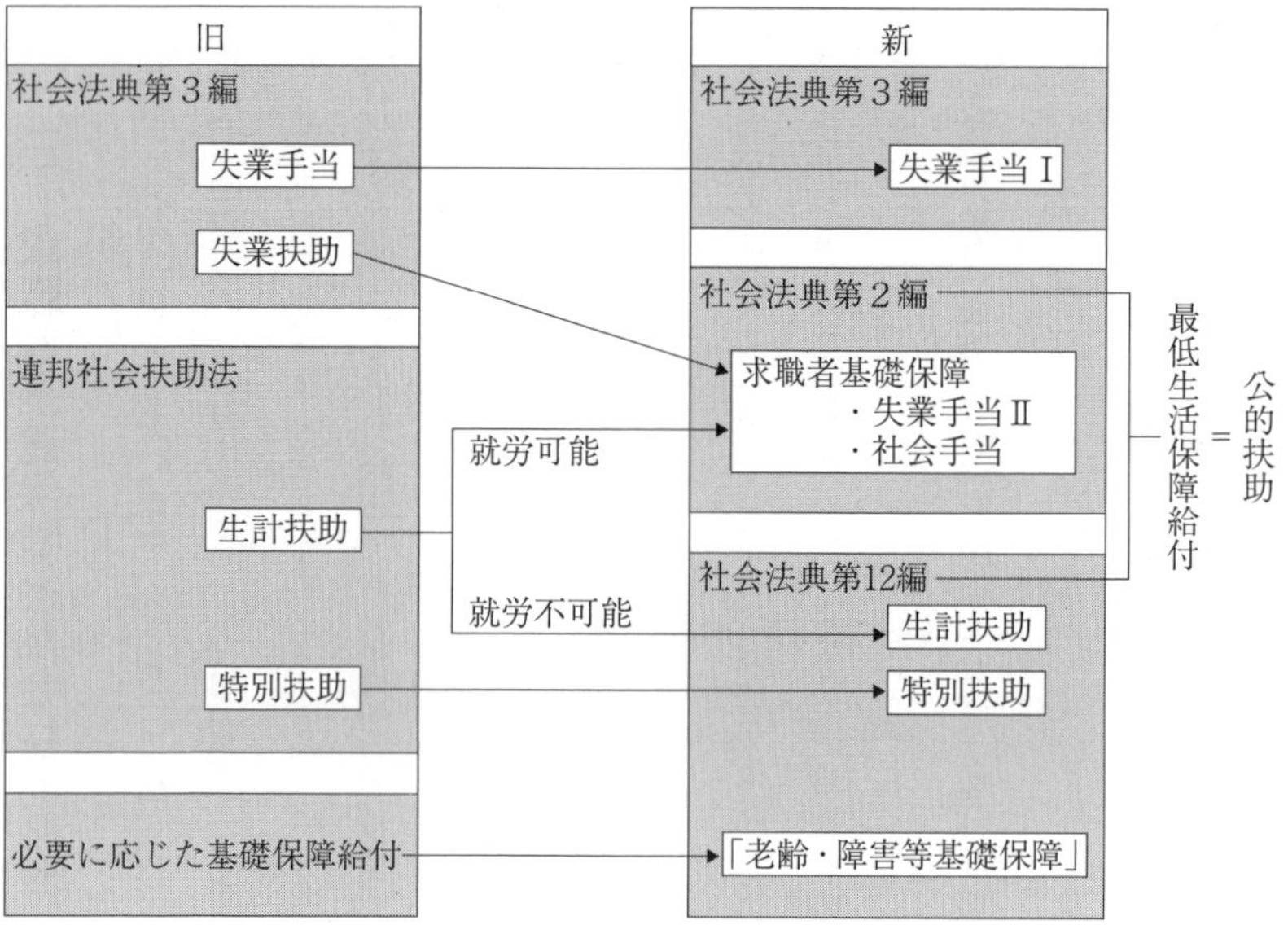

出所）Klinger/kunkel/Peters/Fuchs 2005：21をもとに作成

図1-3-1　最低生活保障制度の構成

者に代わって、第二編の実施者は他の実施者に給付申請を行う事が出来る．このように、社会法典による給付の後順位性の原則を確定するため、他の実施者に対する請求権を行使できる旨保障されている．このことに関して、重要なのは、社会法典第二編第五条第三項第二号の定めるところによれば、社会法典第二編による実施者に過失がなく期限が切れてしまっても、他の実施者に対しては何の影響も持たないということである（田畑 2008：49）．

四　最低生活保障制度の構成と給付区分

ドイツ最低生活保障制度は、労働市場改革の一環として行われた失業扶助と社会扶助の統合によってその枠組みを変え、二〇〇五年一月一日からは、図1－3－1にみるように、社会法典第二編の求職者基礎保障としての失業手当Ⅱ・社会手当と同一二編の社会扶助から構成されることになった（田畑 2006c：3）．

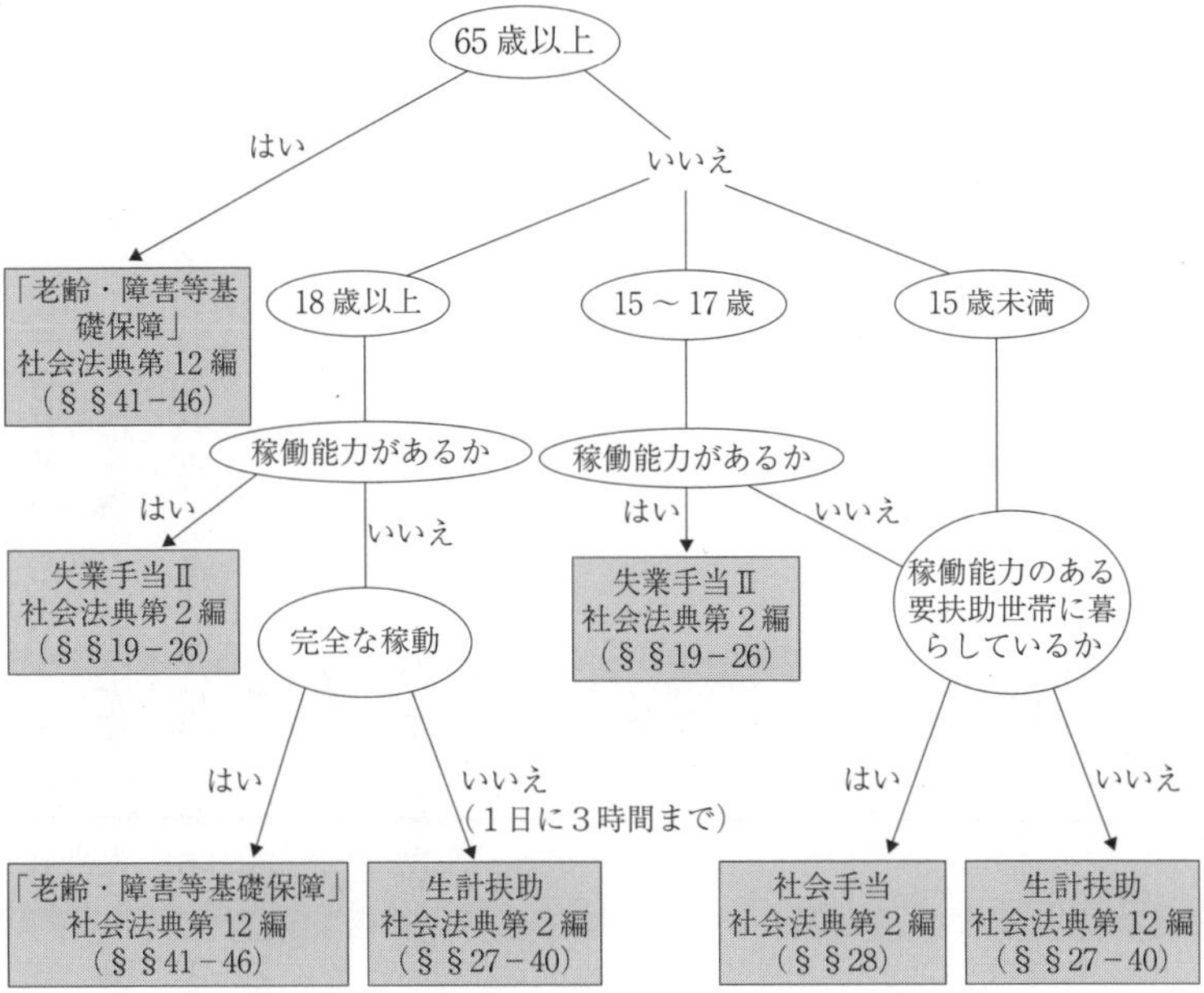

出所）Klinger/Kunkel/Peters/Fuchs 2005：188.

図1-3-2　給付区分

最低生活保障給付の受給資格は、年齢ならびに稼働能力の有無のカテゴリーにより、①就労可能で扶助を求める者、および社会法典第二編第七条第三項でいう、そのニーズ共同体で生活している世帯構成員、②一八歳以上で就労不能な扶助を求める者、あるいは六五歳以上の者、③その他の給付受給資格のある者、の三つのグループに分けられる（Klinger/Kunkel/Peters/Fuchs 2005：188）.

グループ①は、社会法典第二編の求職者基礎保障のみを受け、社会法典第一二編の生計扶助を受けることはできない．しかし、社会法典第二編第七条に規定する者は、社会法典第一二編第四七条より第七四条に基づくその他の特別扶助を補足的に受けることができる．グループ②は、社会法典第一二編第四一条より第四六条に基づく生計扶助給付（「老齢・障害等基礎保障」）を受ける．加えて、社会法典第一二編第四七条より第七四条に基づくその他の特別扶助を補足的に受けることができる．グループ③は，必要生活費を自己の所得や資産によっては調達できないか，または充分に賄うことのできない場合に，社会法典第一二編第二七条より第四〇条に基づく生計扶助が給付される．グループ③に該当する者は充分な所得や資産を持たない限り，社会法典第一二編第四七条より第七四条に基づく「その他の特別扶助」をも補足的に受けることができる．このグループ③の人的範囲が最も小さい．たとえば，両親の死後，両親の友人（ＳＧＢ第二編や第一二編による受給資格はない）の家庭に引き取られたときの一五歳未満の孤児や，両親が社会法典第一二編第四一条以下に基づく「老齢・障害等基礎保障」の受給資格者であるときの一五歳未満の子どもは，グループ③の者として生計扶助受給資格がある（図１－３－２）．

第二部　求職者基礎保障制度

第1章

受給資格者とその要件

一　受給資格者の範囲

求職者基礎保障に対する請求権については社会法典第二編第二章にその要件が定められ、受給資格者の範囲については社会法典第二編第七条に定めてある．それによれば、①一五歳以上六五歳未満で、②就労可能な、③扶助を必要とする、④通常の居所がドイツ国内にある者が社会法典第二編による給付を受けることになる（図2－1－1）．法はここに就労可能な受給資格者をまとめて取り上げているが、外国人がこれに該当するとすれば、それは労働許可法の規定に基づいて就労が認められているか、認められる可能性のある場合に限られる（SGB第二編第七条第一項第二号、第八条第二項）．「難民資格取得者給付法」（AsylBLG）による受給資格者として、難民資格取得者および出国義務のある国外追放一時保留者は、求職者基礎保障を受けることができない（田畑 2006d：5. Brand 2005：27）．

加えて、就労可能な要扶助者と同一のニーズ共同体に生活する就労不可能な要扶助者にも給付が支給される．しかし、これらの人々は失業手当Ⅱではなく、社会手当と呼ばれる金銭給付を受ける（SGB第二編第二八条）．社会法典第二編による現物給付およびサービス給付は、その給付によりニーズ共同体の構成員の要扶助性が解消または軽減されるか、就労可能な要扶助者の労働統合に際し、障害が除去または低減される場合に限り支給される（SGB第二編

第七条）．

1　ニーズ共同体

ニーズ共同体（Bedarfsgemeinschaft）については、社会法典第二編第七条第三項に法的に表現されている[(1)]．ニーズ共同体の世帯構成員とは、就労可能な要扶助者自身（第一号）、就労可能な要扶助者のパートナーで、継続的に別居していない配偶者、婚姻擬似共同体のパートナーないし人生パートナー（第三号）、就労可能な者の一八歳未満の未婚の子ども（第四号）である．ニーズ共同体という概念は扶助算定にとって重要である（田畑 2011：40－41）．なぜなら、「民法の扶養請求権にも、社会法典第二編による請求権があるかどうかにも関係なく、ニーズ共同体のどの構成員にも、ニーズ共同体の構成員全員の総需要を充たすために、自分

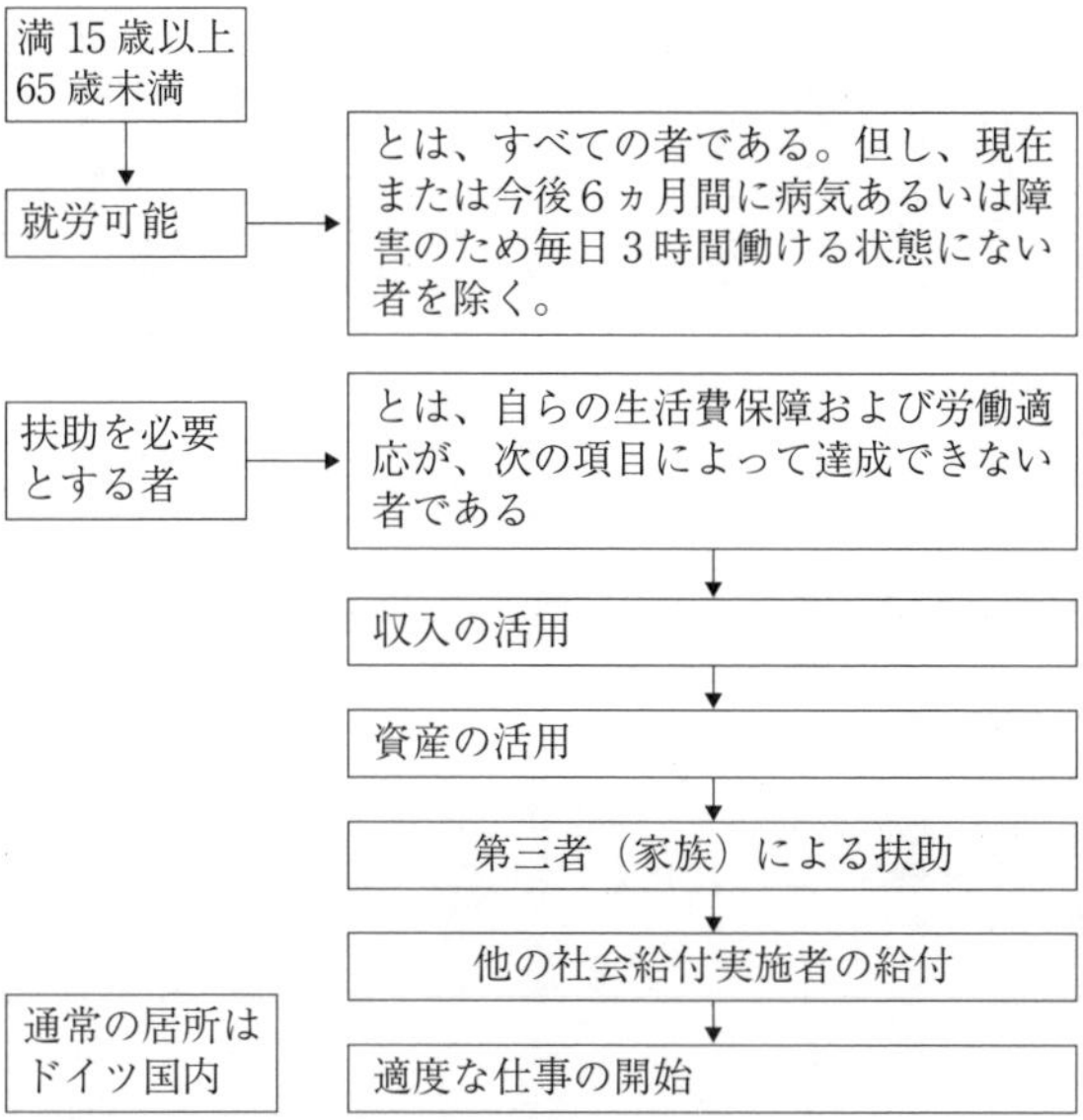

満15歳以上
65歳未満
就労可能
とは、すべての者である。但し、現在または今後6ヵ月間に病気あるいは障害のため毎日3時間働ける状態にない者を除く。
扶助を必要とする者
とは、自らの生活費保障および労働適応が、次の項目によって達成できない者である
収入の活用
資産の活用
第三者（家族）による扶助
他の社会給付実施者の給付
通常の居所はドイツ国内
適度な仕事の開始

出所）Marburger 2005：22.

図2-1-1　受給資格者の範囲一覧

（1）社会法典第二編第七条でいうニーズ共同体（Bedarfsgemeinschaft）の概念を社会法典第二編第九条第五項でいう世帯（Haushaltsgemeinschaft）と混同してはならない．世帯はニーズ共同体よりも範囲が広く、ニーズ共同体に同居する者すべて含む（Hüttenbrink 2004：19）．

の収入および資産を活用すること、すなわち、家族全員に等しく『ひとつの財布で』(aus einem Topf) やりくりすることが期待されている」(Steck/Kossens 2005: 18. Winkel/Nakielski 2004: 46).

社会法典第二編第三八条では、就労可能な要扶助者は「いわゆる世帯主として」、ニーズ共同体全体を代表して行動する全権が委ねられている(SGB第二編第一九条、第二〇条). しかし、これは実際的な理由によるだけの話で、ニーズ共同体の家族は誰でも給付受給請求権を持つという事実に変わりはない. ニーズ共同体内の個人は、誰もが扶助を必要としているので、各々の特別なケースは別として、ニーズ共同体は社会法典第二編でも第一二編でも同じように規定されている. したがって、同じ家族の中で一部は社会法典第二編、一部は社会法典第一二編が適用されても問題は生じない. たとえば、父、母、一八歳未満の子、祖父が同一世帯で生活しており、祖父は「老齢・障害等基礎保障」を受給し、住居費は四〇〇ユーロとする. 祖父は世帯には属しているが、ニーズ共同体に属しているとはいえない. そのため、祖父に割り当てられる家賃負担分の一〇〇ユーロは社会法典第二編によっては負担することができず、自治体実施者が必要に応じ「老齢・障害等基礎保障」の枠内で支払うことになる(Steck/Kossens 2005: 19).

2 除外要件

社会法典第二編第七条第四項により、六ヵ月より長い期間にわたって公共施設やホーム、あるいは類似の施設に常時入所見込みの者は、求職者基礎を受けられない. 裁判により命じられた自由剥奪執行(たとえば、服役、勾留)のための施設も、常時入所施設と同等とみなされる. 老齢年金(その金額および受給開始年齢とは関係なく)を受給したとき、求職者基礎保障に対する受給請求権は消失する. 老齢年金が需要を充たすのに不十分であれば、社会法典第一二編による給付が社会扶助実施者を通して補足的に支給される.

連邦奨学資金法（BAföG）または社会法典第三編第六〇条から第六二条による職業教育助成を受ける者は、求職者基礎保障の受給請求権がない（SGB第二編第七条第五項第一号）．なぜならば、職業教育を受ける者に対する助成は、連邦奨学資金法第二条第一項により行われるからである．社会法典第三編第六〇条から第六二条には、国に認可された専門教育職業における企業または企業以外による初めての職業教育、就労準備のための教育措置、全部または一部分外国で実施される職業教育や教育措置などがまとめて規定されているが、これらの教育支援は、職業教育補助制度により助成することができる（Steck/Kossens 2005：20）．

職業教育を受ける者には生計費保障のための給付受給請求権が生じないとしても、特別に苛酷な状況である場合は、これらの給付を貸付として支給することは可能である（SGB第二編第七条第五項第二号）．この規定は、二〇〇四年末まで有効であった社会扶助法（BSHG第二六条第一項第二号）を引き継いでいる．「特別に苛酷な状況」（besonderen Härtefalles）の存在については、教育課程の円滑な進行を妨げたり、その他の苦境を引き起こすような、深刻かつ変則的であって、自らが招いたのではないという立証が必要である．要扶助者が、社会法典第二編による給付がなければ生存を脅かされるような苦境に陥る恐れがあり、教育を中止して就労したとしても、そうした苦境が排除できない場合など、「特別な苛酷さ」とみなされる．行政裁判権裁判によれば、たとえば、出産およびその後に続く子どもの世話のために教育が停止されたような場合は特別に苛酷な状況と認められる(2)．

(2) これとは逆に、資金援助が追加されなければ経済的な理由で教育が中断されるような場合、苛酷な状況であるとはみなされない（Steck/Kossens 2005：20）．

表2-1-1　就労可能性（稼得能力減退）の概念についての規定一覧

給付	就労可能性（稼得能力減退）が規定されている箇所
求職者基礎保障	社会法典第２編第８条第１項
法定年金保険	社会法典第６編第43条第２項
「老齢・障害等基礎保障」	社会法典第12編第41条第１項第２号、 社会法典第６編第43条第２項
社会扶助	社会法典第２編第８条第１項、 社会法典第12編第21条第１号

出所）Steck/Kossens 2005：21.

二　就労可能性

1　概念

就労可能性（Erwerbsfähigkeit）の概念は、社会法典第二編第八条第一項に法的に定義されている．それによると、就労可能とは「当面の間、疾病あるいは障害が理由で、一般的な労働市場の通常の条件の下で毎日最低三時間就労することができない者を除くすべての者」である．この規定は、年金法に定められている稼得能力の完全減退の概念を拠り所としている．したがって、社会法典第六編第四三条第二項第二号によれば、「予想できない期間にわたって、疾病あるいは障害が理由で、一般的な労働市場の通常の条件で毎日最低三時間就労することができない」被保険者は、稼得能力が完全に減退しているとみなしている．ここでいう就労可能性は、社会法典第二編の中心概念であるばかりでなく、給付受給資格にとっては、社会法典第二編による求職者基礎保障に対するものか、社会法典第六編による法定年金保険に対するものか、社会法典第一二編第四一条以下の「老齢・障害等基礎保障」に対するものか、あるいは社会法典第一二編による社会扶助に対するものか、という問題であり、同時にそれは境界線上の問題でもある（表2－1－1）．

立法手続きの過程で生じた社会法典第二編第八条第一項中の就労可能性の概念は、稼得能力完全減退の法的概念に依拠しているにもかかわらず、社会法典第二編による「就労可能性の概念は独自の、部分的には異なる発展をするのではないか」、という別の見方もある（Mrozynski 2004：198, 201）．そのような異なる発展の可能性は否めないが、社会法典第二編第八条第一項が年金法を参照にすることは、社会法典第一二編第四一条第一項の「老齢・障害等基礎保障」とは違って不可能だった．なぜなら、社会法典第二編は就労可能性の規定を扱っているのに対し、年金法では反対にその裏側、つまり、減退した稼得能力の定義を扱っているからである（田畑 2006d：6）．

ところで、社会保障の権利主体を「国籍を有する者に限る根拠は理論的にみて乏しい」（河野 1997：262）が、ドイツでは社会法典第二編第八条第二項で、外国人に対する特例を定めている．外国人は就労が許可されているか、許可される可能性のある場合に限り就労可能である．この特例は、外国人の就労は基本的に許可規制に関連するからである．就労可能性の有無についての決定に際しては、法的に労働市場への門戸が開かれているか、あるいは適切な国内労働力が得られない場合に開かれうるかどうかだけに焦点を絞るべきである．このような制限のない、または後順位の労働市場への参加可能性が、法律上与えられるかどうかという問題は、労働許可法の規定だけに左右される（Steck/Kossens 2005：21、2008：26）．

2　稼働能力の査定

稼働能力の査定は雇用エージェンシーが行う（ＳＧＢ第二編第四四条a第一号）．給付実施者が連邦雇用エージェンシーではなく、自治体実施者である場合も同様である．自治体実施者が雇用エージェンシーと意見を異にする場合は、共同調停機関（Gemeinsame Einigungsstelle）が決定する（ＳＧＢ第二編第四四条a第二号、第四五条第一項第一号）．雇用エージェンシーと稼働能力完全減退の際に管轄するであろう給付実施者、すなわち、雇用エージェンシーと年金保険実施者との関係でも、同じことがいえる．この際、調停機関の結論がでるまでは、雇用エージェンシーおよび自治体が求職者基礎保障を支給することが義務付けられている．

このことは、「途切れのない給付」（Nahtlosigkeit）を保障するという原則に対応している（Steck/Kossens 2005：22）．この原則は支給すべきなのは失業手当か、年金なのかという問題に対する連邦雇用エージェンシーと年金保険者間の関係においても有効で、社会法典第三編第一二五条に記されている．給付義務が雇用エージェンシーあるいは自治体実施者ではなく、年金保険実施者にあることが後から判明した場合には、前者に年金保険実施者に対する返還請求権がある．この請求権は、（SGB第三編第一二五条とは違って）社会法典第二編第四四条aではっきりとは定められていないが、社会法典第一〇編第一〇二条以下の一般規定から明らかであろう．

共同調停機関に関する規定は、失業手当Ⅱに関するその他の規定と同様に二〇〇五年一月一日に発効した．しかし、共同調停機関は過渡的ケースでも重要になる．というのは、二〇〇四年一二月三一日に社会法典第三編第一九八条第二文第三番および第一二五条による失業手当（能力減退の際における失業手当）が支給されたり、あるいは連邦社会扶助法による生活扶助受給者で一五歳から六五歳の間の者の、稼得能力減退が原因の年金申請についてまだ決定されていない場合、共同調停機関が社会法典第二編第四四条a第二文、第四五条により判断することになるからである（Steck/Kossens 2005：22）．

3　共同調停機関

(1)　人事

社会法典第二編第四五条第一項第二文によると、共同調停機関は実施者の双方から互選された委員長および雇用エージェンシーならびに他の給付実施者の各代表により構成される．委員長について合意が得られない場合は，雇用エージェンシーの代表とその他の給付の実施者の責任者が，それぞれ六ヵ月交代で委員長となる（SGB第二編第四五条第一項第四文）．共同調停機関は必要に応じて専門家を加えることができるし，その決議は構成員の過半数で決めることにしている（SGB第二編第四五条第二項第二文）．社会法典第二編第四五条第三文によると，連邦経済雇用省は連邦財務省および連邦保健社会保障省の了解を得て，法規細則により共同調停機関の任務について原則を決定する権限を有する（SGB第二編第四五条第三項）．この政令権限により，二〇〇四年一一月二三日付の調停機関手続き政令は発布された．この政令ではポストや構成，管轄権，召集など調停機関会議の詳細について規定されている．調停機関での手続きに関する費用は，雇用エージェンシーがその都度負担する．調停機関手続き政令第八条には，特別な意味がある．この規定では，調停機関の決定について定められている．一致した結論が得られない限り，調停機関は過半数の議決により決定する．決定に関与している実施者にとって，調停機関の決定は拘束力を持つ[3]．

(2) 問題ケース

雇用エージェンシーが結果的に就労可能性を認め，年金保険実施者の判断で稼働能力の減退が認められない場合，すなわち，当該者が毎日六時間あるいはそれ以上の時間就労できる場合は，雇用エージェンシーによる稼働能力の認定問題は生じない．

しかし，当該者が年金保険実施者の判断により，稼働能力が部分的に減退しているようなケース（表2－1－2の二番目と三番目のケースグループ参照）は，問題となる可能性がある．このようなケースでは，雇用エージェンシーによ

（3） §8 Abs.1 Satz 5 EinigungsStVV.

る稼働能力の確定および失業手当Ⅱの支給に加えて、稼働能力減退年金が部分的に支給される（Chojetzki/Klönne 2004：513, 523）．というのも、稼働能力の部分的な減退の存在は、必ずしも社会法典第二編第八条第一項の就労可能性の存在を排除するとは限らないからである．しかし、このような場合には、いわゆる労働市場に条件付けられた稼働能力減退年金に対する連邦社会裁判所の裁判が重要になることも考えられる．(4) これによって、被保険者が限られた範囲で就労可能かどうかの判断は、被保険者の健康上の障害程度ばかりではなく、労働市場のそのときの状況、すなわち、被保険者の残された能力で満たすことのできる就職先かどうかにも左右される．

被保険者に就職先がもはや見つからず、残された労働能力が毎日六時間未満に低下していたら、完全な稼働能力減退を理由に年金を受給する（ＳＧＢ第六編第四三条第三項の逆の論理）．しかし、当該者の稼働能力が完全に減退していれば、社会法典第二編第八条第一項にいう就労可能ではない．こういった事態を背景に、雇用エージェンシーは自らが給付義務を負わないようにするために、自らが決定を下す前に年金保険実施者を引き入れるのは当然だと思われる．(5) そうすれば、稼働能力の部分的減退が存在しながら失業手当Ⅱを受給するのは例外であり、当該者が稼働能力減退年金の全額給付のための保険法上の前提条件（ＳＧＢ第六編第四三条第二項第一文第二）を満たしていないことが分かる．しかし、失業手当Ⅱの受給者の年金法上の保護を顧慮すると（ＳＧＢ第六編第三条第一号第三番ａ、第一六六条第一項第二番ａの改正参照）、従来は年金法上保護されていなかった社会扶助受給者も、稼働能力減退年金の全額給付に対する保険法上の前提条件を三年以内に満たすようになる．

（4）BSGE：30, 167ff., BSGE：30, 192ff., BSGE：43, 75ff.
（5）このことに関連して社会法典第二編第五条第三項第一号参照．それによれば必要な場合には、雇用エージェンシーは法定代理人として、扶助受給者に代わって稼働能力減退年金を申請できる（Steck/Kossens 2005：24）．

表2-1-2　要扶助者の能力範囲一覧

一般労働市場における労働時間	社会法典第２編	社会法典第６編
毎日３時間未満	就労不可能	稼働能力の完全減退
毎日３時間以上６時間未満	就労可能	稼働能力の部分的減退
毎日６時間以上、だが従来の職業では６時間未満	就労可能	稼働能力の部分的減退（就労不能、社会法典第６編第240条）
毎日６時間以上	就労可能	稼働能力の減退なし

出所）Steck/Kossens 2005：24.

この背景からして、遅くとも二〇〇八年までには失業保険から離れて年金保険へと向かう、「新しい操車場」（neuer Verschiebebahnhof）がすでに今日はっきり見えてきている（Spellbrink 2004：164ff.）.

逆に、雇用エージェンシーが求職者の就労可能性とともに求職者自身の能力を否定する場合、他の給付実施者に管轄権が移る．考慮されるのは、稼働能力の完全減退に基づく年金保険実施者による年金（表２－１－２の一番目のケースグループ参照）、あるいは「老齢・障害等基礎保障」に対する請求権（ＳＧＢ第一二編第四一条から第四六条）、社会扶助実施者による生計扶助に対する請求権（ＳＧＢ第一二編第二七条以下）である．稼働能力減退年金全額給付のための保険法上の前提条件が存在しない、または稼働能力の減退が不特定の期間（六ヵ月よりも長くない期間）にわたって存在しない場合、管轄権があるのは常に社会扶助実施者である．したがって、雇用エージェンシーにより、就労が可能ではないと分類された一八歳以上の要扶助者の大多数にとって、就労可能性（正確には稼働能力の完全減退）について認定すべきなのは年金保険実施者である．年金保険実施者は自身の管轄で、管轄する社会扶助実施者の要請に応じて、稼働能力減退の際の各種基礎保障給付を顧慮して、稼働能力の存在を査定すべきだからである（ＳＧＢ第一二編第四五条、ＳＧＢ第六編第一〇九条ａ第二項）.

このような背景の下での立法手続きにおいては、年金保険実施者側から、場合によっては雇用エージェンシーの求めに応じて、就労可能性の確定をも年金保険実施者に委託できる．そうすれば、年金保険実施者と連邦雇用エージェンシー間の異なる社会医学的判定ケースも、行政協定をベースとした合意の過程で、一致して解決することができよう．もっとも、減退した稼働能力に基づく年金と失業手当との間の区分のために、そのような協定はすでにある．[6] ここでは雇用エージェンシーでの手続きは要らないことになる（Chojetzki/klönne 2004：513, 524）．

しかし、こうした年金保険の批判について立法機関は取り上げなかった．そのため、雇用エージェンシーと主に年金保険実施者との間で異なる判定を下した場合、共同調停機関が実際にどのような真価を発揮するか、一致した結論を得るために努めるという任務をどのように果たすかについては、今後の結論を待つべきであろう．年金保険実施者が稼働能力の完全な減退は認められないという結論を疑問の余地なく、すでに下したような場合、調停機関がそのような決定を個々の場合に修正し、就労可能性を認めるかどうかは、今後の推移を待つべきだろう．いずれにせよ、調停機関は年金保険実施者の決定に拘束されない．ということは、調停機関はいつでも年金保険実施者の決定を調べることができる．そのような調査が排除されるのは、年金実施者の決定が確定判決により立証された場合に限る．調停機関の決定は関与している給付実施者に対し拘束力を持つ．[7] したがって、関与する給付実施者はその決定に対して告訴することができない．決定の調査は、申請者の申請に応じて、または上訴手続きにおいて管轄裁判所により行われる場合に限るからである．いずれにせよ、調停機関においては当該者に負担をかけ、官僚的で膨大な時間のかかる手

（6）たとえば、年金保険実施者および雇用エージェンシーによる異なる能力判定ならびに二重診察を避けるための行政協定（Steck/Kossens 2005：25）．

（7）BR-Drucksache 759/2004.

続きは避けられない恐れがある.(8)

三　要扶助性

1　概念

求職者基礎保障の給付を受給する資格があるのは、社会法典第二編第七条第一項によれば、まずは要扶助者に限られる. これは、「自らの生計および労働への統合、自らと同一のニーズ共同体に生活する者の生計費を、自らの能力および資力によっては賄えない、または十分には賄うことができない者」である(SGB第二編第九条第一項).

従来の社会扶助のように、基本的にはどの仕事も就労要求可能であるし、要扶助者は基本的に自己または家族の生計費をカバーするために、自分の得た収入はすべて活用しなければならない.

ニーズ共同体の誰もが自分およびその家族の生計費に寄与する義務を負う、ということが法律の表現から明らかである. 働いたことのない主婦といえども、夫あるいは彼女が社会法典第二編による受給請求権を主張するならば、夫と同じように、収入および資産を活用する義務、または無理のない適当な仕事に就く義務がある.

ニーズ共同体において、自らの収入では両親の需要しか満たせない場合、子どもには連邦児童手当法第六条による児童加算に対する請求権が発生する可能性がある. その場合、社会法典第二編による給付受給請求権は生じない. たとえば、手にする収入が需要額よりも少ないという理由で、自己およびそのニーズ共同体の需要を「十分には」満たせない者も、(部分的)請求権がある. 要扶助者には、この場合、社会法典第二編による「上乗せ扶助」(aufs-

(8)　§8 Abs.1 Satz 5 EinigungsStVV.

tockende Hilfe）に対する請求権が生じる[9]（Steck/Kossens 2005：27, 2008：27–29）.

要扶助性は、この他にも「必要な扶助が他から、とりわけ家族や他の社会給付実施者から支給されない」ことが前提になる．どのような形式で給付が支給されるか、法律上の扶養義務に基づいているのか、それとも任意なのかは、ここでは問題ではない．要扶助者のニーズ共同体（SGB第二編第七条第三項）には属していないが、同じ世帯に生活している血族からの給付は活用すべきである．これらの給付は、たとえば、住居や食事といった形で供給されうる．要扶助者が、無料の住居や食事ならびにその他の給付、たとえば、衣類、お小遣いなどを得ており、需要を満たすには十分である場合には、要扶助性はなく、したがって、社会法典第二編による受給請求権も生じない[10]．

社会法典第二編第九条第一項によれば、ニーズ共同体の構成員は誰でも、自分の収入および資産をニーズ共同体の家族全体のために活用する義務がある．世帯には属しているが、ニーズ共同体には属していない者の収入および資産は、社会法典第二編第九条第五項の前提条件の下でのみ考慮すべきである．誰がニーズ共同体の構成員かについては、社会法典第二編第七条第三項により明らかである．

社会法典第二編第九条第二項により、パートナーの収入および資産は、ニーズ共同体に属する一八歳未満で独身の子ども全員の需要にも算入すべきである．一八歳未満で独身の子どもの収入および資産は、それとは逆に両親の需要には算入されない．

（9）ハルツⅣが実施されて以来、上乗せ受給者（Aufstocker）が増加し、その数は二〇〇八年八月現在、一三〇万人を超えている（田畑 2011：44–49）.

（10）たとえば、四〇歳の扶助を必要とする女性が両親と同一世帯に同居しているとする．彼女は両親から無料の住居と無料の（全）食事を得ている．この場合、住居費の需要は生じないので、この女性は住居費は得られない．通常給付は食事の分だけ減額される（Steck/Kossens 2005：27）.

2 緩和条項／貸付

資産（SGB第二編第一二条）は確かに基本的には活用すべきではあるが、それが直ちに活用できない場合、即座に換価できない要扶助者に特別な苛酷さをもたらすような場合、社会法典第二編による生計費保障のための各種の給付は、貸付として支給することができる．

貸付は無利息で与えられ、社会法典第二編第三章第二部によるすべての給付を網羅している．算出された需要額が毎月支給される．貸付期間中は要扶助者には、社会保険加入義務がない（SGB第五編第五条第一項第二号a、第三条第三号a、SGB第一一編第二〇条第一項第二号a）．

3 血族および姻族の収入

社会法典第二編第九条第五項により、血族あるいは姻族と「家計共同体」（Haushaltsgemeinschaft）で生活している場合、要扶助者は血族あるいは姻族の収入および資産からの援助が期待できる限り、彼らから生計費給付を受けている、と法的には推測される．一つの世帯に同居する血族および姻族は、仮にドイツ民法典（BGB）による扶養義務が生じなくても、扶養できる経済的可能性があればお互いに助け合う、というのを法律は想定する．世帯の中では「家族非常共同体」（Familiennotgemeinschaft）の考えに相応して、お互い助け合う道徳上の義務が生じる、ということが前提となっている（Steck/Kossens 2005 : 29）．

推測規定の前提条件は、血族および姻族との世帯内同居と家族の給付能力である．ドイツ民法典（BGB）第一五八九条によれば、血族は一方が他方に由来する人々（たとえば、両親と子ども、祖父母と孫）、あるいは同じ第三者に由来する人々（たとえば、兄弟姉妹、おばと姪）である．ドイツ民法典（BGB）第一五九〇条第一項第一号によれば、一方の配偶者の血族は他方の配偶者と姻戚関係にあり（義父母、継子）、登録された人生パートナー（Lebenspartner）の血族も、人生パートナーシップ法第一一条第二項により、他方の人生パートナーと姻族関係にあるとみなされる．

配偶者および人生パートナーは、お互いに血族関係にも姻族関係にもないため、社会法典第二編第九条第五項の推測規定には網羅されていない．しかしながら、継続的に別居していないパートナーは、同一世帯に同居する一八歳未満の継子と義理の親のように、一つのニーズ共同体を形成する．一八歳以上の子どもに対する児童手当は、子どもに支給されていない限り、基本的に児童手当受給有資格者の収入として考慮される．要扶助者と同世帯に生活している血族または姻族が扶養できる限り、法的には生活の援助が行われていると推測する．この推測は反証により否定することができる．

個々のケースの具体的状況により、血族あるいは姻族が同一世帯に同居する要扶助者に対し、その生計費給付を実際に給付しない、またはある一定の範囲を越えて給付しない、ということが十分な確実さで確定する場合に限り、法的推測は否定されたものとみなすことができる．推測を否定するためには、十分に納得できる事実が提示されなければならない（Steck/Kossens 2005：30）．

ドイツ民法典（ＢＧＢ）第一六〇三条第二項第二号によれば、確定された給付能力の枠内にある推量は、基本的に否定できないものとみなされる．しかし、現存する給付の推測が否定されたとみなしうるかどうかについて検討する際には、個々の事情の特殊性が尊重されるべきである．家族を引き合いに出すことが、とりわけ家庭の平和の破壊や世帯の崩壊につながることがあってはならないからである．必要な扶助のすべてまたは一部を他人から受ける限りは、社会法典第二編第九条第一項により、その部分の要扶助性は認められないことになる．

四　就労要求の可能性と不可能性

1　就労要求可能性

公的扶助としてのドイツの求職者基礎保障は、わが国の生活保護給付と同様、要扶助者の労働能力の活用を優先している．しかし、ここでいう労働能力の活用は、要扶助者の自立を助長するという法目的の実現の重要な手段であるのであって、後述の収入と資産の活用と同一に捉えるべきではない．「労働そのものは、―どのような方法でその機会が提供されるにせよ―人格の発達の機会を与える手段であり…、自立生活を送るという人間の尊厳に値する生活の重要な基準である」[11]とし、ドイツでは労働能力の活用と収入・資産の活用とは区別し取り扱うという姿勢をとっている．

ところで、労働能力の活用という場合、どのような場合に就労が可能で、就労することを要求できるかが明確でなければ具体性を欠くことになる．この点、わが国の生活保護法とは異なり、ドイツ社会法典第二編では就労可能で扶助を必要としている者が労働能力の活用を求められる要件として「就労要求可能性」（Zumutbarkeit）という概念を用いている[12]．すなわち、社会法典第二編では、労働能力活用義務を定めてはいるものの、求職者基礎保障を制限する要件としては、就労可能で扶助を必要としている者が「無理でない仕事」に就くことや「労働統合措置」を拒否した場合であるとし、同法第一〇条に「就労要求可能性」について規定している．

この規定は、従前の連邦社会扶助法（ＢＳＨＧ）第一八条に基づくものである．それによると、同条第一項では「す

（11）一九八三年二月一〇日連邦行政裁判所判決、Bd.67S.1. 木下（2000：58–71）．

（12）この用語「Zumutbarkeit」は、要扶助者に対し「無理でない仕事」または「適度な仕事」に就くことを要請できるか否かというのが含意であるので、他の論考での訳「期待可能性」とするのではなく、「就労要求可能性」とした（田畑 2007：43）．

べての扶助申請者は、自己とその扶養権利者たる家族員のための生計費を調達するために、その労働能力を活用せねばならない」という労働能力活用義務を定めるとともに、同条第二項一号では「扶助申請者は仕事を得ようと努力し、（扶助実施者は）それが見つけられるように働きかけなければならない」とし、さらに同法第一九条では、もし扶助申請者が「仕事を見つけることができないとき」は、臨時的労働を受け入れる義務があると規定されていた.

社会法典第二編第一〇条は、こうした規定を基本にしたものであるが、これは従前の規定よりも厳しくなっており、扶助申請者は社会的負担を軽減する義務がある故、基本的にはどのような仕事でも就労の受け入れが可能であるとする立場に立たされている．社会法典第二編第一〇条によると、ある仕事が要扶助者の以前の教育や仕事にふさわしくない、あるいは低く評価されているという理由だけでは、その仕事に就労しなくてもよいということにはならない．以前の仕事に比べて職場への通勤距離が遠い、または労働条件が悪いなどを理由に就労を拒むことができないこと、すなわち、実施者側からすると、すべての仕事が就労要求可能であることを明らかにしている．ただし、次のような場合は就労要求ができない旨、例示している（Steck/Kossens 2005：31－34）．

2　就労要求不可能性

(1)　身体的、知的あるいは精神的な過重負担

要扶助者が「身体的、知的、精神的に」一定の仕事に就く状態にない場合は、すべて就労要求不可能である．連邦社会扶助法第一八条第三項の旧規定にはなかった「精神的」という言葉が付け加えられているが、これをどう解釈すべきかは、立法理由には説明されていない[13]．しかし、精神的な理由で就労できないと拒否できる仕事は、（いつも引き合いに出されるが、あくまで理論上の話である）売春婦としての求人の例くらいである．「身体的」および「知的」と

いう適性は、場合によっては医師または国立医療施設の医師の鑑定により確定されることになる.

(2) **特殊な身体的負担**

かつての仕事が特別な身体的能力を必要としていたために、その仕事への将来復帰を非常に難しくするような仕事もまた就労要求不可能とみられる．この規定も同様に、連邦社会扶助法の規定を受け継いでいる．この規定が意図しているのは、主に自営業者の一時的な苦境のケースであった．従来の法的解釈によれば、一時的困窮が理由の自営業者に対し、その営業をやめて、短期間だけ被用者としての仕事に就くように要求してはならないことになる．いまや社会法典第二編第一〇条第一項第二番では、このような例外は認められず、従来の仕事に特別な「身体的能力が必要」であるために、その仕事を営むことが著しく困難になるケースに限られるようになった．したがって、この規定の適用範囲は以前の社会扶助法よりも著しく狭められたことになる．たとえば、建築現場での仕事を元ダンサーに期待できない．なぜなら、この仕事に就けば、彼のダンサーとしての本来の仕事が身体的な理由により（特別な柔軟性の喪失）もはやできなくなるからである（田畑 2007：33）.

(3) **児童養育を妨げる恐れ**

子どもの養育を脅かす恐れのある仕事もまた就労要求不可能である．しかし、この場合に就労受入が不可能と認められるのは、子どもが満三歳になるまでの間だけである．その後は子どもに「保育施設または昼間在宅養育…あるいはその他の方法で、世話が保証されている」限り、基本的に就労が期待できるものとみなされる（Steck/Kossens 2005：32）．もちろん、女性が望めば（たとえば子どもの世話が保障されたという理由で）、いつでも、たとえ子どもがま

(13) BT-Drucks15/1516.

だ三歳になっていなくとも働くことができ、ケースマネージャーによる援助ならびに第一六条による全給付を請求できる．このことが今回の改革で改善された点である．加えて、法律では子どもが満三歳になった場合について、就労可能で子育てをしている者が子どもの日中の世話を優先的に受けられるよう、管轄自治体実施者は努めるべきである、ということを明らかにしている．

この規定もまた広範囲にわたって、従来の連邦社会扶助法に対応するものであるが、これによれば、子どもが複数いる場合は、一番年下の子どもの年齢が決定的に重要である．世帯の中で両親のどちらも失業している場合は、まず二人とも就労可能であるとみなされ、仕事を始める用意がなければならない．両親のうち一人が就労するとすぐに、この就労した者は世話をする者としては考慮されなくなるので、両親のうち残った方は就労不可能性を理由に、求人が提供されても断ることができる．

(4) 家族の介護

家族の介護と両立できないような仕事は、他の方法により介護が保証できない限り、就労要求不可能である．家族という概念は広く解釈すべきであって、社会扶助における従来の実践でもそうであった（Steck/Kossens 2005：33）．血族および姻族の他に、要扶助者が「道徳的考慮」から世話する、たとえば、里子なども家族と解釈できる．介護という概念も、従来の社会扶助に基づくならば狭義に解釈すべきではない．

(5) その他の重大な理由

「その他の重大な理由」が仕事の妨げとなっている場合、その仕事は就労要求不可能であるという規定は、従来の社会扶助と同様に、受け皿的要件（Auffangtatbestand）としての機能を果たしている．立法理由によれば、受け皿的要件の適用は限定すべきであって、公共の利益が優先されなければならない．この意味で、原則として個人の利益は控えなくてはならないということになる．

「その他の重大な理由」により仕事の提供を断ることは，従来の社会扶助法でも可能だった．たとえば，労働条件あるいは労働保護規定における拘束力を持つ規定が守られなかったような場合に，その仕事を拒否することができた（Steck/Kossens 2008：35）．その他，拒否する理由としては，たとえば，提供された仕事に就いたとしたら，家族から長い期間離れて暮らさざるをえなくなり，「家族の健全さがそのことにより損なわれる恐れ」があるような場合である．またはイスラム教徒による豚の畜殺など，法律または道徳に反する仕事も拒否することができる．道徳に反するとしか考えられないほど，「賃金水準あるいは当地の標準的な報酬」をはるかに下回る賃金支給も拒否することができる[14]．教育や再教育に基づき，要扶助者が全額扶助請求した場合にも，その他の重大な理由になる場合がある．しかし，どの程度の措置が正当であるのか，少なくともパートタイムの仕事を受入るかどうか，個々のケースにおいて吟味すべきである．

従来の社会扶助に比べ，重大な改正点は社会法典第二編第三一条第一項による立証責任転換の規定である．すなわち，扶助受給者はその行動，たとえば，仕事の拒否などに対し理由を証明しなくてはならなくなり，それができない場合には，扶助の受給請求権が縮小されることになった．

（14） zur Rechtsprechung vgl. Hanau in Münchner handbuch für Arbeitsrecht §63 Rdnr.4ff.

第2章 諸給付

求職者基礎保障（社会法典第二編）には、積極的給付と消極的給付がある．前者が再就労による要扶助性の終了または軽減を目指す労働統合給付（Leistungen zur Eingliederung in Arbeit）で、後者が生計費保障のための給付（Leistungen zur Sicherung des Lebensunterhalts）である．両者の位置関係は、労働統合給付が生計費保障給付に先行する（嶋田 2007：118）．

一　労働統合給付

1　支援の原則

求職者基礎保障制度の実施者（Träger）は、社会法典第二編第一四条に定められた原則により、就労可能な要扶助者を就労させるという目標に向けた広範囲な援助を行う．そのため、求職者基礎保障制度の実施者は、すべての就労可能な要扶助者ならびにその者と共にニーズ共同体に住む者に対し、個人的な相談員を指名しなければならない．

社会法典第二編第一五条は、雇用エージェンシーと就労可能な要扶助者との労働統合協定について定めている．自治体実施者と雇用エージェンシーの間で協同組織が結成されたならば、この協同組織は社会法典第二編第四四条b第三項に沿って、労働統合協定（Eingliederungsvereinbarung）を結ぶ．自治体実施者を選択し（ＳＧＢ第二編第六条ａ）、州最高官庁の承認を得て社会法典第二編による任務の実施者として認可されているならば、労働統合協定締結の責任は地方自治体にある．

2　労働統合協定

雇用エージェンシーは、自治体実施者と協力して、就労可能な求職者のすべてとその統合に必要な給付を労働統合協定において取り決める（ＳＧＢ第二編第一五条第一項第一文）．しかし、連邦雇用エージェンシーには要扶助者と労働統合協定を結ぶ義務はない．要扶助者にも、労働統合協定を結ぶ義務は、法律の文面からも法の制定理由からも生じない．立法者は労働統合協定締結は要扶助者の自由意思に委ねるという前提に立っている（Steck/Kossens 2005：76）．

しかし、要扶助者にとっては、こうしたことへの協力義務があるため、労働協定締結は強制的になる．なぜなら社会法典第二編第三一条第一項第一番ａによれば、就労可能な要扶助者が法律効果についての書面による教示にもかかわらず、自らに提示された労働統合協定を結ぶのを拒否する場合、失業手当Ⅱが減額されるからである．

(1)　労働統合協定の法的性質と形式

社会法典第二編第一五条による労働統合協定は、社会法典第一〇編第五三条以下が示す公法上の協定である．労働統合協定の形式は任意であるが、原則として書面による．

(2)　労働統合協定の内容

労働統合協定には労働統合給付、ならびに職業適応を目指して要扶助者が行う何らかの努力の方法と程度が記載される．社会法典第二編第一五条第一項第二文によれば、労働統合協定ではとりわけ次の点を定めなければならない．

①就労可能な要扶助者が労働統合のために受ける給付．

②就労可能な扶助受給者が労働統合のために最低限しなくてはならない努力の内容・その頻度および努力を証明する方法．

社会法典第二編第一五条第二項によれば、要扶助者と同一のニーズ共同体に生活する者がどのような給付を受けるのかについても、労働統合協定において取り決めることができる．第二項は「できる－規定」（Kann-Bestimmung）として成文化されている．その結果として、ニーズ共同体の構成員を労働統合協定に含めるかどうかは、給付主体が裁量義務によって決定しなくてはならない、ということになる．社会法典第二編第一五条第二項第二文は、労働統合協定に含めるべき給付の内容を協定する際、ニーズ共同体の構成員も関与すべきである、ということをはっきりさせている．

労働統合協定の中で職業教育対策を取り決めるときは、就労可能な扶助受給者が説明責任を負うべき理由として、その者がその対策を修了しなかったときに、その者が負担する損害賠償義務の範囲および要件についても定めるべきである（ＳＧＢ第二編第一五条第三項）．

(3) 労働統合協定の期間

労働統合協定は六ヵ月の期間について結ぶべきである（ＳＧＢ第二編第一五条第一項第三文）．その後はそれを更新すべきものとしている．労働への統合が明らかに六ヵ月よりも短い期間内で可能な場合、または要扶助者がその他の理由、たとえば、兵役召集などで有資格者の範囲から外れた場合、労働統合協定が必要なのか否か疑問が生じる．そのため、二〇〇六年一二月末までは、労働統合協定の期間についての経過措置として、一二ヵ月の期間、結ぶことができることとしている（Steck/Kossens 2005：77, 2008：92）．

(4) 労働統合協定に代わる行政行為

労働統合協定の締結ができない場合、行政行為によりこれを達成すべきである．しかし、どの給付がニーズ共同体に支給されるか、などという行政行為はできない．行政行為に対する不服申し立て、および－これについて対策が講じられない限り－社会裁判所での訴えが認められている．ただし、行政行為に対する不服申し立ておよび取り消し訴訟は「時効の停止効」を有しない（ＳＧＢ第二編第三九条第一番）．

3 労働統合のための具体的な給付

社会法典第二編第一四条第三文により、実施者は経済性と倹約性の原則に留意しつつ、個々の場合において労働統合のために必要な給付をすべて調達する．これがどの給付なのかは、社会法典第二編第一六条に定められている．社会法典第三編第一六条第一項第一文によれば、求職者基礎保障制度の実施者は、「第三章、第四章の第七項の第一項、第五章の第一項と第二項ならびに第六章の第一項、第五項、第七項、および第三編の第四一七条、第四二一条g、四二一条i、四二一条k、四二一条mにおいて定められている給付はすべて支給することができる」（Steck/Kossens 2005：78, 2008：93）．

この規定を再度読み直しても、実施者が支給できる給付がどのようなものであるか明らかにならない．そこで、ここに社会法典第三編による可能な給付を示した（表2－2－1）．これらの給付は失業手当Ⅱの受給者にも影響する．

表2-2-1　社会法典第３編による可能な給付

規　　定	対　　策
第３章	アドバイスの提供（第29条）、職業アドバイス（第30、31条）、適性確定（第32条）、職業オリエンテーション（第33条）、労働市場アドバイス（第34条）
第４章の第１項	被用者への給付：年間260ユーロまでの就職活動費用の引受と旅費（第45～47条）
第４章の第２項	被用者への給付：適性確定対策、トレーニング対策（第48～52条）
第４章の第３項	被用者への給付：移動扶助（第53～55条）、被用者扶助（第56条）
第４章の第６項	被用者への給付：職業発展教育の助成（第77～87条）．ここには発展教育費の引受（第79条）、課程費用（第80条）、運賃（第81条）、外泊と食事の費用（第82条）および子どもの世話の費用（第83条）
第５章	使用者への給付：ここに含まれるのは適応補助金（第217～222条）、新設における採用補助金（第225～228条）；代行による職業発展教育助成（第229～233条）、職業教育および職業発展教育助成（第235～235条 c）、重度障害者のための労働生活参加助成（第236～239条）
第６章の第１項	実施者への給付：職業教育および就労に伴う扶助の助成（第240～247条）
第６章の第５項	実施者への給付：失業者雇用対策助成（第260～271条）
第６章の第７項	実施者への給付：雇用を提供する社会的基盤助成（第279条 a）
第417条	就労している被用者助成：100人を超える被用者を抱える企業で満50歳になった被用者のための発展教育費用の引受
第421条 g	斡旋券：失業後最低6週間で斡旋券請求権．斡旋券は2000ユーロ発行される
第421条 i	実施者に対し労働統合協定の委託
第421条 k	比較的高齢の被用者雇用にあたって雇用促進保険料の負担：以前に失業者で、満55歳以上の者と初めて雇用関係を結ぶ使用者は、失業保険の保険料が免除される．
第421条 m	職業教育法による職業準備の社会教育的随伴：職業教育準備期間中の必要な社会教育的随伴費用の引受による使用者の助成

出所）Steck/Kossens 2008：93-95.

「労働市場における現代的サービス事業のための第四法」案には元来、社会法典第三編第四二一条一による「私―会社」（Ich－AG）の枠内の自営業就労助成も、社会法典第二編第一六条第一項第一文に含まれていた．就労可能な要扶助者が社会保険加入義務のある稼得活動または自営的活動を受け入れた場合、社会法典第二編第二九条の入職手当が提供されるが、この助成金は社会法典第三編第四二一条一とは違って、最大二四ヵ月間しか支給されない（SGB第二編第二九条第二項第一文）．失業手当Ⅱの受給者で、失業手当Ⅰの請求権はあるが、失業手当Ⅰが需要を満たさない場合は、最終的には以前と同じように開業補助金または一時金を受けることができる．起こりうる濫用を未然に防ぐために、社会法典第三編第四改正法（4. SGBⅢ-Änderungsgesetz）により、経営計画の提示と専門知識のある第三者の立場表明が、「私―会社」の前提条件となった．

就労可能で扶助を必要とする障害者に対しては、社会法典第二編第一六条第一項第二文によると、第三編第九七条より第九九条、第一〇〇条第一番より第三番および第六番、第一〇一条第一項および第二項、第四項、第五項、第一〇二条、第一〇三条第一文第三番、第二文、第一〇九条第一項第一文および第二項を相応して適用できると明記している（Steck/Kossens 2005：80, 2008：95）．

列挙された給付は、求職者基礎保障制度の実施者より支給できる．これらは実施者の裁量にかかっている給付である．このことは明確な文面（「統合給付としてできる」）により、社会法典第三編によるいわゆる義務的給付にも該当する．社会法典第二編第一六条第一項第二文による、就労可能で扶助を必要とする障害者への給付に関しては、常に社会法典第三編によって支給するものとする．社会法典第三編の給付が義務的給付とすれば、これは社会法典第二編第一六条第一項第二文により、これらの給付の支給にもこれが当てはまる．社会法典第三編の給付が裁量的給付とすれば、社会法典第二編第一六条第一項第二文により、これらの給付の支給にもこれが当てはまる（表２－２－２）．

表2-2-2　障害者に対する裁量給付（社会法典第３編）

規　　定	対　　策
第97～99条	労働生活参加助成給付
第100条第１番より第３番および第６番	以下の目的の諸給付：アドバイスおよび斡旋の援助；労働生活参加の見込み改善、就労助成、被用者扶助は除く；職業発展教育助成
第101条 第１、２、４、５項	移動扶助、職業教育および職業発展教育助成、教育の反復または延長時の助成
第102条	障害者に対する特別給付
第103条 第１文第３番、第２文	参加費用、個人的予算の引受
第109条 第１項第１文および第２項	社会法典第９編第33、44、53、54条による参加費用

出所）Steck/Kossens 2008：95-96.

社会法典第二編第一六条第二項は、求職者基礎保障制度の実施者の給付カタログを広げ、これによって就労可能な扶助受給者の労働生活に必要なその他の給付についても実施者は支給できることになる．第二項第二文には、立法者が特別に定めた対策が列挙されている．たとえば、未成年者または障害児の世話あるいは家族の在宅介護、債務者相談、心理社会的なケア、中毒に関する相談は、郡および郡に属さない市の本来の給付であるが、第二九条による入職手当の認可と高齢者パートタイム法による給付は雇用エージェンシー、オプション地方自治体、共同組織（第四四条b）により付与される．その他に、たとえば、社会法典第三編第一〇条に該当する任意の助成施策も講じることができる．

これらは「できる―規定」なので、支給するかどうか、いつ、どの程度給付が支給されるのかについては、給付実施者が裁量義務によって決定する．だが、社会法典第二編第一六条第二項第一文には、就労と直接結びついていないすべての給付が含まれている．これらの給付は、特殊な社会的困難の克服のための給付であって、継続的な職業に就くときの前提条件として人生の門戸を開く給付である．それによって、さらに根本的には限りない給付の可能性が開かれる．

この可能性には、助成に伴う法律の一般規定にしか当てはまらないが、経済性と節約性の原則には留意すべきである．社会法典第二編第一六条第二項第一文による給付は、必要な場合には他の実施者の給付に補足して支給できる．複数の給付がどれも必要な場合には、並行して支給することができる．しかし、社会法典第二編第一六条第二項による給付は、いかなる場合にもいかなる状況でも、就労できないことが最初から確定している場合には支給されない．法律は、その他の特別な条件、たとえば、継続的な社会的困難、特別な生活状況、特殊な障害などを要求しているわけではない．しかし、困難を自力で克服できる限り、給付の支給はない．就労できるための前提条件を満たせない理由が問題ではない．問題状況の原因となる理由の確定は可能で、それをしなければ状況に見合った給付は支給できないからである（Steck/Kossens 2005：81−82）．

(1)　世話給付

社会法典第二編第一六条第二項第二文第一番により、子どもの世話や家族の在宅介護の給付が支給される．この「世話給付」（Betreuungsleistungen）は、就労可能な要扶助者が、自らが行う世話や介護のために仕事ができなくなった時に実施される．この規定は、要扶助性の克服に決定的な影響を与える限り、適用することができる．

世話給付は、世話給付の負担が支払えるように、金銭給付として支給される．この給付は、ニーズ共同体内またはその他の家族の中で、世話が整えられない場合に限り必要とされる．世話の必要性が自明でない限り、専門機関の証明書が必要である．一二歳以上の子どもならびに障害の特徴、または介護を必要とする家族についても同様である．しかし、社会法典第二編第一六条第二項第二文には、社会法典第九編第六八条による重度障害の定義、または社会法典第九編第一四条、第一五条による介護必要性の定義を参照するようにという明確な指示はない．この点、これらの規定に該当する身体的精神的制約のある者の介護費用引受は考慮される．なお、社会法典第二編第一六条第二項第二文の指す家族とは、社会法典第一〇編第一六条第五項に示された人たちである.

(2) 債務者相談

その他の裁量給付として、社会法典第二編第一六条第二項第二文第二番には「債務者相談」(Schuldnerberatung)が挙げられている. この場合の費用引受の背景には、負債または債務超過、とりわけ債権者の強制執行が理由で、就労へのチャンスが狭まるという事実がある. 債務者相談給付は、財政状況の明確化と債務整理の方法の明示からなる. そのためには、一ヵ月当たりの収入と支出についての一覧表ならびに債務明細が必要である. さらに債務状況に影響のあるすべての書類の提示が必要である(たとえば、差押決定および振り込み決定、支払い催告、譲渡など).

(3) 心理社会的なケア

社会法典第二編第一六条第二項第二文第三番による「心理社会的なケア」(Psychosoziale Betreuung)には、提供された援助としての短期または中期に渡る随伴または中期から長期の随伴のケアまたはその他のケアが含まれる. 心理社会的なケアの必要性については、治療に当たる医師が決定する. 心理社会的なケアは、麻薬中毒者が職業、家族、社会に再び根を下ろすのを手伝うことを目的とする. 住居探しならびに経済的問題、家族の問題の解決の他に、このケアは日常生活をたて直し、教育または仕事への早期の合流を目指している.

(4) 中毒に関する相談

統合給付には社会法典第二編第一六条第二項第二文第四番により、「中毒に関する相談」(Suchtberatung)も基本的に含まれている.

(5) 第二九条による入職手当

社会法典第二編第二九条による「入職手当」(Einstiegsgeld)は、要扶助性を克服するために就労時に支給される.

入職手当の実施者は、地方自治体が社会法典第二編第六条aによる自由選択権を行使しない限り、社会法典第二編第六条第一項により連邦雇用エージェンシーになる.

(6) 高齢者パートタイム法による給付

社会法典第二編第一六条第二項第二文第六番により、「高齢者パートタイム法」(Altersteilzeitgesetz) による給付を支給することができる.

4 臨時労働（就労機会の創出）

社会法典第二編第一六条第三項第二文により、仕事が見つけられない就労可能な要扶助者には、実施者が「臨時労働」(Arbeitsgelegenheiten) を創出する必要がある. この一部は「公共福祉労働」(Gemeinwohlarbeiten) と名づけられた活動で、連邦社会扶助法（ＢＳＨＧ）第一九条に由来する. 臨時労働とは、要扶助者が自分自身と家族の面倒を、少なくとも一時的にあるいは部分的に看られるようにする仕事のことである（田畑 2010：46–51）.

社会法典第二編第一六条第三項による臨時労働については、社会法典第二編第一六条第三項第一文による補償ヴァージョン (Entgeltvariante) と社会法典第二編第一六条第三項第二文による追加費用ヴァージョン (Mehraufwendungs-variante)、ならびに失業者雇用対策 (Arbeitsbeschaffungsmaßnahmen) を区別することが必要である. 臨時労働は、求職者基礎保障の実施者によって失業者に斡旋される. 失業者に臨時労働の斡旋を請求する権利はない. 失業手当Ⅱの受給者は、提供された失業者雇用対策または臨時労働を受け入れなければならない. そうしないと、社会法典第二編第三一条第一項第一番ｃおよびｄにより、失業手当Ⅱが減額される恐れがある. 扶助受給者が公益に奉仕する労働をした場合には、扶助受給者が一般労働市場の仕事を得ようと努力しなかったという根拠をもって、求職者の扶助が減額されるようなことは原則的にない[1]．

(1) 失業者雇用対策

社会法典第三編による「失業者雇用対策」は、「追加的で公共の利益に沿って」いなくてはならない．助成額は被用者の教育によって変わり、一ヵ月当たり九〇〇ユーロ（教育なし）から一、三〇〇ユーロ（単科大学教育）の間である．助成期間は通常一二ヵ月である．「労働市場における現代的サービス事業のための第三法」と共に失業者雇用対策に対する失業保険加入義務は消滅するが、失業者雇用対策では、失業手当Ⅰの請求権は得られない．社会法典第三編に由来するこれらの規定は、失業手当Ⅱの受給者にも該当する．しかし、失業手当Ⅱの受給者が失業者雇用対策に参加しても、失業手当Ⅰの受給者と同様の法律効果は生じない．社会法典第三編により失業者雇用対策に参加した参加者には、社会法典第三編第五七条による一時金あるいは社会法典第三編四二一条一による開業補助金の請求権が生じる．これに対し、社会法典第二編第一六条第一項第一文により失業者雇用対策に参加した失業手当Ⅱの受給者は、社会法典第二編第二九条の入職手当としての自営業就労時の助成金しか得られない．

(2) 補償ヴァージョン

社会法典第二編第一六条第三項第一文では、仕事が見つけられない就労可能な要扶助者には臨時労働が設けられるという原則を定めている．この臨時労働は、社会法典第二編第一六条第三項第二文による追加費用ヴァージョンとは異なり、どうしても公益的で追加的でなければならないわけではない．この臨時労働の期間は、法律には定められていない．しかし、長期間にわたる臨時労働は想定されておらず、労働生活への初めての（再）参加を可能にするため

(1) OVG Lüneburg vom 30.10.2003.

に行われる．この点において、臨時労働の枠内における仕事は、最長でも六ヵ月に制限される．「補償ヴァージョン」のさす臨時労働は、通常の雇用関係になる．しかし、連邦公務員給与協定または当該の連邦・諸州の概括的労働賃金協定が適用されるのかどうかは明白ではない．連邦公務員給与表第三条によれば、連邦公務員給与協定は社会法典第三編第二六〇条または連邦社会扶助法第一九条および二〇条によって従事している被用者は該当しない．

管轄官庁は、補償ヴァージョン枠内の臨時労働に対する社会保険料を含む賃金コスト全額を負担する．ここには失業保険料も含まれる．このような臨時労働が一二ヵ月よりも長く続くようならば、再び失業手当Iの請求権が得られる（Steck/Kossens 2005：84－85）．

(3) 追加費用ヴァージョン

社会法典第二編第一六条第三項第二文には、いわゆる追加費用ヴァージョンが規定されている．公共の利益に沿った追加的労働の労働機会が、失業者雇用対策として助成されない場合には、就労可能な要扶助者には失業手当IIに加えて、追加費用に見合った補償が支払われる．この臨時労働枠内の仕事は、労働法の指す雇用関係ではないので、失業手当Iの請求権の根拠にはならない．追加費用補償を伴う臨時労働参加者は、臨時労働の量が一週間当たり一五時間を超えている限り、失業者とはみなされない（ＳＧＢ第三編第一六条第二項）．

この種の臨時労働もまた長期間を想定していることはない．経過措置としては長期失業者が労働市場へ（再び）統合するのを補助するものである．社会法典第二編には臨時労働期間について具体的な数字はあがっていないが、臨時労働は最長でも六ヵ月に制限される．工業化の遅れた地域にいる比較的高齢の被用者については、より長い期間も可能のようである．(2) 延長または他の実施者の下での「継続臨時労働」（Anschlussarbeitsgelegenheit）は、法律によれば不可能ではない．臨時労働と並行する四〇〇ユーロベースのわずかな仕事は、基本的に認められているが、社会法典第二編第三〇条による就労時の控除額に留意すべきである．求職者が第一労働市場での職場を探すための十分な自由時間を確保するために、一週間当たりの労働時間は三〇時間を超えるべきではない．

①公共の利益

要扶助者が従事する仕事は、公共の利益に沿っていなければならない．かっての連邦社会扶助法第一九条第二項第二文によれば、労働生活への適応が助成される場合、または受給権者およびその家族の特別な状況から必要な場合には追加的であることという要請は見逃すことができた．しかし、この例外的規定は社会法典第二編第一六条第三項には再現されていない．これによれば、仕事の公益性は追加費用ヴァージョンにとって、どうしても必要な前提条件である．

公益的とみなされるのは、物質的あるいは精神的、道徳的分野で直接公共の利益に役立つ、すなわち、とくに学問と研究、教養と教育、芸術と文化、宗教、国際間の協調、発展途上国援助、環境、景観保護と文化遺産保護などの領域への助成、青少年および高齢者の援助、公共衛生などに役立つ臨時労働などである[(3)]．労働は個人的、営業経済的目的のためであってはならない．公益性の重要な基準は、商品市場およびサービス業市場で個人企業と競合しないことである[(4)]．

（2）二〇〇四年一〇月の連邦雇用エージェンシーおよび地方自治体中央機関共同声明（Steck/Kossens 2005：85）．
（3）失業扶助受給者の追加的仕事に対する連邦雇用エージェンシーの提案（二〇〇四年八月九日）（Steck/Kossens 2005：86）．
（4）Kramer in LPK-BSHG, §19 Rdnr.9.

公益性の規定は、臨時労働の種類に関連する．実施者が公益的な職についているかどうかは関係がない．連邦雇用エージェンシーの見解によれば、公益性が一般的に推測されるのは、公益的であると認められている対策実施者（とくに地方自治体、福祉協会、教会、自助グループ）が斡旋する仕事がそうである．求職者基礎保障制度の実施者から斡旋された臨時労働が、指示に反して公益性の欠如のため、実際には通常の仕事である場合、該当者はその土地で通常の賃金支払いを要求することができる．

②追加的労働

追加費用ヴァージョンの前提条件は、実施された労働が追加的なことである．「追加的であること」(Zusätzlichkeit) は、労働が通常ならなされない、またはこの規模ではなされない、この時期にはなされないような場合に認められる．とくに常勤職員が通常処理するような公共体の任務は遂行してはならない(5)．または国庫政治上の事情による職員不足のために、本来は任務遂行されなければならないにもかかわらず実施されない、あるいは必要な規模で実施されていない労働も追加的ではない．通常の労働力が得られない場合でも、「追加的であること」の根拠にはならない(6)．

次にあげるのは、労働の「追加的であること」が否決された判決の例である．

・季節的にどうしても必要になる緑地の清掃作業および手入れ作業
・地域の庭園や停留所、幼稚園、病院のいずれにせよ必要な清掃作業、または地域の冬の除雪作業

（5）Kruse/Reinhard/Winkler, BSHG, §19 Rdnr.14.
（6）Kramer in LPK-BSHG, §19 Rdnr.9 m.w.N.

・規定的に発生するルーチンワーク
・官庁で通常は普通に報酬を支払う雇用関係の枠内で行われている、軽い事務作業

③追加費用の補償

臨時労働に専念する者は、引き続く扶助給付、つまり、失業手当Ⅱに上乗せして「追加費用補償」を受ける．他の統合措置と同じような申請と認可の手続きが、ここでも要る．社会福祉事業実施者あるいは自治体実施者が、失業手当Ⅱ受給者の労働統合管轄機関に対策の助成を申請する．管轄機関は労働が公益的かつ追加的であるかどうか審査し、助成を認可する．実施者への助成は、失業手当Ⅱ受給者に支払われる追加費用補償を賄う他、たとえば、要扶助者の判定やオリエンテーリング職員・ケア職員などの実施者自身の費用も賄うことができる（Steck/Kossens 2005：87）．

④労働機会の斡旋

公益的追加的労働の執行は、行政行為によって行われる．公益的労働の執行に関する決定は、十分に明確でなければならない．ここでは求職者基礎保障の実施者が扶助を求める者に施設だけを紹介し、具体的になすべき仕事の選択は施設の経営者に委ねてもよいことになっている[7]．連邦教育手当法（ＢＥｒｚＧＧ）は、両親の二人ともが同時に育児休暇の請求権を行使することを認めており、その際両親のそれぞれに一週間三〇時間までの範囲で就労を認めている．両親の片方に教育手当が支払われる限り、その支払われた者に就労を斡旋したり、その者を公益的労働に関与させしたりすることはできない[8]．

（7）VG Göttingen vom 19.8.2003, 2 B 282/03; a.A. VG Münster vom 1.7.2003, 5 K 638/00.

執行決定に対して、異議申し立てと取り消しの訴えが可能である．公益的労働への関与についての行政行為に対する異議申し立ては、延期する効力を持たない（SGB第二編第三九条第一番）．社会法典第二編第三九条第一番によれば、求職者基礎保障を決定する行政行為における異議申し立て、あるいは取り消しの訴えを延期する効力は認められない．法の制定理由によれば、ここには労働統合給付も含まれ、その給付には社会法典第二編第一六条第三項による臨時労働も含まれる．

　就労可能な扶助受給者は、追加費用ヴァージョンでは失業手当Ⅱを続けて受給する．ここには生計費保障のための基準給付と、住居と暖房の費用、その他一部の受給有資格者に対しては、失業扶助受給後の期限付きの加算が含まれる．加えて、実施者から一時間当たり一～二ユーロの追加費用補償が要扶助者に支払われる．追加費用補償は仕事により生じた費用、とくに交通費を賄う．しかし、追加費用補償は包括的にしか保障されない．臨時労働参加者は実際に生じた費用、たとえば、所得税法（ＥＳｔＧ）に向けられたキロメーター包括額の補償請求権を持たない．しかし、補償額は基本的に、交通費や被服、外食の実際の追加費用に合わせられなくてはならない．追加費用補償額が比較的低額に制限されているので、実際にはその土地の臨時労働のみが考慮される．失業手当Ⅱ受給者の疾病期間中は、追加費用補償が続けて支払われることはない．したがって、臨時労働に就いている失業手当Ⅱ受給者は、手取りで八〇〇～九〇〇ユーロの金額が自由になる．失業手当Ⅱも追加費用補償も、差し押さえることはできない（Steck/Kossens 2008：103）．

　就労可能な扶助受給者の再適応のための二〇〇五年の予算は、合計六三億五千万ユーロが用意されていた（Steck/

（8）OVG Lüneburg vom 21.8.2003.

Kossens 2005：88）．この合計額から臨時労働の資金も出ている．臨時労働は地方レベルで提供され、その地の労働市場の状態をみながら認可される．もちろん失業手当Ⅱ受給者に対して他の可能性がないかどうか、慎重に考慮され、労働統合協定で取り決められることになる．

⑤雇用関係のない臨時労働

社会法典第二編第一六条第三項第二文により、公共の利益に沿った追加的労働のための臨時労働は、労働法の指す雇用関係の根拠とはならないが、労働保護および連邦休暇法についての規定は、状況に応じて適用される．このことは臨時労働の仕事が雇用関係の根拠とならないと定めた連邦社会扶助法第一九条第二項に準拠している．

ここでいう臨時労働は、むしろ特殊な公法上の雇用関係である(9)．この雇用関係に対して労働報酬は支払われない．要扶助者は失業手当Ⅱを続けて受給し、それに補足して追加費用の適切な補償を受ける（例）．

例：失業手当Ⅱ受給者

基準給付、独身者	347.00ユーロ
適切な家賃＋雑費	300.00ユーロ
暖房包括費　ガス暖房	36.00ユーロ
追加費用補償（１ユーロアルバイト）	167.00ユーロ
	＝850.00ユーロ

注　基準給付は、2011年１月１日より364ユーロになっている．

就労可能な扶助受給者が法律効果についての教示にもかかわらず、社会法典第二編第一六条第三項第二文による就労可能な仕事（臨時労働）を引き受けるのを拒絶する場合には、失業手当Ⅱは第一段階で三〇パーセント減額されることもありうる．

(4)　要扶助性消滅時の貸付

社会法典第二編第一六条第四項は、就労可能な者の要扶助性が第一項から第三項による労働統合措置期間中に消滅

（9）Kruse/Reinhard/Winkler, BSHG, §19 Rdnr.14.

する場合について規定している．このような状況が起きた時に，該当する対策がすでに三分の二がすでに実施されており，就労可能者が成果を挙げ，対策を終了できる見込みのある場合には，その対策は貸付によって，その後も継続することができる．法の成立趣旨によれば，貸付支給は確実性に基づいて行われることを示している．

社会法典第二編第一六条第四項の基本理念は，財政資金を支出せずに，その対策を好成果で終了させることである．このようなことは通常は期待できないので，貸付によって対策を最後まで成し遂げる動機づけをしようとするのである．特定の対策，たとえば，斡旋券（Vermittlungsgutscheins）の発行などは，第四項には適用できない．要扶助性の消滅は，資産の増加により生じる．たとえば，換価可能性の発生によっても，あるいは収入の増加により，また，第三者の必要な援助によっても消滅する．

該当する対策がすでに始まっていて，就労可能な者が要扶助性の消滅時点までに，まだそれに参加していない場合，同様の対策を社会法典第二編によって助成することはできない．しかし，その助成が社会法典第二編ではなく，社会法典第三編によって可能な場合は第三編の規定に従う．

その他の助成についての決定は，給付実施者の裁量にかかっている．決定は義務としてなされねばならず，行政行為として公示すべきである．貸付による助成は，該当する対策の三分の二が実施されたことを前提条件とする．その分量は，単純に対策の期間に基づいて算定される．すなわち，正味期間（Nettozeiten）のみを考慮して算定する（Steck/Kossens 2005：92）．

5　給付支給

労働統合のための給付を支給するために，第三者による適切な施設およびサービスが既に存在するか，または拡張

社会法典第２編第17条第２項による給付協定見本

管轄給付主体と実施者「…」（以下：実施者）の間で、次のような協定を締結する．

§１　協定対象

この協定の対象は

……………………………………………………………の実施者による

以下の給付

……………………………………………………………………………

の支給について、社会法典第２編第17条第２項による給付協定である．

§２　給付の種類と規模

実施者は………………（地名）で…………………………（施設の活動内容）の施設を経営する……………………実施者は給付を……………………の計画によって支給する．この計画は付記として、この協定の構成部分をなす．協定には給付の内容および規模、形態についての詳細が含まれる．計画の変更は、その変更がこの協定の内容に影響を及ぼす限り、給付主体の同意を必要とする．

§３　職員の配置と質

施設は設定目標の実現、および要扶助者の必要性にふさわしい…………………………（給付支給方法の説明）が保証されるように、※事物、職員および専門家を配置しなくてはならない．給付は主として…………………………（専門家グループまたは職員の名前）により支給される．以下のような施設の職員配置…………………………が必要であり、これが支弁算定の基礎となる…………………………（ポジションの数、名称、場合によっては報酬）．

§４　質保証

実施者は構造、経過、結果の質を保証できるよう、内部で方針を決定し、実施する責任を負う．質保証に適した対策が選ばれる．たとえば、以下のような対策が考えられる．

- 各人の処遇の系統的な記録
- 施設を越えた質向上のためのサークルへの参加
- 質向上委員の設置
- 給付支給の方法基準の発展とさらなる展開．質の保証のための取組みは、実施者によって記録される．

§５　協力の原則

実施者は経済性、節約性および効率の原則に従って給付を支給する義務を負う．実施者は給付主体と協力し、給付主体に重要な出来事をすべて報告する義務を負う．情報保護法の規定、とりわけ社会法典第１編第35条と社会法典第10編第67条以下は、これを遵守する．実施者は実施者によって起用された専門家グループに、守秘義務について、またその条件下では個人に関する情報公開が例外的に認められている前提条件について、情報を提供する．

§６　報酬表

給付の請求権行使に対し、実施者は..................ユーロの時間当たりの価格／日当たりの価格／ケース包括額を請求する．これをもって投資費用および物件費、人件費が支弁される．同じ目的を持つ公共資金による助成は、これを支弁にあてる．給付主体に対する給付の清算は、給付主体が前もって費用の引受を明らかにした場合に限る．実施者は毎月の月末に、給付の請求書を個人／グループ別に作成する．給付主体は、請求書到着後10日以内に支払う義務を負う．

§７　質の審査

質の審査の対象は、管轄給付主体と施設実施者の間で協定により合意した給付支給についての審査である．施設実施者が給付を合意した内容で支給しなかった、という理由付けられた根拠が存在する限り、管轄給付主体は、その内容を独立した専門家に審査させる権限を持つ．審査の前に、施設実施者は非難に対して弁明することができる．専門家は施設実施者との話し合いの後、施設へ立ち入る権利を持つ．専門家は、アドバイス会談に参加する権利を持たない．

§８　経済性審査

審査の対象は、合意した給付に対する弁済構成要素のバランスの観点における経済性である．施設が適切で経済的な給付支給の要請を満たしていない、あるいはもはや満たさなくなった、という根拠がある場合、管轄給付主体は、合意した給付の経済性を独立した専門家に審査させる権限を持つ．そのような根拠として、とりわけ第４条による質の保証の枠内での欠如の確定がありうる．手続きは質の審査の手続きに従う．

§９　救済条項

この協定の個々の条項が無効であったとしても、このことはその他の協定の有効性とは無関係である．この場合、関係者は無効の規定を、社会法典第２編の目標設定を考慮して、望まれたものになるような規定をもって換える義務を負う．この協定の変更はすべて、協定の有効性のために書式を必要とする．

§10　発効

この協定は..................付で発効する．各関係者はこの協定を..................の期日までに破棄通告することができる．破棄通告は書面により行う．

____________________	____________________
給付主体の署名	施設実施者の署名

出所）Steck/Kossens 2005：92–94, 2008：109–111により作成

あるいは新設できる限り、雇用エージェンシーは自らの施設およびサービスを新しく作るべきではない（ＳＧＢ第二編第一七条第一項）．同法第一七条第一項第二文によれば、求職者基礎保障の管轄実施者は、民間社会福祉事業を援助すべきであり、このことは社会法典第二編第六条ａにより選択された地方自治体にも該当する（Mrozynski 2004：206）．

給付が第三者より支給され、これに対する援助措置が第三編に規定されていない場合、雇用エージェンシーは、第三者またはその団体との間で、①給付の内容および規模、質、②定額および個々の給付分野ごとの金額から構成される報酬費用、③給付の経済性および質の審査についての協定がある場合に給付に対する報酬費用を支払う義務を負う（給付協定見本参照）．

二　生計費保障給付

1　新規定概観

社会法典第二編に基づく求職者基礎保障制度には、労働統合のための給付の他に、生計費保障給付（ＳＧＢ第二編第一条第二項）がある．これらの給付は自己および自己と同一のニーズ共同体で生活する者の需要を自力では満たせない人々に、人間の尊厳に見合った生活を可能にし、社会文化的最低生活費の枠内で生計費を保障する[10]．この点で、これらの給付は後順位性の原則に沿った国による福祉保護給付である（同上）．

新しい生計費保障給付では、就労可能な求職者に対し、一方では従来給付されていた失業扶助の金銭給付、他方で

（10）BT-Drucks15/1516．

は社会扶助の枠内の生計扶助が一つの統一給付にまとめられた．この給付は以前の失業扶助とは異なり，従来の収入ではなく，（従来の社会扶助のように）就労可能な扶助を求める者およびニーズ共同体の構成員の需要に基づいている．就労可能な要扶助者に対しては，生計費保障給付が失業手当Ⅱとして支給され，就労不可能なニーズ共同体の家族は，各種給付を社会手当として受ける．

(1) 社会法典第二編の新給付の範囲と内容

就労可能な要扶助者に対する新しい失業手当Ⅱに含まれるのは，社会法典第二編第一九条によれば次の給付である．

① 住居・暖房費を含む適切な生計費保障給付[11]．生計費保障給付に含まれるのは次の項目である．

・生計費保障のための基準給付（ＳＧＢ第二編第二〇条），包括給付
・生計費追加需要給付（ＳＧＢ第二編第二一条），基本となる基準給付の百分率の包括形式
・住居と暖房のための給付（ＳＧＢ第二編第二二条），基本的には実際の金額[12]
・三つのケースにおける一時給付（ＳＧＢ第二編第二三条第三項）
・不可避の需要に際し，貸付の形で金銭給付または現物給付（ＳＧＢ第二編第二三条第一項）

給付は給付受給者の以前の収入に関係なく定額で支給される．

(11) ＳＧＢ第二編第一九条第一文第一番：第二部全体の題名でも同様に「生計費保障給付」を取り上げているので，法律用語法はあいまいである．ここでは明らかに，ＳＧＢ第二編第二四条による加算もＳＧＢ第二編第二六条による保険料補助金も含めない，もっと狭い意味での概念を指していると見られる．ＳＧＢ第二編第二八条第一項における第一九条第一文第一番についての言及から反対解釈：社会手当受給者がこれら二つの給付を受けない以上，ＳＧＢ第二編第一九条第一文第一番により社会手当受給者に支給される各種給付にも該当しない（Steck/Kossens 2005：35）．

(12) しかし，住居と暖房のための費用も将来的には一括支給の可能性が示唆されている（ＳＧＢ第一二編第三〇条第二項）（田畑 2007：53）．

② 失業扶助受給後の期限付きの加算（SGB第二編第一九条第一文第二番、第二四条）

この加算は、社会法典第三編による失業扶助から求職者基礎保障への切り替えにともなう経済的困難さを和らげるためのものである．

③ 失業手当Ⅱの受給者は、その給付期間中、年金保険、健康保険・介護保険に支払う保険料に対する補助を受ける（SGB第二編第二六条）．

就労が不可能なニーズ共同体の構成員に対して社会手当が支給されるが、しかし、ここで「老齢・障害等基礎保障」に対する社会手当の後順位性について考慮する必要がある．社会手当に対する請求権は、「老齢・障害等基礎保障」による給付に対する請求権がない場合に限り生じる（SGB第二編第五条第二項第三文、第二八条第一項）．社会手当に対する請求権に含まれるのは、前記の①に挙げた社会法典第二編第一九条第一文第一番のさすところの生計費保障給付である（SGB第二編第二八条）．反対に期限付きの加算は、受給者が就労能力を欠いているために支給されない．また、社会保険加入義務、あるいは義務がない場合には保険料補助金に対する請求権も生じない．病気や介護の必要性に対する社会的保護は、家族保険の枠内で行われる．社会手当に対しては、基本的に失業手当Ⅱに対する諸規定と同じ規定が適用される．したがって、給付については、特例または例外が生じるような関連した箇所に限って表示している（表2－2－3）．

失業手当Ⅱおよび社会手当は、どちらの給付も必要性に左右されるので、法的に定められた給付は基本的に、活用すべき収入と資産の分だけ減額される（SGB第二編第一九条第二文、場合によってはSGB第二編第二八条第二項と関連）．したがって、個々の場合における請求額は、需要と必要性を対比して初めて算出される．算入すべき収入と資産によ

表2-2-3　各種給付比較

失業手当Ⅱ（就労可能な求職者対象）	社会手当（就労不可能なニーズ共同体の構成員）
― 社会法典第２編第19条第１文第１番の指す生計費保障給付 ■ 基準給付 ■ 追加需要 ■ 住居と暖房 ■ 一時需要 ■ 不可避の需要に対する貸付 ― 加算 ― 法的健康保険・介護保険、年金保険における社会的保護または保険金補助	― 社会法典第２編第19条第１文第１番の指す生計費保障給付 ■ 基準給付 ■ 追加需要 ■ 住居と暖房 ■ 一時需要 ■ 不可避の需要に対する貸付 ― 法的健康保険・介護保険における家族加入員として基本的な社会的保護

出所）Steck/Kossens 2005：37.

って必要性が定まる．

失業手当Ⅱおよび社会手当に対し認められる請求権は，個人個人によって違う[13]．ということは，各人に対して個別に請求権の前提条件を審査しなくてはならない．しかし，収入および資産の算入に関しては，ニーズ共同体の構成員全員が一緒に考慮される．したがって，ニーズ共同体全体に対し必要な申請書は一枚だけである．自己の能力および資産によってはニーズ共同体における需要全体を満たせない場合，ニーズ共同体のすべての者は需要全体に対する各々の需要の割合に応じて要扶助者とみなされる．

法の制定理由によれば，生計費保障給付は需要全体を満たし，要扶助者が社会法典第一二編による生計扶助の補助給付を必要としないように査定されている．したがって，社会法典第二編第五条第二項によれば，二階建ての社会扶助は認められない．社会法典第二編の請求権に付け加えられるのが，連邦児童手当法第六条ａによる児童加算である．

（13）vgl. auch hauck/noftz, SGBⅡ, §19, Rn.5.

(2) 従来の法律と違う点

社会法典第二編による生計費保障給付は、その形態および金額において、基本的に従来の連邦社会扶助法を目ざしており、かっての失業扶助ではない[14]。失業手当が個人的な賃金に規定された給付であるのに対し（その金額は失業前に支給されていた手取り収入のパーセンテージにより決まる）、求職者基礎保障は、ニーズ共同体全体の需要に合わせられている。従来の連邦社会扶助法による社会扶助法と社会法典第二編には、基本的な類似は見られるものの、いくつかの重要な違いがあり、とりわけ包括化を強めたことと、それに関連する通常基準の新構想が異なる（Steck/Kossens 2005：38）。

社会法典第二編では、とくに求職者基礎保障のできる限り幅広い包括化を達成するという目標を目ざしている（Mrozynski 2004：199–200、Pfohl 2004：169）。このことは何よりもまず、大半の一時給付を基準給付に含めるという通常基準の新構想によって実施され、以前に比べると大幅な変更を意味する。

連邦社会扶助法は、生計扶助を経常的給付と一時給付に分けて、システム上の細分を前提としており、この両方の給付で必要生計費を満たしていた（ＢＳＨＧ第二二条第一項）。そして、通常基準には食料と家庭エネルギー費を含む家計需要、ならびに日常生活の個人的需要に対する経常的給付だけが含まれていた。通常基準に含まれていない不規則な間隔で生じる必要な生計費は具体的な需要に応じて、すなわち、法的に定められた包括額ではなく、一時給付の形で支給された。この給付は基本的にその都度申請し、認可されるものだった[15]。

(14) BT-Drucks 15/1516.
(15) BT-Drucks 15/1514.

表2-2-4　基準給付・基準給付以外の給付

基準給付	基準給付以外の給付
— 食料、被服、保健衛生、家具、日常生活の需要、まわりの世界との関係および文化的生活への参加に対する包括額 — これらの需要が包括額では足りなかったら：不可避の需要に対しては補足的貸付	— 住居と暖房のための給付 — 追加需要 — 三つの特例における一時給付 — 場合によって加算 — 場合によって社会保障の保険料補助

出所）Steck/Kossens 2005：39.

これに対して、社会法典第二編によれば、必要な生計費全体は基本的に基準給付により賄われなければならないことになる．それによって不可避の需要が満たされない場合には、追加的に貸付が行われる（SGB第二編第二三条第一項）．どちらかと言えば、珍しい三つのケースに限り、一時給付の基準給付への統合に対する対抗策として、基準給付には定期的な間隔では生じない比較的多額の出費が包括額に含まれることになる．この包括費は拡大した自己責任の象徴として、備えのためにとっておくことができる．

基準給付に含まれていないのは、特別な生活状況のための追加需要、住居と暖房のための給付、存続した一時給付ならびに社会保障の保険料補助である．基準給付とその他の給付は、表2－2－4の通りである．

これにより、またはその他の新規定により、包括化を進めるため、個々のケースについて左のようなことが明らかにされた．

・一時給付を基準給付に基本的に統合
・通常基準にも包括化された追加需要にも、例外的に個々のケースの状況に応じて査定する可能性はなくなった．つまり、包括支給においては、実際には個人的需要状況への扉を開く可能性は生じない（Mrozynski 2004：199）．
・住居と暖房のための給付は、法律によって確かに実際の金額が支給されるが、細則による包括化の可能性が計画されている．このことは一時給付として支給される住居と被服のための初めての支給にも該当する．

このことと通常基準の新構想は、大幅な行政簡素化につながる．今までは、どの一時給付も基本的には別々に申請し、支給されていたことを考えれば、なおさらのことである．そして細かい需要チェックおよびそれぞれの場合の決定も、実施者と受給資格者の間の長引く論争同様に避けられる．一方で新規定は、各々の場合における特別な状況の考慮が全く不可能であることを意味する．この点は多方面から批判されている．何よりも、以前の基準に比べて増額された包括額は、一時的に生じる出費を賄うには足りないのではないか、という危惧が批判の原因である．これの導入に関して、基礎となる基本法について討論する余地はない．しかし、当然ながら、諸規定は基本法（とりわけ人間の尊厳、社会国家規定）ならびに社会法典第一編第一、九条と照らし合わせて解釈すべきである．

2　生計費保障のための基準給付

(1)　基準給付の目的と範囲

失業手当Ⅱおよび社会手当の枠内で生計費保障給付の基幹となるのは、社会法典第二編第二〇条による「生計費保障のための基準給付」（Leistungen zur Sicherung des Lebensunterhalts）である．この給付は経常的包括給付として支給され、食料、被服、保健衛生、家具、日常生活の需要ならびに是認できる範囲で、まわりの世界との関係および文化的生活への参加（SGB第二編第二〇条第一項第一文）を賄う．さらに従来も基準給付が負担していた家庭エネルギー費もここに該当する．[16] しかし、通常基準に網羅される需要は、社会法典第二編第二〇条では決定的に定められているわけではないので、その他の需要も基準給付で賄われなければならない．

すでにふれたように、社会法典第二編における基準給付の網羅範囲は、（三つの例外はあるが）従来の一時給付を基本的に基準給付に統合したことによって著しく拡大された．具体的には、従来は一時給付（ＢＳＨＧ第二一条第一項ａ）として支給された次の費用は、今後は包括化された基準給付に含まれる．

・被服、寝具および靴の修理とその入手、最小限の範囲以外も（最初の入手は除く）
・生徒のための特別教材の入手（数日間のクラス旅行は除く）
・家具の補修、比較的大きな場合も
・使用期間が比較的長く購入価格が比較的高い日用品の購入費（最初の入手は除く）
・特別な機会のための給付、たとえば、結婚、クリスマス補助金
・従来は一時給付として支給されていた住宅修繕費は、基準給付ではなく、住居のための給付に含めることができ、燃料購入費も同様に各暖房に該当するので、通常包括給付から調達しなくてもよい（Steck/Kossens 2005：41）．

連邦社会扶助法と違い、特別な状況においても各ケースにおいて包括額は増額できない．個別のケースにおける通常包括給付の例外的査定は、もはや認められていないからである．たとえば、比較的大きな購入費を扶助受給者が賄えない場合、それが通常包括給付その他の資金で賄えない不可避の需要ならば、貸付支給のみが考慮される．

（16）通常基準細則第一条第一項．これに対し温水ではない水道費は、従来どおり住居費に算入する（Steck/Kossens 2005：40）．

(2)　基準給付の支給額

包括額は法律により一律に定められている．ここでは社会扶助とは異なり、ベルリンを含む旧連邦諸州（西ドイツ）と新連邦諸州（東ドイツ）それぞれに固定額が適用されていたが、二〇〇六年七月一日より旧西ドイツ基準に統一されている．給付受給者個人の給付額は、この包括額のパーセンテージで定められている．この支給額は、ニーズ共同体内に生活している人の人数およびその年齢により変化する．逆に法律の文面によれば、世帯主として、またはその他の世帯構成員としての資格は、重要ではなくなった．

(3)　失業手当Ⅱとしての基準給付

基準給付は年齢と状況により、適用基準給付額（一〇〇パーセント）のパーセンテージで算定される．基準給付額は二〇一一年一月一日以降、連邦統一の三六四ユーロである（SGB第二編第二〇条第二項）（表2－2－5を参照）．この内訳は、食費（一二八・四六ユーロ）、被服費（三〇・四〇ユーロ）、余暇費（三九・九六ユーロ）など費用で構成される．本年より「医療費」や「インターネット利用費」の項目を追加し、「飲酒」と「喫煙」の費用は削除された．

なお、二〇一〇年二月九日に「子供に対する給付額は、単純に成

表2-2-5　失業手当Ⅱおよび社会手当—基準給付の率および月額

失業手当Ⅱ、社会手当（2011.1.1～）					
基準給付					
・単身者 ・単身で子を養育している者 ・未成年（18歳未満）のパートナーを持つ成人	・二人とも18歳以上の場合	・成人した（18歳以上25歳未満）のニーズ共同体の構成員	・14歳以上18歳未満の子供	・6歳以上18歳未満の子供	・6歳未満の子供
100%	90%	80%	基準給付額は据え置き		
364ユーロ	328ユーロ	291ユーロ	287ユーロ	251ユーロ	215ユーロ

出所）Bundesagentur für Arbeit

人の六〇～八〇％としているだけで、子供特有の事情や必需品について考慮していない」として、連邦憲法裁判所（BVerfG）が算定方式に関する違憲判決を出した。これを受けて政府が見直した算定方式では現行額を下回るため、裁定の悪化禁止条項により据え置きとなった。

独りで子育てをしている者とは、実際に独りで一八歳未満の子どもの教育と世話を引き受けている者である．一八歳以上のパートナーと同居するものは独身者ではない(17)．以前は複数の人が同居する場合、共通の家計が存在するかどうか調べなければならなかった．該当する場合には、総支出を負担する者が世帯主としての基準給付を受給し、その他の者は（扶助が必要である場合は）世帯構成者としての基準給付を受給する．複数の要扶助者が総支出をそれぞれ負担しあう場合には、世帯主としての基準と世帯構成者としての基準の差額は負担者たちに分配された(18)．社会法典第二編第二〇条第二項の文面には、このような事はもはや認める余地がない．八〇パーセントないし九〇パーセントの少ない基準額の適用は、ニーズ共同体の者に限られているからである(19)．

(17) BA. 90 Fragen und Antworten, S.14.
(18) vgl. z.B. Sozialhilferichtlinien für Bayern 22.02; Schoch, S.18.
(19) たとえば、既婚のEとFは失業手当Ⅱを受給し、彼らは自分たちと同様に就労可能な一七歳の息子Sと、もう一人の就労可能な一六歳の息子Pと同居しているとする．この家族の基準給付に対する需要は次の通りである．

E：九〇パーセント	三二八ユーロ
F：九〇パーセント	三二八ユーロ
S：八〇パーセント	二八七ユーロ
P：八〇パーセント	二八七ユーロ
合計：	一、二三〇ユーロ

(4) 社会手当としての基準給付

これらの規定は、社会手当受給者にも同様に当てはまる．ここでさらに考慮しなければならないのは、「老齢・障害等基礎保障」は社会手当に優先するということである（SGB第二編第五条第二項第三文、第二八条第一項）．したがって、このような給付が支給される限り、社会手当に対する請求権は消滅する．また、法律により就労不可能であるとみなされ、社会手当だけを受給する．一五歳未満の者に対する補則がある．

・六歳以上一四歳未満までは基準給付額の七〇パーセント、すなわち、一ヵ月当たり二五一ユーロである．従来の法律では、七歳未満の者は世帯主の五〇パーセントしか受けられず、七～一四歳の者は六五パーセントを受給していた（通常基準細則第二条第三項）．

・一五年目（一四回目の誕生日を過ぎ一五歳の誕生日まで）には、基準給付全額の八〇パーセント、すなわち、一ヵ月当たり二八七ユーロ．これは、従来の社会扶助法に比べて減少している．社会扶助法では九〇パーセントを受給していた．

(5) 基準額の調整

社会法典第二編に現在決められている基準給付額は、連邦保健社会保障省が連邦統計庁の協力を得て集めた収入・消費についての「無作為抽出アンケート（ＥＶＳ）１９９８」[20]の評価を基にしている（Steck/Kossens 2005：44）．こ

(20) 収入・消費についての無作為抽出アンケートは通常、五年ごとに実施される（田中 2009：58）．

のデータから二〇〇三年七月一日現在の全体数値が算出された．基準給付は一年のうち七月一日，または一月一日に調整される．この調整の指針となる数値は，当時の連邦社会扶助法がそうであったように，法定年金保険年金額のその時の変化パーセントである．したがって，失業手当Ⅱは基本的に税込み賃金に修正された形で関連している（SGB第六編第六八条）．収入・消費についての新しい「無作為抽出アンケート２００３」の結果が出るとすぐに基準給付の査定がチェックされ，必要な場合にはさらに改定する（SGB第一二編第二八条第三項第五文と関連してSGB第二編第二〇条第四項第二文）．連邦経済雇用省は毎年，暦年の六月三〇日に基準給付額を連邦官報に公布し，この額がその後一二ヵ月間の指針となる（SGB第二編第二〇条第四項第三文）．

(6) 現物給付としての基準給付支給

生計費保障給付は，基本的に金銭給付の形で支給される（SGB第二編第四条第一項第二番）．例外的に第二〇条による基準給付は，要扶助者が自分の需要を金銭給付で賄うのに適していない場合，全額または一部を現物給付として支給することができる（SGB第二編第二三条第二項）．この規定は，特殊で重大な理由がある場合は，給付を現物給付として支給することができるという，社会扶助法において従来実践されてきたことをまとめたものである（Brühl 2003：339ff.）．

そのための前提条件は，まず社会法典第二編第二〇条による需要を賄うための，適性が欠けていることである．社会法典第二編第二〇条第一項では，何が重要な需要に含まれるのかを定めている．これらの必需品が満たされない場合に限り，現物給付が考慮される．その場合に，扶助受給者自身にとって必需品の重要性の程度をどう判断するか，ある程度の余地が扶助受給者に認められなくてはならない．

さらに要扶助者は，需要を賄う「適性がない」（ungeeignet）ことが必要である．法律は適性不十分の例として，具体的には「麻薬・アルコール中毒」（Drogenund Alkoholabhängigkeit）ならびに「不経済的行動」（unwirtschafliches Verhalten）を挙げている．後者を立法者が認めるのは、扶助を必要とし就労可能な者の行動全体または一部に、いかなる理性的な経済的考慮の方法も見られず、さらに平均からあまりにかけ離れた行動が見られる場合である[21]．従来は、たとえば、高価な趣味に対する金銭消費や「浪費的で無意味な消費行動」（verschwenderischem, sinnlosen Verbrauchs-verhalten）において、このことが認められていた（Brühl 2003：174）．さらに連邦雇用エージェンシーは、給付が支給されてすぐに消費される場合、または生活の仕方が給付額に見合わない場合も、その例とみなしている[22]．社会法典第二編第一二条第三項第二番の規定に基づき、「適切な原動機付車両」の所有はここには該当しない．法律は「適性が不十分」な場合に限り現物給付を認めている．ここから、一度の「過失」（Verfehlung）では十分でないと推測できる．扶助受給者は、自分が不適格であると「証明」しなくてはならない．このような言葉の選び方から、生計費を賄えないという具体的な事実がなくてはならない、という示唆がうかがえる．バランスのとれていることという原則の枠内では、その前に他の措置、たとえば、アドバイス、警告、分割払いも試みているという前提が要求される[23]．

これらの前提条件が満たされれば、現物給付が支給されるかどうか、またどれほど支給されるのかは、管轄官庁の裁量にかかっている[24]．この時に、市場で必需品を個人的に自分で決めて購入する、という扶助受給者の自由が現物支給によって損なわれるが、しかし、バランスのとれていることという原則から、現物給付は基本的にこれが必要な場

（21）BT-Drucks 15/1516.
（22）BA-Merkblatt, 19.
（23）Löns /Herold-Tews, § 23, Rn.12．
（24）法律の文面によれば部分的現物給付の支給も可能である（Steck/Kossens 2005：45）．

合に限って給付される[25]．

通常基準のパーセンテージによる包括査定	状況に応じた査定
— 妊婦 — 独りで子育てをしている者 — 扶助の必要な障害者	費用のかかる栄養補給

3 追加需要給付

扶助受給者の特定グループにとって、通常基準を基本とする需要は、これらのグループにはふさわしくないという前提を法律はとっている．したがって、これらの対象者は基準給付の他に、追加需要に対して加算請求権を持つ（SGB第二編第二一条第一項）．この加算は、一部は基準給付のパーセントにより支給される包括額であり、一部は状況に応じて査定される．次のような追加需要が支給される（Steck/Kossens 2005：46）．

(1) 概説

追加需要の要件となる条件は、連邦社会扶助法と比べて少しも変わらないし（BT-Drucks 15/1516）、その目的も変更されていない．したがって、基本的には前提条件に関する従来の解釈をここでも取り上げることが可能である．

追加需要がパーセンテージによる包括額として支給される場合には、各パーセンテージは「第二〇条により適用される基準給付」に関連する（例外：第二一条第三項は第二〇条第二項により基準となる通常基準を参照するように指示している）．「適用される基準給付」という文面、および一

（25） vgl. auch Löns/Herold-Tews, §23, Rn.16: 不経済的行動の場合、法律はさらに、すべての給付は最小限度に限定される可能性があることを記している（Steck/Kossens 2005：45）．

〇〇パーセントの基準給付（SGB第二編第二〇条第二項）の参照指示があるのは社会法典第二編第二一条第三項しかない．この事実から、その他の場合には常に基準給付の一〇〇パーセント全額を基礎に置くわけではなく、追加需要の前提条件を満たした者に対するパーセンテージを基本とするという前提から出発すべきであろう．すなわち、従来の社会扶助法のように、該当者が基準の全額（一〇〇パーセント）を受給するか減額された基準（九〇／八〇パーセント）を受給するかにより違いが生じる．しかし、従来の社会扶助と異なるのは、九〇パーセント基準が導入されたために、ニーズ共同体のうち、誰が世帯主の役割を負い基準全額を受給するか、その決定によって追加需要額に影響する可能性がなくなったという点である．また、社会扶助法と異なり、包括支給には個々の場合における例外的な需要に対する例外的な加算を支給できる可能性はない[26]．

(2) 妊婦に対する追加需要

就労可能で扶助を必要とする妊婦は、妊娠第一三週目の初めから追加需要を受給する．妊娠証明書または医師の診断書を証明に用いることができる．加算は基準となる基準給付の一七パーセントである．

連邦行政裁判所のこれまでの裁判によれば、連邦社会扶助法第二六条による給付除外に当たる職業教育を受ける者は、それにもかかわらず、追加需要が「職業教育を受ける者に特有の需要」を満たさない限り追加需要を受給できる．この他、社会扶助法を参照するようにという法の制定理由の指示に基づき、社会法典第二編第七条第五項により生計費保障給付から除外された者にも、この事が該当するという見解に有利ないくつかの材料がある（Löns/Herold-Tews 2005：7ff.）．

（26）vgl. Hauck/Noftz, §21, Rn.3.

(3) 独りで子育てをしている者に対する追加需要

独りで子育てをしている者の追加需要に対する給付の条件は、該当者が実際に独りで一人または複数の一八歳未満の子どもの世話と教育をしていることである.(27) 基準となるのは実際の状況である. そのため、「誰に教育の権利があるか、誰に教育の義務があるかは重要ではない」という連邦社会扶助法の原則は有効であると考えられる. したがって、両親以外の者でも、独りで教育を引き受けている限りは追加需要を受給することができる.

他の者が両親のように持続的な教育に協力している場合、または子どもが両親のそれぞれのところで半分ずつ過ごす場合には、従来どおり両者のどちらも独りで子育てをしているとはみなされない. 逆に、教育に関わらない第三者（例、介護の必要な祖母、年上の子ども）と同居している場合は、独りで子育てをしているとみなすことは可能である. たとえば、パートナーがなく、両親の世帯に同居して自分の子どもを育てているような場合である. また、扶養義務を果たしているかどうか、訪問権を主張しているかどうか、扶助受給者が家政婦を雇っているかどうか、子どもが幼稚園または託児所に行っているかどうかは、重要ではない.

第三項の文面では継続性を条件にしていないので、基本的には一時的に、たとえば、両親の片方が懲役を受けたり、比較的長期間の入院をしたりする間、独りで子育てをする状態になることはありうる.(28)

追加需要は出産日から支給され、その額は次の通りである.

・七歳未満の子ども一人または一六歳未満の子ども二人または三人と同居する扶助受給者に対し、基準給付全額の三

(27) ここでいう世話とは、事実上の「要介護」と同一視すべきではなく、子どもの保護必要性をいう（Steck/Kossens 2005：47）.
(28) Oestreiher/Schelter/Kunz, §23BSHG, Rn.18ff

六パーセント（SGB第二編第二一条第三項第一番）

・この方がパーセンテージが上がる場合には、子ども一人につき基準給付額の一二パーセント、ただし基準給付の六〇パーセントを限度とする（SGB第二編第二一条第三項第二番）．ここでは子どもたちの年齢には照準が合わせられていないので、一八歳未満の子どもも該当する（表2－2－6）．

(4) 扶助を必要とする障害者に対する追加需要

就労可能な要扶助者に障害があり（法律の文面からは、障害になる恐れでは不十分）、実際に次の給付を受給している場合には、追加需要給付を受ける（SGB第二編第二一条第四項第一文）．

・社会法典第九編第三三条による労働生活参加給付[29]ならびに労働生活において適切なポジション獲得のためのその他の

表2-2-6　具体的ケース一覧

子ども	追加需要
7歳未満の子ども1人	36パーセント（125ユーロ）
7歳以上の子ども1人	12パーセント（42ユーロ）
16歳未満の子ども2人	36パーセント（125ユーロ）
法律の文面（および類似した連邦社会扶助法第23条第2項の従来の解釈）によれば、子どもが2人とも7歳未満であっても違いはない．この場合には第2番によりそれぞれの子どもに36パーセントの加算が生じる．	
16歳以上の子ども2人；または：7歳以上の子ども1人と16歳以上の子ども	24パーセント（83ユーロ）
子ども3人	36パーセント（125ユーロ）
子ども4人	48パーセント（167ユーロ）
子ども5人以上	60パーセント（208ユーロ）

出所）Steck/Kossens 2008：49.

(29) とりわけ職場の保持と獲得のための扶助、基礎訓練を含む就職準備、職業適応と発展教育に対して、SGB第九編第三三条第三項第一番によるアドバイスと斡旋を行うだけでは十分ではない（Steck/Kossens 2005：49）．

扶助[30]・

・その他の適切な活動のための教育扶助：これは、社会法典第一二編第五四条第一項第三番による社会統合扶助給付を指しており、失業手当Ⅱの受給者もこの扶助を受けることができる（ＳＧＢ第二編第五条第二項）．

・障害者に行う適切な学校教育のための扶助（ＳＧＢ第一二編第五四条第一項第二番）を受けている場合には追加需要は支給されない．なぜならば、助成可能な学校専門教育または単科大学教育を現在受けていない要扶助者に限り、社会法典第二編の助成給付を受給することができるからである（ＳＧＢ第二編第七条第五項）．

追加需要給付に対する請求権は、基本的に、前提となる労働統合施策の期間に限り認められるものであるが、追加需要給付はそうした一連の施策終了後も適切な期間、とりわけ研修期間中は原則として三ヵ月まで継続することができる（ＳＧＢ第二編第二一条第四項第二文）．

(5)　費用のかかる栄養補給のための追加需要

就労可能な要扶助者に費用のかかる栄養補給が必要な場合、適切な金額の追加需要を認める（ＳＧＢ第二編第二一条第五項）．その証明は医師の診断書により行なう．

追加需要は疾病により異なるため、包括額も給付の金額限定も定められていない．場合に応じて、医学的観点から

(30) この表現は、ＳＧＢ第一二編第五四条に引き継がれなかった連邦社会扶助法第四〇条第一項第三番に基づいている：従来のように主にＳＧＢ第九編第三三条第三項第六番に関連する（Steck/Kossens 2005：49）．

ふさわしいものが採択される．その適切性には多くの要素が関わっている．具体化にあたっては、社会法典第二編第二一条第五項の制定理由によれば[31]、ドイツ公私扶助協会（ＤＶ）により常に改定されている推奨が参考となる[32]．この推奨は類型化できる具体例にそって構成されているが、各ケースにおいては、需要の例外的決定が必要な場合もありうることを認めている（たとえば、食品の消化不良）．病人食手当の前提条件が複数存在する場合には、原則として金額の高い方を支給する．

(6) 社会手当受給者に対する特別規定

社会手当受給者にも追加需要加算請求権がある．この追加需要の要件は、社会手当受給者にとっては、就労可能性が前提条件ではないと読むべきである（Mrozynski 2004：203）．したがって、社会手当受給者は基本的にどの追加需要加算も受給できる．しかし、特例がある．障害者に対する追加需要は、該当者が適切な学校教育のための扶助、あるいは職業学校教育のための扶助を受けている間も継続される．これは、学校教育を受けている要扶助者は確かに失業手当Ⅱは受けられないが、社会手当に対する請求権を持つことができる．追加需要給付は対策終了後、適切な期間、続けて支給することができる（ＳＧＢ第二編第二八条第一項第三番）．

(7) 追加需要加算の併給調整

一人の人が追加需要の要件を複数満たしている場合、複数の追加需要加算を並行して支給することができる．しかし、要扶助者に支払われる追加需要合計額は、この同一人物に対する基準給付額を超えてはならない（ＳＧＢ第二編

(31) BT-Drucks 15/1516.
(32) Kleine. Schriften Nr.48, 2. Auflage, 1997.

第二一条第六項）．

たとえば、ベルリンに住む独りで子育てをしている障害者に一六歳未満の子どもが四人おり（追加需要）、社会法典第九編第三三条による職業適応および発展教育のための給付を受給しており（追加需要）、グルテンを含まない栄養補給が必要であるとする（バイエルン社会扶助要綱による改定された追加需要）．この場合、すべてを合わせれば、二〇〇五年当時、追加需要合計額は一ヵ月当たり三六〇ユーロになるはずである．しかし、基準となる給付額（三四五ユーロ）に制限される(33)（Steck/Kossens 2005：51）．

4　住居と暖房のための給付

住居と暖房の費用は基準給付には含まれていない．これらの費用に対しては、個別の請求権が生じ、それが基本的に適切である限りは実費が支給される（SGB第二編第二二条第一項）．また特定の条件下では住居調達、賃貸保証金、引越ならびに家賃負債の費用も引き受ける場合がある．したがって、社会法典第二編第二二条の規定は、広い範囲で通常基準細則第三条における従来の社会扶助法の規定に相当する．このことが当てはまる限り、新規定の解釈は基本的に、従来の社会扶助の実践に基づいて行えばよい(34)．

しかし、従来に比べて重要な違いがある．新規定では、失業手当Ⅱおよび社会手当の受給者は、住宅手当を受給できなくなった．これらの人たちの住居費は、例外なく社会法典第二編の基準に替わった．こうして初めに住宅手当を

(33) 基準給付額は毎年引き上げられ、二〇一一年一月一日以降は月額三六四ユーロになった．
(34) BT-Drucks 15/1516.

認可し、それから収入の枠内で再び算入するという面倒な手間がなくなった．将来的には社会法典第二編第二二条による請求権だけが生じるようになる．

社会法典第二編第二七条第一番および第二番には、住居と暖房にとってどの支出が適切か、どのような前提条件でこの支出ならびに引越費用を包括できるかを、連邦経済雇用局が法規細則により規制する権限が定められている．

(1) 適切な住居費のための給付

①引き受けられる住居費の範囲

包括化に対し該当する法規細則がないために、基本的には実際の住居費が引き受けられる．給付主体による包括化は（SGB第二編第二九条第二項とは異なり）法律では想定されていない．

賃貸住宅では、賃貸契約により生じたとおりの実際の家賃が住居費に含まれる．区分所有住宅および宅地所有住宅では、基本的に必要な支出、たとえば、負債の利子、土地長期賃貸料、継続的負担、土地所有にかかる諸税、その他の公的支出および必要な維持費が認められる[35]．ただし、認められるのは、これらの費用が適切である場合に限られ、その適切性は賃貸住宅の費用との比較によって定まる．

住居費には、さらに住居に関連する雑費も含まれる．ここに含まれるのは、公共部分の照明、管理人、庭の手入れ、エレベーター、煙突掃除人の費用、道路清掃、下水工事とごみ回収、共同アンテナ、家賃に配分されている土地税と家屋保険ならびに水道代である．

これらと区別すべきなのは、基本的に基準給付に含まれているような費用、たとえば、賄いや家庭エネルギーなら

(35) vgl. BA-Merkblatt, 19.

びに温水である[36]．これらの費用が家賃に含まれていれば、これらの費用は除いて計算し、それに応じて給付は少なくなる．

これらは従来、一時給付として支給されていたが、住居の維持ならびに美観保持補修の費用は該当しないと思われる．社会法典第二編の法律改正によって、一時給付の大半は確かに基準給付に編入されたが、住居費に関してはそうではない．しかし、従来は、維持補修費は必要な生計費の一部として（ＢＳＨＧ第一二条第一項）「住居」費として計上されていた（Brühl 2003：96f）．このことは今後も有効であろう．なぜなら住居に対する請求権は、適切な状態にある住居も疑いなく網羅するからである．したがって、維持補修費は、賃借人が契約によって負担する義務を負う限り、社会法典第二編第二二条第一項によって支給される．

このことは、従来は一時給付として支給され、分類上は暖房費とみなされていた個別暖房の燃料調達費にも該当すると思われる．しかし、維持補修と燃料調達のための該当費用は一時的に生じるので、経常的給付に「計算しなおす」（Umrechnung）のは、実際の生計費または暖房費が補償される以上、問題になる可能性がある．しかし、これらの費用をその都度生じた時点で支払う可能性は考えられそうである（Steck/Kossens 2005：53）．

失業手当Ⅱ／社会手当に対する請求権が各個人に生じるために、複数の人たちが同居する場合には、住居と暖房のための費用はこれらの人々に割り振られる．要扶助者が扶助を必要としない者と同一の住居に住んでいる場合には、要扶助者の費用部分のみが引き受けられる．この場合複数の扶助を求めている者―複数の小さな子どもたちの場合も

（36）確かに―通常基準細則第一条第一項第一文とは違い―これらの費用を住居費にではなく通常基準に分類する規定はないが、この分類が変更されたという表現もない（vgl. Hauck/Noftz, SGB第二編，§22, Rn.13.）．

―の費用は、基本的には人数で持分に分割するという、社会扶助法に関する従来の判決は今後も有効であろうと思われる．すなわち、AとBとC（扶助が必要）が住居共同体に同居し三〇〇ユーロを払っている場合、Cの住居費は基本的に一〇〇ユーロと査定される．ニーズ共同体内では、費用は各個人の需要に応じて割り振られる．

②「プレハブ住宅に引越」する必要があるか―住居費の適切性

賃貸住宅あるいは自己使用の所有住宅の住居費は、適切な場合に限り引き受けられる（SGB第二編第二二条第一項第一文）．この点について、社会法典第二編自体には規定はなく、法の制定理由は社会扶助の実践状況を参照するよう示唆している．それによれば、住居の需要は、調度、部屋割り、位置から見て簡素な住居に向けられている．このために、扶助受給者はそろって「プレハブ住宅」（Platte）に引っ越さなければならないのではないか、と懸念されるが、背景となる法的状況および連邦雇用エージェンシーの担当者の発言から、この懸念は根拠がないものと思われる．そうなれば必要な引越費用も引き受けられねばならないことを一考すべきである．

連邦雇用エージェンシーの想定によれば、住居費の適切性は、一方で個人的な居住状況（家族構成員の人数、その年齢、性別、健康状態）、他方では現在の部屋数、その土地の賃料基準、その土地の住居市場の可能性によって決まる．適切な一平方メートル当たりの価格は、低価格地帯の住居の平方メートル当たりの価格によって決まる．適切な家賃は居住面積に、平方メートル当たりの価格をかけて算出される．適切性の問題については現在、法規細則により定められていないので、適切性についての決定は当該地で行われる．

適切な住居の広さに関しては、住宅拘束法の各州実施規定に対応していた当時の社会扶助法と同様に、次の基準値が有効である（Steck/Kossens 2005：54, 2008：57）．

― 一人：四五～五〇平方メートル

―二人：六〇平方メートル
―三人：七五平方メートル
―四人：八五～九〇平方メートル
―一人につき約一〇平方メートル加算

たとえば、F家には三人の一八歳未満の子どもがおり、居住面積は九五～一〇〇平方メートルが適切であるとする．これに対し、子どもの一人が大学に入って家を出、期末休暇の間だけ家に帰ってくる場合には、この子どもは考慮されないので、需要は八五～九〇平方メートルのみとなる（Steck/Kossens 2005：55）．

問題になるのは、複数の人たちが同居している場合や一八歳以上の子どもがずっと家族と同居しているような場合である．ニーズ共同体に属さない人を別とみなせば、同居している人たちを一緒に計算するのに比べて適切な居住面積は増える．たとえば、独身者二人に対して別々に考えれば、適切な居住面積は九〇～一〇〇平方メートルになるが（二×四五～五〇平方メートル）、二人をまとめて計算すれば六〇平方メートルにしかならない．

この場合、この人たちの家計が共通である限り、区別して考慮する明白な理由はない．一つのニーズ共同体のように、特定の空間は共同で使用されるからである．独身者により広い平方メートルがなぜ認められるのか、という理由は、この場合には該当しない．したがって、適切な居住面積の算定に当たっては、一つの家計に同居する人たちに照準を合わせるのが有効である．共通の家計を持たない純粋な住居共同体、たとえば、転貸に対しては該当事項が異なってくる[37]．

二つ目の算定要件である適切な平方メートル当たりの価格は、低価格地帯の該当者にふさわしい住居によって定められ、その土地の事情との具体的な関連のために、基本的には当地の家賃表が参照される．たとえば、F家は九五平方メートルの住居に住んでおり、当地の現在家賃価格は六・一四ユーロと認定されている場合、住居費は五八三・三〇ユーロ（九五平方メートル×六・一四ユーロ）までは適切である．この上限を超えない限り、実際の支出額が補償される．

住居費が適切な価格を超えた場合、適切な価格と実際の価格の差額を要扶助者自身が（算入できない収入および資産から）負担することが許可されているかどうかについては、従来議論の的となっていた．このような可能性にとって、法律の文面は有利に表現しており、それによれば費用は適切である（「場合は」ではなく）「限り」負担することができる．

(2) 適切な暖房費のための給付

住居費の他に暖房のための給付に対する請求権も生じる．暖房費は包括化の細則がないので、実際の金額が支給される（SGB第二編第二二条第一項第一文）．ここでも法の制定理由によれば、従来の社会扶助の実践を参考にすることができる．それによれば、暖房費は基本的に、暖房費精算で生じたとおりの金額が引き受けられる．たいていは月々の暖房費は前払いであり、場合によっては暖房費追加支払い（または返還請求）も加わる．しかし、暖房費も適切な金額に限り引き受けられる．この点については多数の要件によって決まる．社会法典第一

(37) たとえば、AとEは三人の子どもX、Y、Z（すでに一八歳に達しており、前提条件を満たせば独立したニーズ共同体とみなされる）と同居しているとする．この場合、全員を合わせて考慮すれば、九五～一〇〇平方メートルの居住面積が妥当である．住居と暖房の費用（七〇〇ユーロ）は全員に割り当てられるので、一人当たり一四〇ユーロになる．Zが扶助を必要としていなければ、A、E、X、Yに対しそれぞれ一四〇ユーロずつ査定される．Zは自分の分を自分で負担しなくてはならない．また、AとBはCに転貸し、Cが失業手当Ⅱの受給者であれば、Cには四五～五〇平方メートルの居住空間部分が適切である．住居と暖房の費用はCの分だけ引き受けられる．基本的には人数で均等割りされる（Steck/Kossens 2005：57）．

二編第二九条第三項は、個人および家族の状況、住宅の大きさと状態、既設の暖房方法と当地の事情について規定している．これらの要件は、社会法典第二編でも考慮することができる．その際には、各々の暖房設備を使用する消費者の居住面積に関連した平均消費量に相当する暖房費が、従来どおり重要な目安となるであろう（Brühl 2003：63）．居住者が複数の場合には、基本的にそれぞれの持分に応じて配分される．

(3)　不適切な住居費の引受

基本的には適切な費用だけが引き受けられる．しかし、そうではない住居費も要扶助者またはニーズ共同体にとって支出を減らすのが不可能、たとえば、賃貸市場にふさわしい物件がない、または要求できない限り、引き受けられることがある（SGB第二編第二二条第一項第二文）．法律では、費用を抑えるために、転居や転貸が求められるが、その他の方法でもかまわない．賃料の地域による特性に関連して、必ずしも他市への引越は要請されないという前提から出発するとは限らない．

その他の詳細については、社会扶助法の規定を参照するよう法は示唆している．それによれば、要扶助性が一度きりで一時的である場合（たとえば、就労予定がすでにある場合）、および例外的に高齢者、病人、障害者（たとえば、今まで長期間にわたって一つの住居に住んでいた比較的高齢の視覚障害者である場合）については、住居費の節減を要求できないと考えられる(38)．

原則として不適切な費用は、六ヵ月を最長限度として支給される．すなわち、立法者は今までの実践と照らし合わせて、該当する費用節減対策にとって、この期日は基本的には十分であるとみなしている．しかし、期日は一つの通

(38) vgl. Hauck/Noftz, SGB II, § 22, Rn.18.

常規定に過ぎず、個々のケースでは規定から外れる場合もありうる．従来のように努力を集中したにもかかわらず、無駄に終わったことが証明できれば、期日の延長も可能であると解釈すべきだろう（Brühl 2003：60）．

たとえば、既婚のEとFは八〇平方メートルの広さがある三部屋の住居に住んでいるとする．二人とも長期間の失業が原因で、失業手当Ⅱの受給者になり、住居のための給付を請求している．現在の住居費は適切ではない．住居が適切な面積である六〇平方メートルより大きいからである．それにもかかわらず、引越または三つ目の部屋の転貸により費用を抑えられるようになるまで費用は引き受けられるが、特別な事情がない限り、六ヵ月が限度となる（Steck/Kossens 2005：57）．

社会法典第二編第二二条第一項第一文の文面からは、費用が節減されなかった場合、少なくとも費用が適切である限り引き受けられるということになる(39)．

(4) 他の住居への引越

新居への引越にあたっては、引越の際に生じる費用引受と住居の費用引受とを区分する．どちらの場合も給付受給者は、確約（Zusicherung）を得なくてはならないが、確約には様々な前提条件がついている．

新しい住居の賃貸契約を結ぶ前に、要扶助者は新しい住居の支払について、自治体実施者の確約を取らなくてはならない（SGB第二編第二二条第二項第一文：行政行為）．従来とは違って、新しい契約を結ぶ前に社会扶助実施者に、住居費の適切性について知らせるだけでは十分ではなくなった．引越が必要で新しい住居のための支出が適切である場合、実施者は確約交付の義務を負う（SGB第二編第二二条第二項第二文）．この点も連邦社会扶助法とは違う点で

(39) vgl. auch Löns/HeroldTews, §22, Rn.12.

ある．引越が必要とみなされるのは、たとえば、就労するのに引越が必要な場合、明け渡しの確定判決が下った場合、従来の住居が健康上の要求を満たしていない場合、狭すぎるまたは高すぎる場合、既婚者が離婚する場合などである．しかし「義務を負う」という文面は、前提条件が欠けている場合にも、実施者は裁量義務の枠内で確約を交付できることを示唆している．

要扶助者が今後の支出について、事前に確約を得ずに引っ越した場合、法律にその帰結についての規定はない．このような場合、従来は社会扶助法が有効であり、新居の費用が極端に高い場合に、引き受けられるのは適切な費用のみである．

契約締結「前」に確約を得なければならない、ということは確約を得なかった場合、費用引受にとって不利な材料になる．しかし、法律は確約を強制とみなしていないし、要扶助者は確約を得る「べきである」と規定しているに過ぎない．この点、社会法典第二編第二二条第三項の表現は異なり、確約をはっきり引越費用引受の前提条件としている．

たとえば、だんだん歩行困難がひどくなっているE（しかし、就労は可能）は、四階の住居から三〇平方メートルの一階の住居に引っ越す．新居の賃料は適切であるが、前もって確約を取るのを忘れているとする．ここでさらに、確約授与のための前提条件が満たされていなかったら、とくに新居の費用が不適切であったら、どうなるのだろうかという疑問がわく．このような場合、従来ならそれでも適切な費用は引き受けられねばならなかったが（通常基準細則第三条第一項第三文、半額基準二）、社会法典第二編では該当する規定がなくなってしまった．したがって、今後もいかなる場合でも、適切な費用を引き受けるべきかどうかは疑問である．たとえば、事前のアドバイスを行ったにもかかわらず、それでも引越が行われた場合である．そのような場合であっても、生存の保障としての必要最小限の費用は支給されなくてはならい．

社会法典第二編第二二条第二項が―通常基準細則第三条とは異なる―、適切な費用の引受を必ずしも定めていないという事実は、確約がない場合の費用の引受にとって不利な材料になる．そのうえ従来とは違って、立法者は「確約」について、賃貸契約を結ぶ前に行われなくてはいけないということにしている．しかし、費用が適切でないために確約が拒否される（または拒否されるであろう）としたら、適切である費用についても引き受ける根拠はない．従来は引越の権利も希望および選択の権利の枠内に生じていたが、その権利を社会法典第二編は認めていないとしたら、なおさらである．

しかし、結局は適切な費用の引受義務についての論拠のほうが強いと言えよう．社会法典第二編第二二条第一項第一文は一般原則として、適切な費用の支払い義務を定めているからである．このような背景があるので、いつかなる場合にも適切な費用の支払い継続を義務付ける―従来とは違って―必要は、もはやなくなったと思われる．社会法典第二編第二二条第二項には確約がない場合についての規定が含まれていないので、社会法典第二編第二二条第一項第一文の原則を直接適用できる．(40)

(5) 住居調達、賃貸保証金、引越費用のための支出

もう一つの問題は、引越の場合に住居の調達、賃貸保証金、引越のための費用が引き受けられるかどうか、どの程度引き受けられるかである．費用引受の前提条件は、法律の文面によれば、自治体実施者による「事前の確約」（vorherige Zusicherung）である．したがって、実施者の確約の前の契約によって根拠づけられた場合など、基本的に

（40） Hauck/Noftz, SGB II, § 22, Rn.24.

は同意がなければ費用は引き受けられない、という前提から出発すべきである．

従前の連邦社会扶助法がそうであったように、二つの前提条件が満たされている場合には、確約が付与されるべきである．第一に引越が自治体実施者の都合で必要であるか、その他の理由により必要でなければならない．もう一つの前提条件は、確約がなければ住居が適切な期間に見つけられない場合である．期間の長さは、個々の場合の状況に応じて変わるが、六ヵ月まで期間は、従来から原則的にふさわしいとみなされてきた．これらの前提条件が満たされていれば、確約は通常の事例においては交付される．前提条件が満たされていなければ、費用引受に対して確約を交付するかどうかは、自治体実施者の裁量義務の範囲内にある．確約があれば、次の費用が引き受けられる．

・住居調達のための費用、たとえば、住居の下見、場合によっては仲介業者あるいは新聞広告の費用
・賃貸保証金（BGB第五五一条）
・引越のための費用、つまり、とくに雑費（ガソリン代、引越用自動車の賃料など）、超過費用（たとえば、手伝ってくれる知り合いのための費用など）ならびに場合によっては、扶助受給者が自分自身で引っ越すことができなければ引越業者の費用．しかし、ここでも経済性と節約性の原則は有効である（SGB第二編第二三条第一項）．

引越費用をどのような金額で引き受けるかは、法規細則により定めることができるが（SGB第二編第二七条第二番）、そのような細則はまだない．

(6) 貸主またはその他の受け取る権利のある者への支払い

住居および暖房のための費用は、要扶助者による合目的な使用が確保されていない場合、自治体実施者が賃貸人

その他の受給資格者に支払うものとする（SGB第二編第二二条第四項）．法の制定理由の例として、飲酒癖や不経済な行動が続く場合を挙げている[41]．「確保されていない」という文面は、本来の目的から外れた資金流用の具体的な指摘、たとえば、近頃家賃が支払われていない、などのことである．

(7) 家賃負債の引受

求職者基礎保障は、現在生じている困窮を取り除くためのものである．したがって、基本的に負債を引き受けることはできない．負債は過去に起こった苦境に該当するからである．しかしながら、社会法典第二編は次のような一つの例外を設けた．住居の喪失により具体的に予定された就労が阻止されるような場合には、家賃負債を引き受けることができる（SGB第二編第二二条第五項）．この規定は従前の連邦社会扶助法第一五条aに類似している．連邦社会扶助法第一五条aでは、家賃負債の引受が住居の保障またはそれに匹敵するような苦境の除去、とりわけホームレス防止のために正当である場合は、家賃負債の引受を貸付または補助として定めていた．これに対して、社会法典第二編第二二条第五項による家賃負債の引受は、より厳しくなり、今後は二つの前提条件、すなわち、住居を失う恐れがあることと、その恐れによって、具体的に予定された就労が阻止されるということが満たされなければならなくなった（Steck/Kossens 2005：60）．換言すれば、住居を失う恐れと就労機会の喪失との間に因果関係が生じていなくてはならないことになる．

これらの前提条件が満たされていれば、負債引受についての決定は実施者の裁量にかかっている．負債引受は貸付の形でしか行われない．この貸付の返済に対しては、社会法典第二編第二三条第一項第三文の規定が適用される．

（41）BT-Drucks 15/1516/

しかし、その他にも社会扶助法の前提条件を満たせば、社会法典第一二編第三四条による特別な場合における生計扶助給付として、住居の保障あるいはそれに匹敵するような苦境の除去のため、引受が正当である場合には、負債の引受の可能性が生じる．負債の引受が正当であり必要である場合、とくに住居を失う恐れがある場合には、通常の事例では負債は引き受けられる．この際、金銭給付は補助または貸付として支給することになる．

5　一時需要に対する給付

経常的給付と一時給付が二つの「給付カテゴリー」として、必要な需要を満たすために補い合っていた従来の社会扶助法とは異なり、社会法典第二編は最終的に決定された三つのケース－(1)家庭用器具を含む住居の初めての設備調度費、(2)妊娠・出産時を含めて被服の初めての準備費、(3)数日にわたる学校旅行－に限り、一時需要に対する給付を定めている．「例外的給付支給」(abweichende Leistungserbringung) という一つの条項に、これらのケースを規定することによって、立法者はこれらのケースが例外であることをはっきりさせている (Steck/Kossens 2005：61)．

(1)　家庭用器具を含む住居の初めての設備調度費

従前の社会扶助法においては、小規模でない家具の修理ならびに使用期間が比較的長く、調達価格が比較的高い消費財のための支出は、一時給付として引き受けられていた．これらの支出は、社会法典第二編においては基準給付から賄われる．基準給付以外の支払いは、初めての準備費に限られている．社会法典第一二編第三一条に並行する規定への法の制定理由によれば、初めての準備は、たとえば、住居の火災または拘留後の初めての賃借の場合に考慮される(42)．

何が初めての準備に含まれるか、という疑問には、基本的には連邦社会扶助法に基づく従来の判決を今後も参考にできる．基本的に連邦社会扶助法第二一条第一項ａの従来の解釈が参考になる[43]．

(2) 妊娠・出産時を含めて被服の初めての準備費

被服、下着、靴、小さくない維持費およびそれらの入手費用は、今までは一時給付として支給されていた（ＢＳＨＧ第二一条第一項ａ第一番）．これらの費用は今後、包括化された基準給付から負担することになる．被服の初めての準備費だけが、今も別枠で支給される．初めての準備例として法律が挙げているのは妊娠と出産であり、法の成立趣旨は、とくにすべてを損失した場合（たとえば、住居の火災後）あるいは例外的な状況に基づく新たな需要に、このようなケースを認めている．初めての準備費の範囲という問題については、従来の原則およびドイツ公私福祉協会（ＤＶ）の基本的設備推奨例を目安として参照できる．今や連邦議会は、被服ばかりでなく、たとえば乳母車などのベビーの初めての準備費の採択を要請した[44]．

(3) 数日にわたる学校旅行

数日にわたる学校旅行に対しても一時給付は支給される（ＳＧＢ第二編第二三条第三項第三文）．これは社会扶助受給者に対する以前の法的状況に相当する．給付の前提条件は、今後も学校法の規定を遵守することである．したがって、旅行の内容審査（旅行が教育上意義深いか、など）もないし、子どもが参加しなければ子どもが重大な不利を蒙るか否かという疑問の吟味もない．上限額の定めもない．

(42) BT-Drucks 15/1514．
(43) 支給されたのはベッド、たんす、居間の簡素な調度品、台所設備、照明、カーテンまたはその類、寝具、食器、通常は洗濯機およびラジオ／テレビなどである（Steck/Kossens 2005：61）．
(44) BR-Beschluss v.05.11.2004, BR-Drucks. 676/04, Ziff.8.

(4) 一時給付の支給

住居および被服の初めての準備のための給付は、金銭給付または現物給付（商品券形式も含む）として支給することができる（SGB第二編第二三条第三項第五文）．基本的には中古品使用も要求できる(45)．従前の社会扶助法のように、給付の前提条件が満たされている限りは、社会法典第二編第二三条第三項による給付は繰り返し支給することができる．

住居および被服の初めての準備のための給付は包括化できるが、数日にわたる学校旅行のための給付は包括化できない（SGB第二編第二三条第三項第六文）．包括額の査定にあたっては、必要な支出および納得できる経験値について、ふさわしい申告が考慮される（SGB第二編第二三条第三項第三番）．さらに連邦経済雇用省は、法規細則によって家庭用器具を含む住居の初めての設備調度費、ならびに被服の初めての準備費のための給付の包括額を決定する権利を持つ（SGB第二編第二七条第三番）．包括化について法律の異なる二つの箇所に規定され、内容的にも一部重なりあっている．包括化についての二つの異なる可能性の第一は、給付実施者に個々の場合の包括化の権限を認めており、第二は、細則発令者に共通規定の権限を認めている、ということになる．

(5) 経常的扶助受給がない場合の一時給付

一時需要のための給付は、経常的扶助受給がなくとも支給される．すなわち、扶助を求める者が、住居と暖房の費用を含む生計費保障給付を必要としなくとも支給される．前提条件は、扶助を求める者は自らの能力および資力で、経常需要を賄うことはできるが、列挙された三つの場合における需要をすべては賄えないということである（SGB第

(45) BT-Drucks 15/1516.

二編第二三条第三項第三文).

たとえば、独りで子育てをしているEはその子ども(P、一〇歳)と一緒に、旧連邦諸州に家賃の支出なしで住み、考慮すべき収入が合計五七七ユーロあるとする.この家族の需要は五五二ユーロ(基準給付がEに対して三四五ユーロ、Pに対して二〇七ユーロ)になる.したがって、Eの一ヵ月当たりの収入は、需要を二五ユーロ超えている.Pの学校旅行に今度一〇〇ユーロかかることになり、この出費は経常的収入では賄えない(Steck/Kossens 2005 : 63).

このような場合、一時給付が支給される.しかし、要扶助者が、決定した月の後六ヵ月以内に入手した需要を超える収入分については、算入される可能性がある.このことから、まず「通常の」需要決定額を用いて、収入のどの部分が需要を超えていて、収入が実際に何ヵ月考慮されるのかは、給付主体の裁量にかかっている.

6 不可避の通常需要における貸付

社会法典第二編の基準給付は、包括給付として支給される.通常需要は―比較的長い間隔を置いて生じる調達も含めて―連邦社会扶助法に比べて引き上げられた包括給付で賄うことができる.しかし、どんなに包括化しても特定の需要を包括給付では賄えないことがある.とりわけ、従来は一時給付で賄われていた高価でまれな調達品などはなおのことである.社会法典第二編は、基準給付自体に含まれている不可避の需要が他の方法では満たせない場合に、貸付支給をもってこのリスクに対応している(SGB第二編第二三条第一項).

不明確なのは、すでに基準給付を受給している要扶助者のみが含まれるのか、それとも自らの生計費は自らの能力で賄っているが、特定の需要を満たすことができないような人たちも含まれるのか、という点である.法律の文面からは、前者のようである.返済方式も、基準給付を受けているという前提に立っている.一方で、経常的な生計費保障給付を受けていない人たちにも、社会法典第二編第二三条第一項を適用する必要性が実際上、必ず生じているはずである．なぜなら、収入が限度額をすれすれで上回った人も、給付受給者と同じく、経常的収入では特定の不可避の需要を賄えない状況に陥る可能性がある．この点については、実践を待つより他ない．

貸付給付の前提条件は、第一に通常基準で賄うべき不可避の需要が当該者自身に生じることである．通常基準に含まれるのは、社会法典第二編第二〇条第一項によれば、とりわけ食料品、被服、保健衛生、家具、日常生活上の需要ならびにまわりの世界との交際および文化的生活への参加である．このリストは最終的な決定ではない．したがって、輪郭をはっきりさせるためには、どの需要が基準給付には含まれていないのか、と問うほうが良い．何よりも住居と暖房の費用がこの点に関わってくる．この費用には貸付は支給されない．引越が必要な場合または引越が不可能な、あるいは要求できない場合、不適切な費用も継続して支払われる．

給付の前提条件は、状況によって生計費保障のための不可避の需要が生じることがある．「不可避」（unabweisbar）という用語は、法の制定理由には解説されていないが、需要を満たすことがどうしても避けられないような、非常に厳しい基準を適用するよう示唆している．その判断は個々の場合にしかできない．法律の文面からは、規定は一度限りの需要または一時的な苦境に限られてはいない．しかし、返済義務があるので、その他の場合は考えられない（Steck/Kossens 2005：65）．

給付のさらなる前提条件は、不可避の需要が他の方法では満たせないことである．このことは次の事項を前提条件にする．

・要扶助者と共にニーズ共同体にいる者たちは、社会法典第二編第一二条第二項第四番による活用できる資産を持っていない．ニーズ共同体に生活している要扶助者各々に定められた七五〇ユーロの控除額は、社会法典第二編第二三条第一項による貸付が支給できるようになる前に、活用されなければならない．逆に社会法典第二編第一二条のその他の控除額に含まれる資産は活用されない．

・需要は他の方法でも満たすことができない．

要扶助者が、（「該当する証明書によって」）前提条件が満たされていることを証明したら、需要が満たされることに対する請求権を得る．現物支給または金銭支給によって支給することができるが、法の制定理由によると、現物支給では基本的に新品の品物に対する請求権は生じない．どちらの給付も貸付としてのみ給付される．現物支給の場合、貸付は雇用エージェンシーの入手価格の金額で支給される（ＳＧＢ第二編第二三条第一項第二文）．

法律は貸付返済の方法を定めている（ＳＧＢ第二編第二三条第一項第三文）．それによると、貸付金額は支給される基準給付の一〇パーセントまで毎月相殺される．この際に要扶助者と、そのニーズ共同体に同居している人たちの基準給付が考慮される．「まで」という言葉遣いから、毎月の分割払いをより少額で精算することもできる．これは給付主体の裁量にかかっている．「まで」という言葉遣いと基準給付の目的（最低生計費の保障）から、複数の貸付の場合にも、基準給付の一〇パーセントを超える算入は行えないであろうと推測できる（Krahmer 2004：179）．

たとえば、事故が原因で、一月半ばにＥのたった一枚の冬用オーバーと冬靴がだめになってしまったとする．Ｅはこれらを再び入手するのに、八〇ユーロを払わなければならず、Ｅには（ＳＧＢ第二編第一二条第二項第四番の指す）必要を調達できる資産はなく、基準給付からも八〇ユーロを賄うことはできない．しかも、被服室には冬靴も冬用オーバーもないとする．この場合、Ｅは、給付主体からオーバーと靴を得るか、調達に必要な金額を得る権利がある．

しかし、この給付は八〇ユーロの貸付に対してしか得られない．その返済のために、毎月三四・五〇ユーロ（一〇パーセント）まで三四五ユーロの基準給付から差し引くことができる．二月と三月には基準給付の支払いは三一〇・五〇ユーロだけであり、六九ユーロが返済されている．残りの一一ユーロは四月に差し引かれ、Eは基準給付として三三四ユーロのみを受け取る．五月からはEは再び基準給付全額を受けることになる（Steck/Kossens 2005：66）．

ところで、給付の包括化のために広い範囲で個人の給付査定が行われなくなったことについてはすでに述べた．基準給付（引き上げられた包括額にもかかわらず）や場合によってはそこから節約して貯められた資産が、必要な需要を満たすのに不十分な場合には、社会法典第二編第二三条第一項による貸付しか残されておらず、その貸付は基準給付から返済されなくてはならない．したがって、実際には法律で定められた給付よりも高額が継続的に支給されることはありえない．この点については一部から激しく批判され、社会文化的な最低生計費が今もまだ保障されているのかどうか、疑問視されている（Adamy 2003：290, Krahmer 2004：180ff.）．

7　貸付としての生計費保障給付支給

二〇〇四年七月三〇日付の地方自治体オプション法とともに、ようやくある規定が採択された．その規定によれば、給付が支給される月に収入が生じる予定がある限り、生計費保障給付を貸付として支給してもよいというものである．前提条件となるのは、給付支給のその月（需要期間）に収入または資産が生じる予定であることで、典型的には就労時である．たとえば、相続財産の場合がこれに該当する．「予定である」という言葉に基づき、この件について実施者の予測が必要である．

疑問が生じるのは、収入／資産が月の途中になってから発生する場合（例：初めての給与支給が七月半ば）、何が有効であるのかということである．この場合，給与は七月全体に対して支給されるのだから，七月の給付全額が貸付として支給されるのか，それとも月の後半用に失業手当Ⅱの一部だけが，貸付として支給されるのかという疑問が生じる．失業手当Ⅱ・社会手当細則第二条第一項では，収入はその流入時点とは関係なく，流入した月に対して考慮されると規定されている．連邦社会扶助法に対し，連邦行政裁判所もそのような判決を下した．したがって，収入／資産が発生した場合は，その月の給付全額が貸付として支給され，すなわち，返済されなくてはならないという前提に立っている．

収入／資産発生に関する予測が肯定的なら，給付が貸付として支給されるかどうかの決定は，実施者の裁量にかかっている（「できる」）．その際に―類似する連邦社会扶助法第一五条bの場合のように―どの程度貸付の返済が可能なのかが，重要になるはずである．貸付の返済についての規定を法律は定めていない．この点については実施者の裁量による（Steck/Kossens 2005：68）．

8　失業手当受給後の期限付きの加算

従前の雇用保険給付である失業手当を受給していた失業手当Ⅱの受給者は，失業手当終了後の初めの二年間は，通常の求職者基礎保障に加え加算を受ける（ＳＧＢ第二編第二四条）．この加算が意図しているのは，従前の失業手当受給者は，多くは長年の就労とそれに相当する保険料支払いにより，新しい給付を受給する前に失業保険から請求権を獲得した，という事情である[46]．加算は，通常は失業手当から新しい給付への移転の際に生じる収入損失の一部を緩衝

（46）BT-Drucks 15/1516.

させて受けとめるためのもので、この加算は立法手続きにおいても、とくに就労に対する否定的な促しがありうるために議論の的となった．

加算は、失業手当Ⅱが失業手当請求権終了後二年以内に支給される．たとえば、

・失業手当受給直後の失業手当Ⅱ受給

・過渡期間：失業手当受給後の失業手当Ⅱ受給（二年の期日がまだ残っている限り、つまり失業扶助が二〇〇四年一二月三一日の時点でまだ二年間受給されていない）

・（二年の期限だけに照準を合わせている）法律の文面および法の制定理由から、失業手当Ⅰと失業手当Ⅱの間に空きがある状況も含まれている．たとえば、要扶助者が失業手当Ⅰの請求権を使い切った後で独立したが、その後初めて失業手当Ⅱを受給する場合、あるいは失業手当Ⅰの請求権を使い切った後で短期間の間再び職を見つけたが、それに伴い社会法典第三編による失業手当Ⅰの新たな請求権を得られない場合、または要扶助性が不十分なため短期間の間失業手当Ⅱの請求権がない場合など．

ニーズ共同体の複数の構成員が失業手当Ⅰを受給していた場合は、各構成員が失業手当受給終了後に加算される[47]．加算額はそれぞれ別々に計算される．

加算額は、失業手当Ⅰ受給終了時の給付（世帯収入ではない）と、失業手当Ⅱ受給時のニーズ共同体への給付の差額に基づいて決められる．失業手当Ⅱへの移転に伴う収入損失を和らげるのが目的なので、基本的に失業手当Ⅱ受給

（47）BA-Merkblatt, 34.

開始時の状況が基準となり、その後の変更は重要ではない．差額は次の間に生じる．

・就労可能な要扶助者が最後に受給した失業手当、場合により受給した住宅手当も含む（ＳＧＢ第二編第二四条第二項第一番）．

・個々の場合に支払うべき失業手当Ⅱ、場合によりニーズ共同体の構成員に支払われるべき社会手当も含む（ＳＧＢ第二編第二四条第二項第二番）．

加算額は失業手当終了後の一年目には算定された差額の三分の二になる．失業手当が失業手当Ⅱと社会手当の合計より少なければ加算は支給されない．二年目になると、給付は半額に減額され、したがって、差額の三分の一だけになる．三年目には加算は支払われなくなる．このように失業手当受給終了一年後の加算額半減、およびその後三年目年初の消滅という措置は、労働市場からますます遠ざかることを考慮し、就労への奨励を高めるのを狙いとしている．たとえば、独身のＡは二〇〇四年に失業手当Ⅰを一ヵ月当たり六二四・八七ユーロ、ならびに住居費一ヵ月当たり三〇二ユーロに対して住宅手当七八ユーロ、すなわち合計七〇二・八七ユーロ受給していたとする．この給付が終わった後、Ａは六六二ユーロの失業手当Ⅱ（二〇〇五年基準給付三四五、住居と暖房の費用三一七）を受給している．両方の保護給付間の差額は一ヵ月当たり四〇・八七ユーロになる．この差額の三分の二の給付額は、四捨五入して二七ユーロになる．(48) また、Ａには失業中の妻Ｅと二人の子どもＳとＴ（六歳、八歳）がいるとする．この家族は二〇〇四年

(48) BMWA-Broschüre.

に一四七ユーロの住宅手当を受けていた．Ａは二〇〇四年に一ヵ月当たり一、三八〇・五六ユーロの失業手当を受給し、さらに三〇八ユーロの児童手当が支払われるが、失業手当Ⅰ受給者として算定の土台となる収入（つまり児童手当を除く）は一、五二七・五六ユーロになる．基礎保障給付の受給者として、この一家には一、二六六ユーロの給付（ＡとＥに対し三二一ユーロ：ＴとＳに対し二〇七ユーロ、ならびに住居と暖房の費用に合計五三八ユーロ、児童手当の差し引きが三〇八ユーロ）がある．こうして、従来の給付と新しい給付との差額は二六一・五六ユーロになる．Ａに対する差額の三分の二の加算額は、四捨五入して一七四ユーロになる．Ａに活用すべき収入が三〇〇ユーロある場合、社会法典第二編による給付は九六六ユーロだけになり、加算額は三七五／一八八ユーロになる（Steck/Kossens 2005：70）．

加算は任意の金額ではなく、一定の上限がある（ＳＧＢ第二編第二四条第三項）．法の成立趣旨によれば、新しい給付は需要を基本としたシステムになっており、その結果、基本的には失業手当受給の枠内と同じような生活水準は保証できない、という点があることを考慮している．二〇〇五年当時、一年目の上限は、次の通りである．

・就労可能な要扶助者一六〇ユーロ

・パートナー三二〇ユーロ．もしパートナーの二人とも加算を受けていたら、どうなるのかが疑問である．確かに社会法典第二編第二四条によると、加算は要扶助者一人一人別々に適用すべきである．しかし「合わせて」という言葉から、三二〇ユーロの上限がパートナー両方の加算を合わせたものであることは明らかである．

・加算を受ける権利所有者とニーズ共同体に同居する一八歳未満の子ども一人につき、加算額は六〇ユーロ引き上げられる．両親が二人とも加算を受ける場合、それぞれに対してこの金額を考慮すべきかどうかは疑問である．社会法典第二編第二四条は、要扶助者各々に分けて適用すべきだからである．しかし、需要に基づくシステムであるということを考慮すれば、加算の子ども一人当たり上限額を加え、すなわち、上限はカップル当たり、子ども一人につき三二〇ユーロから三八〇ユーロに引き上げられることになる.

三　失業手当Ⅱ／社会手当の金額と算出

給付額は需要と算入する収入／資産の差額により定められる．基本的にはニーズ共同体全体に照準を合わせたとしても、ニーズ共同体の全体が考慮されない場合もありうる．一八歳未満で未婚の子どもの収入と資産は、部分的にしかニーズ共同体のほかの構成員に算入されないからである．したがって、まずはニーズ共同体の構成員が別々考慮される．ニーズ共同体に対する給付全体は、各人の需要と必要性の対比から算出される［「水平算出」(Horizontalberechnung)］．具体的には、ここから数段階にわたる算定が行われる（Steck/Kossens 2005：74）（表2－2－7参照）．

表2-2-7　給付額

	E	F	S	R	合　計
基準給付	311ユーロ	311ユーロ	207ユーロ	207ユーロ	1036ユーロ
追加需要					
妊娠		53ユーロ			
障害	109ユーロ				
栄養補給に伴う追加需要		51ユーロ			
住居	130ユーロ	130ユーロ	130ユーロ	130ユーロ	520ユーロ
暖房	21ユーロ	21ユーロ	21ユーロ	21ユーロ	84ユーロ
需要	571ユーロ	515ユーロ	409ユーロ	358ユーロ	1853ユーロ
算入すべき収入／資産[注)]	500ユーロ	0ユーロ	154ユーロ	154ユーロ	808ユーロ
給付（四捨五入された）	71ユーロ	515ユーロ	255ユーロ	204ユーロ	1044ユーロ

注）算入はまず連邦雇用エージェンシーの給付に対して行われ、それから残りの収入／資産が地方自治体の給付に算入される.
出所）Steck/Kossens 2005：75.

四　失業手当Ⅱの受給者と社会保障

求職者基礎保障には、失業手当Ⅱ受給者の疾病、要介護状況および老齢のリスクに対する社会保障と社会手当受給者の疾病および要介護状況のリスクに対する社会保障が含まれている．健康保険各社および連邦雇用エージェンシーの首脳陣は、二〇〇四年一〇月八日付の告示により、失業手当Ⅱおよび社会手当受給者の社会保障に対する姿勢を表明した（Steck/Kossens 2005：137）．

ここでは、その基本的な性格からいくつかの点を概観しておきたい．

1　法定健康保険

失業手当Ⅱの受給者は、原則として法定健康保険への加入義務がある（ＳＧＢ第五編第五条第一項第二番ａ）．社会法典第二編第六五条第四項第一文の経過規定により、失業手当Ⅱを受給している者にもこのことは該当する．一つのニーズ共同体において失業手当Ⅱの受給者が複数いる場合には、原則的に申請者に加入義務があり、その他の者は家族として保険加入する[49]．しかし、加入義務の例外は次のようなケースで発生する．

・失業手当Ⅱの受給者が社会法典第五編第一〇条により、すでに家族保険に加入しているか、または後に家族保険加入者となる見込みの者．

(49) BA-Merkblatt, 38.

・給付が貸付に限り支給される．「限り」という語と例外規定の目的から、給付を貸付のみ受給している者に限り、除外することが可能であり、反対に給付の一部のみを貸付として受給している者は該当しないと考えられる．

・社会法典第二編第二三条第三項第一文による一時給付、あるいは社会法典第二編第二九条により入職手当に限り受給する扶助受給者は該当しない．

・社会法典第二編第三一条による給付の減額、現物支給としての支給、または第三者への支給は、逆にこの保険加入義務に影響を与えない．

失業手当Ⅱの受給により保険加入義務を負うようになったが、給付受給前の数年間、たとえば、高収入のために法定保険に加入していなかった要扶助者は、健康保険に加入していて、その保険の種類と範囲が相応する保険給付を含んでいる場合には、申請により保険加入義務を免除することができる．この場合には、社会法典第二編第二六条により保険料補助金を支給することができる．免除申請は保険加入義務開始後三ヵ月以内に管轄の健康保険組合に対し提出されねばならず、取り消しはできない．先行する失業保険給付金や失業手当の受給中に生じた免除は、社会法典第五編第八条第一項第一番aにより失効する．すなわち、失業手当Ⅱ受給者には保険加入義務があり、このために法定健康保険に戻ることも可能だからである．

(1) 保険保護の開始

法定健康保険の加入は、失業手当Ⅱを実際に受給する日に始まり（SGB第五編第一八六条第二項a）、法的支払義務とは無関係である．給付が前にさかのぼって支給されたら、保険もさかのぼって有効になる．申請書提出の遅れまたは申請書処理の遅れにより処置が必要な場合でも、健康保険組合とともに暫定的な保険保護の規定を定めるのが望ましい(50)。

(2) 保険保護の終了

保険は失業手当Ⅱを受給する最後の日が過ぎれば、同時に終了する（ＳＧＢ第五編第一九〇条第一二項）。その後は社会法典第五編第九条の条件下で、任意の保険がさらに考慮されることになる。失業手当Ⅱの受給へと導いた決定が、後から取り消される場合には、決定取り消しまでの期間に対する保険加入義務は、それでも原則的に生じたままである。すなわち、さかのぼっても保険加入義務はなんら影響を受けない。このことは、給付の返還を求められ、返還されている場合にも該当する（ＳＧＢ第五編第五条第一項第二番ａ第一文後半）。

(3) 給付範囲と保険料

法定健康保険加入者である失業手当Ⅱ受給者は、原則として健康保険の給付のすべてに対して請求することができる。ここには、失業手当Ⅱの金額に応じた疾病休業補償金も含まれる。しかし、疾病時の給付は行政簡素化のため、以後も失業手当Ⅱの実施者より支払われる（Steck/Kossens 2005：138）。重要なのは、就労不可能な状態であることを遅れずに申し出ることと就労不可能状態および予測期間について、医師の証明書を提出することである（ＳＧＢ第二編第五六条）。

保険加入義務のある就労可能な要扶助者の保険料包括額が、連邦雇用エージェンシーまたは自治体実施者より保険組合に支払われる。この保険料は、連邦が負担する（ＳＧＢ第五編第二五一条第四項）。保険料包括額は査定され、最初が一二五ユーロになる。

(50) BA-Merkblatt, 37.

2　法定介護保険

法定健康保険において保険加入義務がある失業手当Ⅱの受給者は、法定介護保険においても保険加入義務がある（SGB第一一編第二〇条第一項第二番a）．法定健康保険において家族保険に加入していたり（この場合原則的に介護保険においても家族保険に加入していることになる、SGB第一一編第二五条第一項）、給付が貸付の形でのみ支給されていたり、社会法典第二編第二三条第三項第一文による給付のみを受けている場合には、別の規定が該当する．加入開始と終了に関しても同様である（SGB第一一編第四九条第一項）．保険料の算定、負担および支払については、法定健康保険の規定が有効である（Steck/Kossens 2005：139）．

3　法定年金保険

失業手当Ⅱの受給者は、原則として法定年金保険に保険加入義務がある（SGB第六編第三条第一文第三番）．給付受給者が次のような場合は例外に該当する．

・失業手当Ⅱを貸付の形だけで受給している．
・社会法典第二編第二三条第三項第一文による給付のみを受けている．
・連邦教育促進法第二条第一項aに基づき育英奨学金に対する請求権がない、もしくは育英奨学金の需要が連邦教育促進法第一二条第一項第一番または社会法典第三編第六六条第一項第一文によって見積もられる（SGB第二編第七条第六項）．
・なお、ここでも健康保険や介護保険と同じように、給付減額または現物給付としての調達、または第三者への支給は何の影響も及ぼさない.

保険加入者が失業手当Ⅱを受給する前には保険加入しておらず、他の特定の形式で保障が生じる場合、三ヵ月以内に申請すれば、保険加入義務を免除することができる. 失業手当Ⅱの受給以前に生じていた年金保険加入義務免除は、原則的に以後は失効する.

保険料金額算定にあたっては、保険料支払義務の生じる包括額四〇〇ユーロが適用され、失業手当Ⅱを部分的に受給する場合には、日割りで計算される.

4 社会手当受給者の保障

法定健康保険、介護保険、年金保険における保障は、失業手当Ⅱの受給者に限られている. しかし、社会手当受給者は家族保険加入者として、法定健康保険および介護保険に加入することができる.

5 保険加入義務免除の場合の保険料補助金

失業手当Ⅱの受給者が、①法定健康保険の加入義務を免除されている場合、②法定介護保険の加入義務を免除されているか、または社会法典第一一編第二三条により民間介護保険に加入している場合、③法定年金保険の加入義務を免除されている場合、給付受給期間について、個人的な保障または法定年金保険任意保障に支払った保険金に対し、補助金を受ける. 補助金の金額は、保険加入義務免除がない場合にそれぞれの保険分野で連邦が負担する金額に限られている. ここで考慮すべきなのは、法定健康保険および介護保険の家族保険においては、保険料が発生しないので、社会法典第二編第二六条の枠内でも原則として返還できない点である．なお、証明書類としては通常、保険証書および免除決定通知で十分である（Steck/Kossens 2005：141）．

第3章 収入および資産の算入

一 収入の認定

1 概要

生計費保障のための給付は、要扶助性が認められる場合に限り支給される．要扶助者とは、「自らの生計…自らと同一ニーズ共同体に生活する者の生計費を、自らの能力および資産によっては確保できないか、または不十分にしか確保できず、かつ、必要な援助を他者、とりわけ家族または社会給付主体から得られない者」である（SGB第二編第九条第一項）．ここでは具体的なケースにおける請求金額については、まだ何も述べていないが、それは潜在的扶助受給者の需要期間における需要と必要性との対比により算出される．それゆえ、基本的にはニーズ共同体全員の収入および資産が社会法典第二編の金銭給付の算定において考慮される．具体的ケースでは、失業手当Ⅱは原則として「需要額」マイナス「活用すべき収入および資産」となる．

要扶助性はニーズ共同体全体の需要と関連するので、各々の支給額算定のためにはニーズ共同体（世帯ではない）全体を顧慮すべきである．すなわち、一人分のニーズ共同体の構成員の需要を超えた収入／資産は、すべてニーズ共同体の他の構成員の需要に算入される（Steck/Kossens 2005：99, 2008：115）．具体的には次の項目が算入される（SGB第二編第九条第二項）

・パートナーの収入と資産

・両親あるいはその片方と同一のニーズ共同体に同居し、自らの収入および資産で自らの生計費を賄えない、一八歳未満の独身の子どもにあっては、両親または片方の親の収入および資産（例外、SGB第二編第九条第二項）．

ただし、一八歳未満の子どもの収入は両親の需要には基本的に算入されない．一八歳未満の子どもが自らの需要を自らの資力で満たすことができる場合は、ニーズ共同体には入らないので、子どもの資産は別にみなされる．[1] 児童手当はやや異なり、後順位だが両親に算入される．

ニーズ共同体内で需要すべてが満たされない時は、誰もがその持ち分、つまり、全体需要に対する個人需要の割合で、扶助を必要とするとみなされる（SGB第二編第九条第二項第三文）．収入および資産の算入については、社会法典第二編第一一条、第一二条で定められている．連邦経済雇用省はさらに失業手当Ⅱ・社会手当細則を発布した．[2] ここでは法規が具体化され補足されている．

（1）vgl. auch 90 Fragen und Antworten, 9.
（2）「失業手当Ⅱ・社会扶助における所得の算定ならびに所得と資産と認定されない事項の細則」失業手当Ⅱ・社会手当細則、二〇〇四年一〇月二〇日付、BGBl. I, S.2622.

2　収入と資産の区分

収入および資産を認定するためのさまざまな規定があるので、何が収入に入り何が資産に入るのか、という問題は重要な意味を持つ．それについて社会法典第二編には規定がないが、社会扶助法を参照することになっているので、基本的にはこれまでの判例基準を参考にすることができる．[3]

それによれば、収入／資産の分類は、資力流入に左右されるというのが基本的な考え方である（流入理論）．流入が需要期間（＝暦月）に起これば、すなわち、要扶助者がこの期間に何か価値を得たならば、それは原則的に収入である．たとえば、労働報酬の追給、損害賠償支払い、遺産ならびにくじの賞金あるいは税の還付も収入とみなされる．[4]反対に、需要期間にすでに存在しているものであれば、それは資産に分類される．

3　税込み収入

収入とは、原則として金銭あるいは金銭価値のあるすべてである．どのような種類（たとえば、金銭給付か現物給付か）、どこから手にしたか、どのような法的性質（請求権または任意給付）なのかは、ここでは重要ではない．収入が課税の対象となっているかどうか、収入が繰り返し生じるのか、一度だけなのか、これらも関係ない．しかし、一度だけ生じる収入に対しては特記されている．[5]

（3）BT-Drucks 15/1516.

（4）一九九九年二月一八日の連邦行政裁判所、5C35/97、5C14/98、5C16/98参照．また連邦社会扶助法への理論面、実践面からのコメント、第七六条、欄外番号五以下参照．しかし一時的な所得流入については、失業手当Ⅱ・社会手当細則第二条第三項に特別規定がある．

（5）BMWA-Informationen zur Alg Ⅱ-V. 6.

・労働報酬、とりわけ賃金および給与（ミニアルバイトの場合も）、たとえ生じるのが一度きりであるその他の支給、たとえば、超過勤務手当、特別手当、食事補助など、または当地の標準的な報酬．なお、使用者は連邦雇用エージェンシーのしかるべき書式で収入を証明する（ＳＧＢ第二編第五八条）．
・自営業収入．要扶助者の自己査定が基本となる．この自己査定は以前の業績に基づいており、前年の業績に対する税金確定通知書、そのような書類がない場合には、その他の適切な資料で裏付けることができる．(6)
・賃貸による収入．すなわち、収入獲得に結びつく必要な経費を超える収入の余剰分．従前の連邦社会扶助法と同様に、家具付きの住居または部屋の賃貸では、収入がないことが証明されない限り、収入として一括査定する．その割合は、家具付きの住居では粗収入の八〇パーセント、家具付きの部屋では七〇パーセント、家具なしの部屋では九〇パーセントである．
・資産収入．とりわけ利益配当金（株式配当金）および利子．
・失業手当．しかし、失業手当Ⅱならびにそれに代わる給付は除く．
・年金．連邦援護法による基本年金、これに相応する給付、連邦補償年金は除外する．
・実際支払われた額の扶養料の支払い．一二歳以下の子どもの生計費前払い法による生計費前払い．
・一時給付、または比較的間隔を空けて行われる給付．ただし、一年にニーズ共同体の構成員一人当たり五〇ユーロを超える場合に限る．
・連邦児童手当法第六条ａによる児童加算は、その児童加算が支給される子どもの収入として認定される（ＳＧＢ第

（６）vgl. Alg Ⅱ-Antragsformular, Zusatzblatt 2.1.: Einkommenserklärung.

二編第一一条第一項第二文）．

・児童手当についても同様である．一八歳未満の子どもについては，生計費保障のために子どもが児童手当を必要とする限り，その子どもの収入として認定される（ＳＧＢ第二編第一一条第一項第三文）．一八歳以上の子どもについては，児童手当は子ども自身に支給されるので，その子どもの収入として認定される．

・住宅手当．失業手当Ⅱ・社会扶助の受給者には，住宅手当請求権はない．しかし，児童手当および児童加算，住宅手当を算入して収入／資産が需要を満たすのに十分であるなら，失業手当Ⅱ・社会手当は給付されない．

各種の収入間の「損失相殺」（Verlustausgleich）は，今までのところ基本的には行われていない．今後も行われないであろう（Steck/Kossens 2005：102）．

4　収入として認定しないものの取り扱い

特定の収入は社会法典第二編または失業手当Ⅱ・社会手当細則により特権を与えられている．すなわち，それらが金銭または金銭価値の収入であるにもかかわらず，収入として認定しない（Steck/Kossens 2005：103–107，2008：119–124）．

(1)　社会法典第二編による給付

社会法典第二編のすべての給付ならびに失業手当Ⅱに関連して同額支給される各給付，たとえば，疾病休業補償金（失業手当Ⅱ以外の社会給付が補償する疾病休業補償金は別），出産手当，疾病給付，連邦援護法による疾病休業補償金は，収入として認定されない．

(2)　補償の性格を持つ基本年金

連邦援護法（ＢＶＧ）による基本年金、あるいは連邦援護法のしかるべき適用を意図する法律による基本年金．とりわけ戦争犠牲者（ＢＶＧ）、兵役被害者（軍人恩給法第八〇条以下）または代替服役被害者（兵役代替奉仕法第四七条）および国境警備勤務犠牲者（連邦国境警備法第五九条以下）、暴行犠牲者（犠牲者損失補償法）、接種傷害犠牲者（感染防止法第六〇条第一項）の生活保障、旧東ドイツにおいて政治的理由により法治国家に反する個人的な不正を被らなければならなかった者の生活保障（抑留者援助法第四、五条、刑法上の更生法第二一、二二条）．しかし、犠牲者に対するすべての給付が免除されているのではなく、基本年金に限られる．

生命、身体、健康の損害に対し、連邦補償法（ＢＥＧ）により支給される年金および補助金．これらの給付は国家社会的迫害の被害者に支給される．しかし、連邦補償法の給付も算入から完全に除外されるわけではない．正確に言うと、該当するのは生命あるいは身体、健康への損害に対する給付だけである．

(3)　ドイツ民法典（ＢＧＢ）第二五三条第二項による資産以外の損害補償

ここで扱うのは、身体や健康、自由、性的自己決定の侵犯における非物質的損害に対する民法上の請求権（すなわち、契約違反あるいは、許されない行為に基づく損害加害者による支払い）、とりわけ慰謝料である．

(4)　特別な目的に定められた収入

社会法典第二編による給付とは異なる目的をもち、受給者の状況を好転させない収入．連邦経済雇用省はこのカテゴリーに、とりわけ次のような給付を挙げている．(7)

（7）BMWA-Informationen zur Alg II-V, 6, 7.

・障害者作業所の雇用促進手当（SGB第九編第四三条）
・地方自治体代表および委員会に対する手当
・共同体課題「農業構造および護岸の改善」の資金による、老齢農業従事者への調整手当
・盲導犬給付
・州視覚障害者法による視覚障害者手当
・両親年金（BVG第四九条）
・献血者補償
・休養扶助（BVG第二七条b）
・防空勤務に対する補償給付
・被服および寝具消耗給付（BVG第一五条）
・扶養保証法第七条による給付
・超過支出手当、冬期手当（SGB第三編第二一二条）
・就労助成給付（移動扶助社会法典第三編第五三条以下は、必要経費を減額させることがある）
・専門家によらない介護の場合、社会法典第八編第二三条による介護手当（費用の返還）
・重度負傷者手当（BVG第三一条第五項）
・ソ連邦からの引揚者に対する包括的適応扶助
・実費の範囲内で、公務に対する公金からの納税義務のない手当
・コーチとしての副業からの納税義務のない収入（所得税法（EStG）第三条第二六番）

・その他の無給の仕事（たとえば、任意の消防隊）の枠内の手当
・いわゆる死後四半年に対し通常基準を超えた金額の寡婦（夫）年金
・労働報酬とは別に使用者から支給された財産形成のための給付

連邦経済雇用省は、さらに法律に基づいて社会法典第二編の給付への算入が既にできない給付も、目的の定まった給付として表している．したがって、これらの給付は受給者の経済状況をどれだけ改善するかには関係なく、収入として認定されない．

しかし、このような目的の定まった収入は、受給者の状況を好転しない場合に限り、収入から除外される．従来と同様に、収入および出捐が月々の基準給付の半分の金額を超えない場合がこれに該当する．(8)

(5) 民間社会福祉事業の出捐

民間社会福祉事業（とりわけ労働者福祉事業、カリタス、ドイツ赤十字、ドイツ新教社会奉仕団、公法の教会および宗教団体、マルタ奉仕団、平等福祉連合、ユダヤ中央福祉協会、民間福祉事業を行う個人または機関、たとえば視覚障害者と多発性硬化症患者協会）の出捐も、それが社会法典第二編の給付とは異なる目的を持ち、並行する失業手当Ⅱ・社会手当の給付がいらなくなるほど、受給者の状況を好転させない場合は、収入から除外される．

(6) 失業手当Ⅱ・社会手当細則に基づく例外

失業手当Ⅱ・社会手当細則に基づき、さらに次の収入は収入として認定されない．

---

(8) BMWA-Informationen zur AlgⅡ-V, S.7.

・ニーズ共同体一人当たり年に五〇ユーロを超えない場合の一時的収入および一ヵ月以上間を置いて生じる収入（たとえば、一度だけ満期になりこの限度額を超えない収益、利子、失業手当Ⅱ・社会手当細則第一条第一項第一番）．

・社会法典第二編の給付とは違う目的を持ち、並行する失業手当Ⅱ・社会手当の給付がいらなくなるほど受給者の状況を好転させない場合、その他の第三者の贈与および出捐（失業手当Ⅱ・社会手当細則第一条第一項第二番）．たとえば、連邦大統領の財政資金による出捐、芸術家への謝礼あるいは芸術家扶助の出捐などは、収入として認定されない(9)．

・基本介護と家政の世話給付のための介護者の納税義務のない収入（失業手当Ⅱ・社会手当細則第一条第一項第三番）．

① 在宅介護が確保される場合の介護現物給付の代わりの介護手当（SGB第一一編第三七条第一項）．

② 民間介護保険の介護手当．

③ 在宅介護における補助規定による包括補助金．ただし、社会法典第五編第三七条第四項による金銭給付を除く．

・軍人の外国任務加算および功績加算．

・連邦の財源により支払われているところの一九五一年六月一九日付NATOの軍の地位項目九第四項による補助金（失業手当Ⅱ・社会手当細側第一条第一項第五番）．

(7) その他の法律による例外

他の法規定に基づき収入として認定されないものとしては、次のようなものがある．

・育児手当ならびに州による同等の給付、出産手当ならびに同等の給付、たとえば、公務員の俸給、準備実習勤務中の給料、および国家公務員法あるいは軍人法に基づく規定による補助金（連邦育児手当法第七条第一項、第八条第一

(9) BMWA-Informationen zur AlgⅡ-V, S.3.

項第一文）.

・財団法人「母と子－生まれざる命の保護」設立のための法律による給付.

・抗Ｄ免疫予防による肝炎Ｃウィルス感染者に対する扶助法による毎月の年金はその半額、一括支給の場合はその全額（抗Ｄ扶助法第六条第一項）.

・ＨＩＶ扶助法による給付.

・加入地域における、国家社会主義の犠牲者に対する補償法による補償年金および補償給付（半額）.

・負担調整法による特定の給付（第二九二条第二項第一番から第三番、第二七四条、第二八〇条、第二八四条）.

・加入地域において、政治的迫害犠牲者に対する職業的冷遇調整法による給付（職業リハビリテーション法第九条第一項）.

・加入地域において、法治国家に反する刑事訴追措置犠牲者のリハビリテーションおよび補償に関する法による社会調整給付（刑法のリハビリテーション法）

・法定介護保険給付および民間介護保険の同等の給付（ＳＧＢ第一一編第一三条第五項）

5　活用準備のない資産

資産の収入への算入は、収入の活用準備が整っている場合、すなわち、実際に自由に使える場合に限り行われる. したがって、次の項目は資産の対象から除外される[10].

（10） vgl. Lehr-und Praxiskommentar, §76, Rn.35ff.

・扶養請求権に基づいて差し押さえられている、またはいつでも指し押さえられる可能性のある収入部分[11]

・四人の収入．ただし、ハウスゲルト、必要経費、生活扶助金あるいは一時的補助金として行刑官庁より請求される場合に限る[12]．

例①

AとBは結婚しており、Aの失業手当は月五〇〇ユーロで、その他に介護の必要な母親の基本介護に対して、月二〇五ユーロの介護手当を得ている．Bは月に税込みで一、二〇〇ユーロの収入があり、さらにボランティア活動に対し五〇ユーロの手当を得ている．Bはその上、貯蓄から年に三五ユーロの利子を得ている．認定可能な税込み収入は、Aは合計五〇〇ユーロ（失業手当、失業手当Ⅱと目的が同じ）、Bは生業からの収入一、二〇〇ユーロである．介護手当および年毎の貯蓄利子は収入として認定されない．ボランティア活動に対する手当が、Bの基準給付の半額に達していないので、これも収入として認定されない．

6　収入より控除すべき項目

収入算入の土台となるのは税込収入である．しかし、手取りの税金原則が適用されるので、認定可能な収入からさらに各項目を控除することになる．各項目は、一部は全額、一部は一括して控除される．控除される各項目は、次の

(11) BMWA-Informationen zur Alg Ⅱ-V, S.9–10.

(12) 例①から④までは、Steck/Kossens2005：107–111による．

とおりである.

(1) 収入に応じて支払われる税金

収入に応じて支払われる税金、とりわけ賃金税・所得税、教会税、営業税、資本収益税、連帯付加税（ＳＧＢ第二編第一一条第二項第一番）の実際支払われた金額、反対に取引税（たとえば消費税）はそれに含まない.

(2) 強制加入社会保険の保険料

雇用促進を含む（ＳＧＢ第二編第一一条第二項第二番）社会保険強制加入保険料も、実際に支払われた金額が控除される. 該当するのは次の各保険料である.[13]

・法定の健康保険、介護保険、年金保険加入義務に基づく法定社会保険保険料、ならびに雇用保険保険料
・保険加入義務のある自営業者が社会保険の枠内で支払う農民老齢扶助の保険料、手工業者保険および傷害保険の保険料
・任意健康保険の介護保険保険料
・民間医療保険における介護保険保険料

(3) 法律で定められた保険

公的あるいは民間保険あるいは類似の制度の保険料も、法律で定められている限り、控除できる（ＳＧＢ第二編第

(13) BA-Merkblatt, 26.

一一条第二項第三番）．ここに該当するのは、とくに自動車損害賠償（完全車体保険、一部車体保険は除く）、職業損害賠償および家屋火災保険である．これらの保険料は、実際支払われた金額が控除される．(14)

（4） 適切な保険

理由および金額が適切である限り、公的あるいは民間保険あるいは類似の制度の保険料（SGB第二編第一一条第二項第三番）、たとえば、保険加入義務のない者（任意・私的健康保険・介護保険の被保険者）が病気や介護が必要な場合に備える保険料、法定年金保険の加入義務の免除者のための老齢準備保険料．自営業者の場合は傷害保険および就労不能時のための保障保険料もこれに該当する．支出の控除可能性を顧慮し、左の項目とは区別すべきである．

・民間または任意の医療保険および介護保険ならびに老齢準備・傷害保険あるいは就労不能時の保障のための保険料は、適切な金額を控除することができる（第二項第二番と平行）．保険料が法定社会保険と同等の保護を保障する場合は控除が認められる．これらの保険料が社会法典第二編第二六条により助成されているときは、収入から控除することはできない．

・逆に、その他の保険料は実際の費用に関わらず、三〇ユーロの包括額しか認められない．このことは一八歳以上の者にも、一八歳以上の者とニーズ共同体に同居していない一八歳未満の者にも、それぞれ当てはまる（失業手当Ⅱ・社会手当細則第三条第一番）．ここで、通常の場合の一八歳未満の者に対する保険料支出には何が有効であるのかが問題になる．この点について、法律では制限を設けていないし、失業手当Ⅱ・社会手当細則には包括額が定められ

(14) BMWA-Informationen zur Alg II-V, S.8.

ていないので、適切な支出額を控除することが可能である．

(5) リースター年金[15]

リースター年金の保険料も、所得税法（ＥＳｔＧ）第八二条により控除される．控除額は、国から助成された所得税法（ＥＳｔＧ）第八六条による最低自己負担額に制限されている（各種手当を差し引いた前暦年の収入の、二〇〇五＝二パーセント、二〇〇六・二〇〇七＝三パーセント、二〇〇八年以降＝四パーセント）．

(6) 必要経費／営業支出

収入を得るために必要な経費も控除される．これは、収入の種類により区分される．

自営業でない勤労者：必要経費、たとえば、租税法にあるような二重の家計維持費、職業組合・労働組合の組合費、仕事の材料や作業代への支出．この場合、より多額の支出が証明されない限り、次の包括額が控除される．

・月に一五・三三ユーロの包括必要経費（二〇〇五年以降有効な税率二〇パーセントの被用者包括額の六〇分の一）

・距離キロあたり〇・〇六ユーロの包括交通費．計算方法：片道距離×勤務日数（週五日勤務では通常一九日とみなされる）×kmあたり〇・〇六ユーロ

自営業の収入の場合：より多額の支出が証明されない限り、営業収入三〇パーセントの金額の営業支出（失業手当Ⅱ・

(15) 二〇〇二年一月から導入された任意加入の積立方式の私的年金である．この年金への加入を奨励するため、①保険料を所得控除の対象とし、②低所得の加入者には、子どもがいる場合、子一人当たり月額一八五ユーロが保険料として助成される．なお、リースター年金を取り扱っている大手保険機関の集計によると、二〇〇六年六月には約六四三万人が加入している（『世界の厚生労働』2007：66）．

社会手当細則第三条第三番b）

賃貸業の収入でとくに控除すべき項目：土地税および家屋税、公共支出、債務利息分担分（しかし漸次償却定期支払分ではない）、ならびに修理および維持補修のための支出．より多額の支出が証明されない限り、経営に税込み収入の一パーセント、同じく維持補修に一〇パーセント（場合により従来と同じように、一九二五年一〇月一日より以前完成の物件は一五パーセント）の包括額が控除される．[16]

(7) 就労者控除

(8) ニーズ共同体控除

各種項目はその都度、まずは収入を得る者に付く．その金額がその者の収入を超える場合は、全体で考慮されるため、ニーズ共同体の他の家族から差し引かれる．しかし、収入獲得のために必要な費用は、少々事情が異なり、当人にのみ付けられる．

表2-3-1　精算された収入

税込み収入	800ユーロ
手取り収入（各種税金および社会保険保険料差し引き後）	631.60ユーロ
法的に定められた保険の保険料	42ユーロ（月あたり自動車賠償責任）
包括必要経費	15.33ユーロ
交通費（5㎞×19乗車日数×㎞あたり0.06ユーロ）	19.00ユーロ
就労者控除なしの認定すべき収入	525.47ユーロ

出所）Steck/Kossens 2008：127

7　収入の査定と評価

現物給付は、その都度有効な現物給与細則より導かれる金額が認定される．たとえば、食事は月に一九七・七五ユーロで計算されるが、その反対に住居が無料

(16) BMWA-Informationen zur Alg II-V, S.8.

で得られる場合は、それによって住居および場合により暖房に対する請求権が消失する（Steck/Kossens 2005：110）．したがって、収入には算入されない．現物給与細則に価格が定められていない場合は、消費地の通常平均値が基準となる（失業手当Ⅱ・社会手当細則第二条第四項）．

失業手当Ⅱ・社会手当細則第二条第五項により、次の場合には受給者の収入が保護される．

・求職者基礎保障が一度あるいは短期間の支給、あるいは収入として認定される期間がごく短い場合、または個々のケースにおいて、求職者基礎保障の支給の決定に猶予が許されない場合．

これによって速い給付支給の条件ができた．もちろん、収入を得る者の事前の事情聴取が査定の前提となる．

8　収入算入時期

経常収入は実際に支給される月、すなわち、収入があった月に認定される（失業手当Ⅱ・社会手当細則第二条第三項第一文）．月末にようやく支給される場合でも同様である（例を参照）．

例②

三月一日に仕事について、初めての月給支給が三月三〇日であるとする．この収入は三月分として認定されるが、三月三〇日までの生計費を充たすために、社会法典第二編第二三条第四項により貸付として行うことができる．

これにより、一月の五日間の収入を翌月に加算するという問題も、片付いたことになる．二〇〇五年一月一日付の新給付導入によって，二〇〇四年一二月に流入した金銭（とくに失業手当・社会扶助）は，一月の収入として認定されることはなかった．しかし，まだそれが残っていれば，資産として認定される可能性がある．前月末にまだ失業手当あるいは収入を得ていて，失業手当Ⅱを受給する者ならば，誰にも同じことが当てはまる．

例③

一一月に一五日間就労し，一一月と一二月の給料の支払いは一二月であった場合，一一月には収入がなかったので，この月には失業手当Ⅱが引き続き支払われるが，一二月には給料の二ヵ月分の収入認定がされる見込みである．一時的収入，または間を空けて支払われる経常的収入に対しては，失業手当Ⅱ・社会手当細則で特別規定が設けられている（失業手当Ⅱ・社会手当細則第二条第三項第二文）．それによれば，これらは手に入れたその日から消費時点まで考慮され，詳しくは次のように行われる．算入すべき収入総額（つまり控除項目および生業による控除額を差し引いた後）を，算出された一日あたりの需要額（健康保険および介護保険の任意保険継続保険料を含む）で割る．この計算から生じた日数だけ，生計費保障のための給付が停止される．

例④

Aは補足的に失業手当Ⅱを受給しており，一二月一日に雇用主から一年のボーナスをもらうとする．このボーナスの八九一ユーロは収入として認定すべきである．一日あたりの需要を二七ユーロと推定すると，三三日間生計費給付を受けられないことになる．

しかし、収入の認定において、特別な苛酷さをもたらすような場合、実施者は正当な理由が認められる個々のケースに限り、この規定に従わなくても良い．特別な苛酷さとは、たとえば、次のような場合である．

・社会法典第二編発効以前の期間の社会給付が、給付実施者の遅滞が原因で後から支払われる．
・給付の意義と目的が収入認定することと矛盾する（たとえば、破産手当）．
・異議申し立て手続きまたは訴訟手続きに基づく他の社会給付が、需要期間にようやく後払いされる．

連邦経済雇用省は、失業手当Ⅱ受給以前の期間に関連する場合に限り、遅滞賃金の後払い、遅れて給付される生計費、後払いされる賠償金または年金をとくにあげている．しかし、このことと、これらの収入として認定することはまったく関係がない[17]（表2－3－2）．

二　資産の活用

社会法典第二編第一二条は、活用すべき資産の範囲を定めている．換価可能な財産物は、すべて資産として認定される．生計費を賄うためには、まず換価可能な資産を原則として活用し、そうして初めて社会法典第二編による給付が請求できる．ただし、社会法典第二編第一二条第二項に資産から控除すべき項目が挙げられている．特定の資産は社会法典第二編第一二条第三項により認定されない（いわゆる保護資産）．

（17）BMWA-Informationen zur Alg Ⅱ-V. S.3. 4.

表2-3-2　収入認定一覧表（連邦経済雇用省のエクセル計算機による）

	就労可能な要扶助者	ニーズ共同体のその他の構成員
税込収入、とりわけ —　自営でない生業 —　自営業 —　賃貸業 —　資本収入 —　特定の社会給付（失業手当、年金（例外あり）、失業手当Ⅱと関連しない疾病休業補償金）、算入すべきでない項目を除く		児童加算； さしあたりは基本的に子どもそれぞれに児童手当
→考慮可能な税込み収入		
./. 税金および加入義務のある社会保険の保険料 →手取り収入		
./. 法律で規定された保険の保険料		
./. 適切な範囲である限り、民間・任意健康保険および介護保険あるいは任意老齢準備金の掛け金		
./. 適切な範囲である限り、民間保険の一括保険料	30ユーロ	30ユーロ（18歳以上、または18歳以上の者がいないニーズ共同体では18歳未満、その他の点では適切な範囲である限り）
./. リースター年金の保険料		
./. 収入獲得に結びついた項目 —　自営でない生業：包括通勤費を含む包括必要経費 —　自営業：経営包括費 —　賃貸業からの収入：経営および維持補修のための包括費 —　より多額の支出証明に対し、その都度の実費	1月15.33ユーロ 道のり ×勤務日数 ×kmあたり0.06ユーロ 収入の30% 税込み収入の11%（完成が1925年1月1日より前の場合、16%） 場合によってはより高額	
勤労者控除（SGB 第2編第30条）		
→清算された収入		
./. ニーズ共同体外の優位または同位の請求権保有者に対し民法による扶養義務（請求権の権原がある限り）		
→認定すべき収入＝算入金額		

1）対象はまず収入を得た者で、差し引きはそれを越えて他の者にも及ぶ.
2）対象は収入を得た者のみ.
出所）Steck/Kossens 2005：112-113、2008：129-130.

社会法典第二編第一二条第一項は、活用すべき資産を換価可能な財産に限定している．たとえば、売却や担保貸付によって生計費を賄うのに利用できる資産部分のことである．利用とは、金銭に変えて準備された資金を実際に自由に使えるようにすることである．

1　資産概念

社会法典第二編第一二条第一項の指す資産とは、金銭で量ることのできる全財産（現在高）である．次の項目が資産に属する．

・金銭および金銭価値のあるもの、たとえば、現金（法定通貨）および小切手
・その他の物件、たとえば、建物付きあるいは建物のない土地のような不動産、装飾品・絵画、家具のような動産
・金銭に対する債権
・その他の権利、たとえば、手形や株その他の会社の出資分による権利、土地債務や用益権、地益権、隠居後の財産保有分による権利、金銭で査定できる財産に関わる著作権、ドイツ民法典（ＢＧＢ）第五二八条による民法上の返還請求権または委譲返還請求権も資産に含まれる．

2　資産の換価可能性

資産が生計費に用いられたり、その金銭価値が消費、譲渡、担保貸付、賃貸により生計費に活用できる場合、その資産は換価可能である．建物付き、または建物のない土地は、売却または担保貸付によって、たとえば、通常は流通

価格の七〇パーセント以下で貸付を受け、同時に不動産担保権を注文するような場合、優先的に換価される．売却または担保貸付による換価が不可能なときは、資産を賃貸により収入獲得に役立てるべきである．

債権あるいは物権は、通常は譲渡または売却により換価される．しかし、すでに譲渡した請求権は換価できない．長期投資に固定された有価証券は担保貸付により換価できる．

処理制限の設けられている資産対象（たとえば、破産、押収、担保に入れた時など）は換価できない．このことが資産対象の一部にのみ該当する場合、その他の部分は資産として認定される．直接保険の形の企業老齢年金より生じる請求権は換価できない．企業老齢年金改革法（ＢｅｔｒＡＶＧ）第二条により給付開始前には、保険契約を担保に貸付を行ったり、担保に入れたり、譲渡したり、保険資本（払込金返戻額）を解約により請求したりすることは、不可能である（Steck/Kossens2005：115, 2008：132）．

所得税法（ＥＳｔＧ）第一〇条第一項第二番ｂにより、個人終身年金（いわゆるリュルップ年金）に対する請求権は、相続、担保貸付、売却、換金が不可能であり、さらに支払い請求権も生じえない．したがって、そのような請求権は換価不可能である．

小菜園は連邦小菜園法（Bundeslleingartengesetz）により、庭小屋を含め同法第三条第二項に基づき、通常は換価できない．

認定できる資産にすぐに手を付けることができない場合は、社会法典第二編第九条第四項により貸付の形で給付が支払われることもある．認定の後、換価可能な資産は、たとえ実際には換価されずまだ手許に残っているとしても、消費されたとみなされる．新たに給付申請を行う場合には、資産がまだ存在する限り、資産換価を新たに請求してもよい．

3　控除項目

社会法典第二編第一二条第二項には、資産から控除できる控除項目があげられている．控除項目は、第一二条第二項第一番による基礎控除額を除き、対象が定められている．第一二条第二項第一番および第三番、第四番による控除の種類の中から、要扶助者およびそのパートナーに認められた控除額がその都度加えられ、所有する資産と対比される．二人のうちどちらがその資産の所有者であるかは関係がない．

しかし、子どもに認められた控除額は、子ども自身の資産にのみ割り当てられる．両親の控除額のうち残った分を子どもの資産に、または子どもの控除額のうち残った分を両親の資産に移すことはできない．

(1)　基礎控除額

社会法典第二編第一二条第二項第一番による、年齢一歳当たり一五〇ユーロ、最低限度額三、一〇〇ユーロ、最高限度額九、七五〇ユーロの基礎控除額は、一八歳以上の要扶助者およびそのパートナーに認められる．

年齢の確定基準となるのは、一般にそれぞれの認可期間の第一日目である．同様に、一八歳未満で扶助を必要とする子どもも同様に、最低三、一〇〇ユーロの基礎控除額がある．これは、たとえば、貯金残高や学資保険としての投資にも該当する．失業手当Ⅱの請求権にも、社会手当の請求権（第二八条）にも、基礎控除額が認められる．

基礎控除額には目的の拘束がない．ということは、この控除額はどの資産にも活用できる．他の控除額の最高限度額を超えている場合にも、このことは妥当する（Steck/Kossens 2005：116, 2008：133）．

信用保護のための経過規定は、社会法典第二編第六五条第五項に含まれている．一九四八年一月一日までに生まれた者には、年齢満一歳あたり五二〇ユーロの控除額が、三三、八〇〇ユーロを最高限度額として認められる（二〇〇四年一二月三一日まで有効の失業手当細則第四条第二項第二文参照）．これらの規定は、失業手当Ⅱ受給の前に失業手当を受けていたかどうかとは関係なく、一般に当てはまる．

(2)　老齢準備金（「リースター年金」）

社会法典第二編第一二条第二項第二番により、老齢準備金としての老後資産法による助成（「リースター」投資形式）は資産より控除される（Steck/Kossens 2005：116）．保護されるのは、助成される老齢準備支出（自己負担分および追加負担）、ならびにそこからの収益である．国家助成の最高額、特権付与の最高額は、所得税法（ＥｓｔＧ）第一〇条ａに基づいており、暦年ごとの額を定めてある（二〇〇八年以降が二一〇〇ユーロ）．

老齢保障契約が期限前に解約されると、控除できる資産としての保護が失われる．払い戻された保険金が、一ヵ月以内に新しいリースター投資形式に利用されない場合、このお金は流入状況により、資産または一時的収入として換価可能になる．老齢保障契約は、老後保障契約基準法（AltZertG）第五条の前提条件を充たさねばならない．証明書として、所得税法（ＥｓｔＧ）第九二条第五番による老齢準備金提供者の老齢準備資産状況についての年間証明書（官署規定の用紙）が用いられる．

(3)　その他の老齢準備対策

社会法典第二編第一二条第二項第一番による基礎控除額に加えて、同条第一二条第二項第三番により、就労可能な要扶助者、そのパートナーおよび就労可能で一五歳以上一八歳未満の子どもに、老齢準備対策として用いられる金銭価値の請求権として、年齢満一歳あたり二五〇ユーロ、最高限度額一六、二五〇ユーロの控除額が認められる（「リースター投資」は除く）．控除額は、老齢準備対策のどの形式にも適用される．しかし、基準となるのは契約により定年前の換価が除外されており、その取り消しが認められないことである．また、払込金返戻あるいは解約、担保貸付が可能であってはならない．このことは同意（たとえば、保険契約）のたびに、一義的にわかるようなものでなければならない．老齢準備対策より生じる金銭価値のある請求権の価格のほうが高ければ，社会法典第二編第一二条第二項第三番の上限を超えた分の金額は換価できるものとみなされる．

制限年齢に達した後は，保護される資産額は月に一八〇分の一減額される（一八〇ヵ月＝一五年は，その後の平均生存期間）．制限年齢は基本的に，保険給付金が満期になる期日である．控除額を超える場合には，失業手当Ⅱ・社会手当に相応の算入が行われる．

(4) 必要財購入のための控除

社会法典第二編第一二条第二項第四番による七五〇ユーロの控除額は，ニーズ共同体の要扶助者すべてに認められる．控除額はその出所に関わらず与えられる．この控除額は，社会法典第二編第一二条第二項第一番による基礎控除額とは関係なく与えられる．七五〇ユーロまでの資産は必要な購入（たとえば，家庭用器具，冬の衣類）に活用すべきである．

4 考慮されない資産

社会法典第二編第一二条第三項第一番から第六番の各号は，資産として考慮されない．これらは，社会法典第二編による給付確定の際に資産として考慮されない（Steck/Kossens 2005：117–118, 2008：135–140）．

(1) 家具

社会法典第二編第一二条第三項第一番によると，適切な家具は資産とはみなさない．家具の適切性は，ニーズ共同体のそれまでの生活状況を基準にする．目下の経済状態からニーズ共同体が，その家具と同価値の家具を入手できないだろうという理由で，その家具を不適切だとみなすことはできない．とくに家具およびその他の住居設備，たとえば、家庭用器具、テレビ、布製品類、本などは資産とみなされない．

(2) 自動車

社会法典第二編第一二条第三項第二番により、ニーズ共同体で生活する就労可能な扶助受給者各人に一台の自動車の保有が認められている．社会法典第二編第一二条第三項第二番は、自動車がすでにあること、すなわち、要扶助性の開始に基づいて新たにそれが入手されたものではないことを条件にしている．しかし、新たな購入も、たとえば、就労のために必要であるならば認められないわけではない．社会法典第二編第一二条第三項第二番には、レンタルの乗り物は含まない．ニーズ共同体に生活する就労可能な者一人に一台の自動車、または一台のオートバイは資産として保有できる．適切性の査定は、個々のケースの状況（ニーズ共同体の大きさ、世帯あたりの車台数、獲得の時期）が考慮されるべきである．

(3) 法的年金保険加入免除の時の老齢準備金

要扶助者またはそのパートナーが、法定年金保険の加入義務を免除されている時、特定の事物や権利が老齢保障に役立つものである場合、これらの資産は、社会法典第二編第一二条第三項第三番により資産として認定されない．これらの資産が控除されるためには、資産が老齢保障のためのものであると認められるときである．たとえば、資産形成型生命保険の保険証書の提示がその証明となりうる．老齢保障の証明が提出されていれば、その資産は額面に関係なく保有できる．

(4) 不動産

社会法典第二編第一二条第三項第四番によれば、自らが使用に供する宅地および家屋、それが適切な規模にとどまっている場合、資産としての認定は免れる．宅地住宅あるいは区分所有住宅が（経済的な方法で）換価できない場合、あるいは換価が所有者にとって特別な苛酷さを意味するような場合、社会法典第二編第一二条第一項あるいは第三項第六番により、資産認定の対象から除外される.

規模が適切である場合、居住用の不動産の換価はできない．その意味から、それは換価可能な継続居住権にも当てはまる．家・住居の規模が適切であるかどうかの査定は、居住面積が一三〇平方メートル以下の場合、必要ない．その他には、適切さは各々のケースの生活状況、とりわけその世帯に生活している人の数によるが、土地の広さに関しては、次のような区分がある.

・市街地では五〇〇平方メートルの土地
・地方では八〇〇平方メートルの土地は、通常適切であるとみなされる.

自らからが使用に供する不動産の規模が適切でない場合、所有権を分割できる家屋または土地は換価を行うべきであり、それは売却または担保貸付により行うことができる．住宅内の独立した複数の区分所有住宅を建設し、また土地の分割もできる．居住面積が独立した住居に分かれていない場合は、たとえば、部屋の賃貸などにより収益源を得るように活用することが要扶助者に求められる.

就労可能な要扶助者が小菜園や庭小屋を所有し、または賃借した場合、資産としての認定するか否かは、個々のケースの全体状況を査定する中で考慮すべきである.[18]

(5) 障害者または要介護者の居住を目的とした不動産の入手および維持

第一二条第三項第五番により、障害者あるいは要介護者の居住を目的にした適切な規模の区分所有住宅を含む宅地住宅の資産は、その目的が証明され次第、あるいは目的が資産の活用や換価によりおびやかされる恐れがある場合、即座にこの資産は保護される．改修あるいは増築、地上権契約の締結あるいは継続居住権の獲得ならびに目的に適った設備整備も、資産入手と同様に扱われる．これには修理および維持補修が含まれ、目的に適う改善（たとえば環境を損なわない暖房設備、断熱）がそれに該当するが、単なる美化のための措置はこれに含まない．

「まもなく」（baldig）の意味は、ほぼ確実に利益を受ける者に明らかに役立つ入手措置または維持措置が、予想できる期間内に計画されているということである．しかし、売買契約は、遅くとも一年以内に結ばれるべきであり、維持措置はこの期間内に始められるべきである（Steck/Kossens 2005：118）．

要扶助者は、具体的な趣旨および計画案を納得できるように表現しなくてはならない．証拠として考慮されるのは、たとえば、建築設計図、資金調達計画、資金調達承諾書、建築会社の契約書、手工業者や建築業者の依頼書などである．居住目的は、障害・介護の必要性と関連がなければならない．住居はこの目的だけに使用目的を限る必要はないし、障害者などが一人でそこに住み、介護を受けていれば十分である．

資産が障害者あるいは要介護者のために活用される場合、その者がたとえニーズ共同体に属していなくても、少なくとも社会法典第一〇編第一六条第五項の指す家族であれば、その資産も保護される．

資産を入手することなく、計画が予測できない時期に延期されなければならないような場合、あるいは経常負担が要求できないほど引き上げられる場合、費用が著しく高騰する場合には、第一二条第三項第五番の指す計画目的が脅

（18）債務法調整法に基づく旧東ドイツで有効な特例によれば、土地の所有者と庭小屋の所有者が異なっても良いことになるが、利用契約の解約が資産増加につながるかどうかは、それぞれのケースを調べるべきである（BA）．

かされる恐れがあるということになる．

(6) 非経済性／特別な苛酷さ

社会法典第二編第一二条第三項第六番には，一般的な受け皿となる事実構成要素が定められている．それによれば，物件および権利はその換価が明らかに非経済的であったり，当事者に特別な苛酷さをもたらすような場合，保護資産に位置づけられる．換価が明らかに非経済的であれば，換価をしてはならない．とりわけ自分の投資が換価売上金に対して，もはや適切な関係にないために，とくに専門家でなくても一目で気が付くような場合はそうである．具体的には，売上金が自分の投資よりも一〇パーセントを超えて下回るような場合，そういえるのである．

将来の利益・利回りの見込みは資産として認定されない．しかし，株，株ファンド，あるいは類似の投資商品は，その投資形式から一定のリスクがつきものであるし，これを資産として認定しなければ，このリスクは実際には求職者基礎保障が背負うことになる．そのため，このような投資は，以前の購入価格とは関係なく，資産として認定される．

資産の換価が要扶助者にとって，不当な苛酷さを意味するような場合には，換価を見合わせることができる．要扶助者の特別な生活環境からも，また資産の由来からも，不当さは生じる可能性がある．たとえば，特別な家宝や形見，厳かな葬儀および墓の管理のためにとっておいた資産（葬祭貯金，信託資産，または継続管理契約）などがそうである．

換価が当事者にとって特別な苛酷さを意味するような場合も，換価を要求することはできない．当事者の対象への特別な関係により，換価が当事者に非常に大きなショックを与える場合，特別な苛酷さが認められる．特別な苛酷さの調査では，各ケースをあらゆる観点から考慮すべきである．経済的な観点はここではさほど重要ではない．ここで問題にしているのは，特別な状況，たとえば，扶助の種類および期間，要扶助者の年齢，扶助受給者のその他の負担などによる例外的なケースである．これらの法概念は，司法審査の対象となる．

(7) 職業教育／生業

職業教育または生業の開始ないし継続に欠かせない資産対象も，収入として認定されない．この規定の目的は，場合によっては後に職業適応給付により再び調達する必要の出てくる資産対象の換価を，事前に避けることにある．そのような対象となるものは，工具，機械，輸送手段，自動車（たとえば，運送業者の唯一のトラック），小さな商店を継続するのに必要な商品在庫，筆記用具，速記用口述録音機，製図用具，遠距離通信機，ハードウェアおよびソフトウェア，理髪師のはさみ，肉屋の秤などが考えられる[19]．

この意味で，子どものために契約した学資保険は資産対象に入らない．社会法典第二編第一二条第二項に基づく資産控除額が，他の資産の保護に利用されていない限り，学資保険はこの控除額の枠内で保護が可能である．

5 流通価格

社会法典第二編第一二条第四項に基づき，資産はその流通価格で認定すべきである．流通価格は，自由取引で資産対象の換価により得られる金額と解釈される．

それにより，資産形成型の生命保険はその時点の解約返戻金（諸料金および費用を考慮した払い戻し金額）が適用される．

不動産の価値確定においては，物的負担（土地債務，抵当権，用益権）が認定される．その他の債務は顧慮されない．

---

(19) s.RdErl.der BA.

不動産流通価格の証明として認められるのは、三年以内の売買契約書または流通価格鑑定書に限られる．場合によっては、現存の基準地価表を参考にする．建物付きの土地あるいは区分所有住宅の場合は、土地登記所で鑑定人委員会の購入価格集より情報を入手する．

資産査定の時期は、申請の時期による（SGB第二編第一二条第四項第二文）．資産対象の換価が後にならなければできないときは、換価の条件がすべてそろう時点が時期となる．この場合、第九条第四項による貸付給付を認定することができる．

流通価格の大きな変動は、その変動のある時点で認定すべきである（SGB第二編第一二条第四項第三文）．流通価格の変動が支給すべき給付額に影響する場合、その変動は重要である．価値の変動が資産所有者に有利か不利かは重要ではない．価値が毎日変わるような資産（株券、公債券）は、要扶助者が望むならば、毎日または毎週査定する必要はない（Steck/Kossens 2005：119–122）．

第4章

就労奨励システムと制裁および第三者の義務

助成と要求の原則に沿って、社会法典第二編第二九～三二条では、入職手当および就労時の諸控除による奨励、ならびに失業手当Ⅱおよび社会手当の減額や停止などの制裁を定め、第三三～三五条では、第三者の義務を定めている．

一　就労奨励システム

1　入職手当

就労可能で扶助を必要とする失業者が社会保険加入義務のある仕事または自営業を開始する時に、入職手当(Einstiegsgeld)が一般労働市場への統合に必要なとき、入職手当を支給することができる．この場合、入職手当は失業手当Ⅱの補助金として支給される(SGB第二編第二九条第一項)．入職手当は裁量給付であり、この種の奨励が就労を目的とした時期的に限られた措置としてふさわしいかどうか、各ケースそれぞれに照らし合わせて決定される．このように期間を限定する裁量規定になっているのは、入職手当を悪用していく危険をなくすことと、入職手当を得られない人々が経済的に常に不利な立場に置かれるのを避けるためである．

入職手当は、社会法典第二編第三〇条による就労時の諸控除を補足する形で支給され、支給期間は最長二四ヵ月である．入職手当額の裁量にあたっては，それまでの失業期間の長さと，就労可能な要扶助者が生活するニーズ共同体の規模が考慮される（SGB第二編第二九条第二項）．入職手当の裁量について詳しくは法規命令により決定される（SGB第二編第二九条第三項）．

2　就労時の諸控除

就労あるいは就労継続への奨励には，その他に社会法典第二編第三〇条に規定された就労時の諸控除がある．これらの諸控除により控除額差し引き後の一月あたりの収入は減少し，それが失業手当Ⅱに算入される（SGB第二編第一一条第二項参照）．「働く者には，就労可能であるにもかかわらず，働かない者よりも多額のお金が手に入るようにすべきである」という原則[1]は，この措置により実行される．さらに連邦政府の声明によれば，現行の社会扶助に対する諸控除額は引き上げられた．しかし，この査定に対する反論がみられる（Winkel 2004：218ff.）．

(1)　失業扶助および社会扶助における従来の算入・控除規定

失業扶助における副収入算入については，社会法典第三編第一九八条第二文第六番，第一四一条に定められていた．それによって該当者の税込み労働賃金から税金，社会保険料，税制上認められる必要経費の額を計算して，いわゆる控除額差し引き後の収入が算出された．この手取りの収入が月々の失業扶助の二〇パーセント（しかし，一月あたり一六五ユーロを最小限度額とする）を超えた場合に限り，失業保険が減額された．つまり，一六五ユーロの最低控除額が考慮されるケースはなく，どの失業者も失業扶助の他にこの金額に対する請求権があった．高額の失業扶助を受給

（1）Drucks 15/1516.

する者には、より高額の控除額が認められていた．しかし、この点で有利なのは一月あたり八三五ユーロを超える失業扶助を受ける失業者に限られていた．

社会扶助における収入算入は、連邦社会扶助法第七六条第二項a第一番に基づいて行われた．この法律にもとづいて社会扶助受給者の場合には、「それぞれ適切な金額」が収入から控除された．各々の場合にどのように適用されるかについては、法規命令により定めることになっていた（BSHG第七六条第三項）．立法者がこの指令権限を行使しなかったため、大半の福祉事務所は、就労者に対する追加需要加算についてドイツ公私扶助協会（DV）による推奨を用いて、なんとか間に合わせていた．これによれば、税込み労働賃金から税金、社会保険料、必要経費が差し引かれて、控除差し引き後の手取り収入が算出された．このようにして算出された手取り収入に、地方自治体は就労している社会扶助受給者には（失業扶助の場合と同じように）基礎控除額を認めていた．この基礎控除額は労働賃金とは関係なく定められていた（通常は世帯主通常基準額の二五パーセントの金額）．

さらに、収入に応じて増える控除額もあった（通常は基礎控除額を超える収入の一五パーセント、したがって四〇〇ユーロの収入の場合には四八・九〇ユーロ：四〇〇ユーロから七四ユーロ差し引き＝三二六ユーロ、その一五パーセント）．そのうえ、許可された追加収入は、いかなる場合も定められた最高限度額により保護されていた（通常は世帯主通常基準額の五〇パーセントの金額、一四八ユーロ）．この最高限度額に達するには、月々（控除差し引き後）手取りで五六七・三五ユーロの収入が必要である．たとえ少額たりともこの額を超えたら、社会扶助はその超過した金額分だけ減額される．

このほか、「限られた能力にもかかわらず就労している者」および障害を持つ扶助受給者を対象とした特別規定があった（BHSG第七六条第二項a第二、三番）．この人たちには主に、通常基準額の三〇パーセントの基礎控除額（八八・八〇ユーロ）に加え、それを超えた金額の二五パーセントの控除が認められていた．算入に含まれない追加収入は、この人たちの場合も保護されていた（通常は通常基準額の三分の二、一九七・三三ユーロ）．この最高限度額に達するには、月々（控除差し引き後）手取りで五二二・九二ユーロの収入が必要である（Steck/Kossens 2005：125）．

(2) 失業手当Ⅱにおける算入・控除規定

従来の社会扶助や失業扶助と同じように、失業手当Ⅱでも社会法典第二編第三〇条により、就労における諸控除額を算出する前に収入から手取り収入が計算される．連邦社会扶助法および社会法典第三編とは異なり、社会法典第二編第三〇条は算入から控除される基本額を定義していない．失業手当Ⅱでは次の主要規則が有効である．すなわち、一年に一度五〇ユーロのごくわずかな限度額を別にして、同様に低額の副収入のうちから最大の部分が基礎保障給付に算入される[(2)]．社会法典第二編第三〇条に定められた控除額は、税込収入にしたがって分かれている[(3)]．

二　制裁

支援の原則と並んで要求の原則も同様に重要である．したがって、求職者には扶助を必要とする自らの状況を打開するための具体的な行動を取る義務がある．求職者は、失業状態を断ち切るために、優先し率先して努力しなくてはならないし、この目標をサポートするあらゆる対策に積極的に参加しなければならない．求職者がこれらの義務を重要な理由なしに果たさなかった場合、結果として給付の減額、さらには停止という形での制裁を受ける．社会法典第

（2）§1 Abs. 1 Nr. 1 Arbeitslosengeld II /Sozialgeld-Verordnung vom 20.10.2004, BGBl. IS. 2622.
（3）第三〇条によれば、①月収のうち、一〇〇ユーロを超え八〇〇ユーロに満たない部分について、その二〇パーセント、②月収のうち、八〇〇ユーロを超え一、二〇〇ユーロに満たない部分について、その一〇パーセントとなっている．

一編第六六条によれば、さらに広範囲の給付の拒否も可能である．社会法典第一編のさらに進められる規則は、労働による自助という社会扶助法の義務に対しては、今まで適用される機会はなかった（BVerwGE 98, 203、Steck/Kossens 2008：146）．

1　失業手当Ⅱの減額と停止

社会法典第二編第三一条の要件は、失業扶助と社会扶助を対象に成立した制裁規則（SGB第三編第一四四、一四七条およびBSHG第二五条）と関連しており、比較的若年の求職者が自助を拒む場合には、給付をゼロになるまで減額していくことすら認められている．社会法典第二編第九条第一項第一番を文字通り解釈するならば、要求しうる

表2-4-1　失業手当Ⅱ・社会扶助・失業扶助の制裁比較

	失業扶助（2004年末まで）	失業手当Ⅱ／社会手当（2005年以降、経過規定を伴う部分あり）	社会扶助（2004年末まで）
制裁	就労可能な労働または統合対策を拒否した場合、給付の一時停止、度重なる場合には給付請求権の喪失	就労可能な労働または適応対策を拒否した場合など：第一段階として失業手当Ⅱの基準給付の30パーセントを3ヵ月にわたって減額；この期間、加算も中止される． その後の給付減額は、その都度第一段階のパーセンテージで減額（追加需要や住居と暖房のための給付も対象となりうる）；基準給付の30パーセントを超える減額の場合には、現物給付や金銭価値のある給付（食料品商品券）を補助支給． 15歳以上25歳未満の者については、要求しうる仕事または統合対策を拒否した場合、3ヵ月間の基準給付停止（同じく現物給付や金銭価値のある給付の補助支給）．	就労可能な労働または臨時労働を拒否した場合；法律上の請求権喪失、第一段階として扶助を基準となる通常基準額の25パーセント減額、減額が度重なればまったく支給されなくなることもありうる．

出所）Bäcker/Koch 2004：88-94.

職業に就くのを求職者が拒んだだけでも、扶助の必要な状況はそもそも存在しないということになる．しかし、社会法典第二編第三一条第一～四項は、就労が拒否された場合、まずは給付を減額するにとどめ、拒否が繰り返される場合に、さらなる給付の減額が考慮されることを明記している．制裁の程度は、義務不履行の種類により異なる（表2－4－1）．

(1) 第一段階の減額

社会法典第二編第三一条第一項は、義務に反する行動の要件とその法律効果を定めている．就労可能な要扶助者が、左記の各号に違反した場合、第二四条による加算を廃止したうえで、第一段階として第二四条による適用基準給付の三〇パーセントを減額する．

法律効果についての教示にもかかわらず、就労可能な要扶助者が、

・提供された労働統合協定を結ぶこと
・労働統合協定で規定された義務を履行する、なかでも、十分に広い範囲にわたる自己努力を実証すること
・就労可能な労働または教育、臨時労働（失業者雇用対策）を開始または続行すること
・公共の利益に沿った就労可能な労働を行うこと

のいずれかを拒否する場合、失業手当Ⅱは第一段階では三〇パーセント減額される（SGB第二編第三一条第一項第一文第一番）．減額対象となるのは、生計費保障のための基準給付である（SGB第二編第一九条第一番、第二〇条）．この他、失業手当Ⅱ受給に関連して規定されている期限付きの加算が打ち切られる（SGB第二編第一九条第二番、第二四条）．

就労可能な要扶助者が法律効果について教示を受けたにもかかわらず、労働統合のための就労可能な措置を中断する場合、中断の原因を生じさせた場合にも、義務を怠った行動とみなされる（ＳＧＢ第二編第三一条第一項第一文第二番）．該当するのは、たとえば、一連の就労支援に悪影響を与えた責任が当該者にある場合、または当該者がそうした措置を危うくした場合、あるいは当該者がその施策への参加継続について期待できない場合（たとえば、断りのない度重なる欠席、授業や運営の秩序をあからさまに無視する場合）である．

要扶助者が法律効果についての書面による教示にもかかわらず、雇用エージェンシーまたは自治体実施者と連絡を取ることなく、あるいは医師または精神科医の診察を受けるよう雇用エージェンシーまたは自治体実施者の要請に応えず、自らの行動について理由を証明しない場合、社会法典第二編第三一条第二項は制裁として、同じく失業手当Ⅱの減額と、失業手当Ⅱ受給に関連して規定されている期限付きの加算の打ち切りを定めている（ＳＧＢ第二編第一九条第二番、第二四条）．しかし、連絡義務の不履行は、社会法典第二編第三一条第一項による義務不履行ほど重大ではないので、第一段階では失業手当Ⅱが基準給付の一〇パーセント減額されるに過ぎない（ＳＧＢ第二編第一九条第一番、第二〇条）．

社会法典第二編第三一条第一、二項の要件は、連邦社会扶助法第二五条第一項よりもはるかに具体的である．たとえば、連邦社会扶助法においては、就労可能な労働や臨時労働（ＢＳＨＧ第一九、二〇条）に従事したりすることを拒否した場合などについて規定していた．連絡義務および国立医療施設の勤務医の受診義務については、連邦社会扶助法第二五条第一項にもとづき公布された判決(4)が、社会法典第二編第三一条第二項に規定されている．

（4）BverwG, Urteil vom 23.5.1962-VC74/61., DÖV 1963, 148.

連邦社会扶助法第二五条第一項第二、三文は、前もって教示した後の労働拒否の場合について、第一段階では基準となる通常基準額の最低二五パーセントを扶助から強制的に減額することを定めている．ここで基準となるのは、扶助受給者個人の基準値のみであり、ニーズ共同体全体の基準額は問題とされなかった．社会扶助実施者には、個々のケースの特殊な点を考慮して、裁量によりもっと多額の減額を行ったり、他の扶助形式、たとえば、商品券または現物給付の支給の可能性があった．だが、これらの選択肢は社会法典第二編第三一条第一項および第二項により廃止された．

社会法典第二編第三一条第一項および第二項に基づく義務の累積的不履行においては、第一段階で失業手当Ⅱの減額が、要扶助者にとって基準となる通常基準額の四〇パーセント（三〇パーセントプラス一〇パーセント）になる場合もありうる．

(2) 度重なる義務不履行における第二段階の減額

失業手当Ⅱの減額が三〇パーセントを超える場合には、適切な範囲で現物給付の補足あるいは貨幣価値のある給付、とりわけ食料品商品券の形でを支給することが可能である（Steck/Kossens 2005：131）．しかし、これらの給付の規模については、失業手当Ⅱの給付額に関連し、基準となる給付の三〇パーセントを超えることはない．要扶助者が一八歳未満の子どもと同一のニーズ共同体に一緒に生活している場合には、補足的に現物給付が支給される．このようにして、両親または単親の失業手当Ⅱが義務不履行により減額されたからといって、一八歳未満の子どもにまで過度に負担がかからないようになっている．度重なる義務不履行が給付請求権に及ぼす影響については、要扶助者に義務不履行の起こる前にあらかじめわかりやすい形式で教示すべきである．

社会法典第二編第三一条第三項による度重なる義務不履行時の諸制裁は、かつての連邦社会扶助法と比べて二つの点において異なる．一方では，労働を拒否して制裁の第二段階に至った場合，連邦社会扶助法ではさらなる減額または扶助の全額撤廃も可能であった．しかし，他方では，社会扶助実施者の裁量判断を前提条件とし，連邦社会扶助法第二五条第三項では，扶助の停止または制限により家族に負担がかかるのは，できる限り避けるようになっていた．この規定によって，扶助受給者に対する給付制限に限度が定められていた．なぜなら，これらの措置は当事者の負担だけでなく，その家族の負担にもなることが経験上多かったからである（BVerwGE 29, 99）．このような場合，家族のための扶助という原則により，当事者以外の家族にも負担をかけるような給付制限を行うのは禁じられたのである．これに対して，社会法典第二編第三一条にはこれに相当する制限規則がみられない．したがって，社会法典第二編の扶助受給者の給付減額による家族への悪影響を緩和できるのは現物給付の支給しかないことになる．

(3) その他の制裁

社会法典第二編第三一条第四項の定めるところによれば，社会法典第二編第三一条第一項および第三項による制裁は，就労可能な要扶助者が左記のいずれかのような場合にも可能である（Steck/Kossens 2005：132, 2008：148）．

- 満一八歳に達した後，失業手当Ⅱの請求権ないしは引き上げを意図して，故意に収入や資産を減らしたとき
- 法律効果についての教示にもかかわらず，浪費的な態度をとり続けるとき
- 請求権が停止期間のため失効中または消滅したので，失業手当Ⅱを受給できないとき
- 失業手当Ⅱの請求権の停止または消滅理由となる停止期間開始要件を満たしているとき

社会法典第二編第三一条第四項の要件は，連邦社会扶助法第二五条第二項と関連している．しかし，連邦社会扶助

法によれば、扶助が制限されても生計に不可欠な部分は残されるべきであり、したがって、特殊なケースでは減額が不可能であった．社会法典第二編第三一条第四項は、社会法典第二編第三一条第一項および第三項と関連して、扶助受給者の給付減額を例外なく定めている．そのため、扶助受給者やその家族にとって負担の少ない他の措置、たとえば、支給を毎月ではなく毎週にすることができないかどうかを確かめる必要がある．しかし、社会法典第二編第三一条第三項第四文も連邦社会扶助法第二五条と同じく、度重なる義務不履行の場合には、金銭給付ではなく現物給付、または現金の代わりに商品券の支給を定めている．なぜなら、制裁の目的は扶助受給者の処罰ではなく、義務に反する行動をやめるきっかけを与えることにあるからである（W. Schellhorn/H. Schellhorn, BSHG, §25 Rz.31）．

(4) 一五歳以上二五歳未満の就労可能な要扶助者に対する特別規定

社会法典第二編第三一条第五項には、一五歳以上二五歳未満の就労可能で扶助を必要とする青少年を対象とする特別規定が含まれている．この人たちは社会法典第二編第三一条第一項および第四項による義務不履行があれば、求職者基礎保障による金銭給付はもはや受給できなくなる．また補足的な生計扶助に対する請求権も持たない．このような場合には、住居と暖房の費用だけが引き受けられて、定期的に貸主に直接支払われる．しかし、この場合には、求職者基礎保障の実施者から補足的な現物給付または金銭価値のある給付（たとえば、食料品商品券）が支給される（SGB第二編第三一条第五項第二文、第三項第三文）．一五歳以上二五歳未満の就労可能な要扶助者に対する特別規則により、若者層の長期間にわたる失業は初めから回避が可能になる．このことは結局、社会法典第二編第三条第二項に給付の原則として明記されている．これによれば、まだ二五歳にならない就労可能な要扶助者には、本編に定める給付申請後、遅滞なく仕事または教育訓練・臨時労働が斡旋されなければならない．一方、国は若年層の就労を義務付け、他方では厳しい制裁を敷くことになる．

一五歳以上二五歳未満の就労可能な要扶助者に対する特別規則から除外されるのは、社会法典第二編三一条第二項による義務の不履行、すなわち、各種連絡不履行である．これらの義務不履行にあたっては、就労可能な要扶助者といえども、失業手当Ⅱの減額と失業手当Ⅱの受給に関連する期限付きの加算停止がとられるに過ぎない．

(5) 「重大な理由」が存在する場合に給付減額を行わないことについて

就労可能な要扶助者が自分の行動について、重要な理由があることを証明する場合、制裁は行われない（SGB第二編第三一条第一項第二文、第二項）．社会法典第一〇編第二〇条とは異なり、社会法典第二編では、扶助受給者がこの重要な理由を証明しなくてはならないと定められている．この立証責任転換は、実情にあっているように思われる．なぜならば、扶助受給者の個人的領域に属する理由が問題だからである．これと比較できる規則が、社会法典第三編第一四四条第一項の停止期間についてみられるが、失業者の説明・立証責任は、「失業者の領域または責任領域にある」理由に限るという明確な制限がついている．(5)

連邦社会裁判所は「重要な理由」というあいまいな法概念を、停止期間を規定するという目的に関連して具体的に述べている．(6)それによれば、個々のケースの状況をすべて考慮し、被用者が保障される世帯の利害と比較検討し、被用者に他の行動が要求できる場合に限り、停止期間が認められる．この基準は社会法典第二編第三一条の示す概念「重要な理由」の解釈にも適用できるだろう．これと矛盾せずに、連邦雇用エージェンシーの表明においても、要扶助者の利害が公共の利害を上回る場合には、重要な理由が認められる．社会法典第二編第一〇条の示す就労要求可能性に

(5) vgl. hierzu Voelzke in Spellbrink/Eicher, § 12 Rdnr.337ff.
(6) BSG SozR3-4100 § 119 Nr.16.

関して、当該者に義務付けられている相当な要求を顧慮すれば、重要な理由が雇用エージェンシーから認められるのは、例外的なケースに限られるであろう.

ある仕事の委託または就労拒否に対し、連邦雇用エージェンシーの「求職者基礎保障についての重要なアドバイス」によれば、重要な理由として認められるのは次のような場合である.

・就労により三歳未満の子どもの養育が脅かされる恐れがあること.
・家族の介護が就労と両立できず、かつ他の方法では介護が保障できないこと.
・ある特定の労働への就労が当該者にとって身体的、知的、精神的に不可能であること.
ただし、次の場合には重要な理由とはみなされない.
・新しい勤務地までの距離が増え、前よりも時間がかかる.
・今までより不利な労働条件の仕事が斡旋された.
・その職業が当該者の従来の資格にふさわしくない.

(6) 減額期間

制裁は三ヵ月間続く.この期間中は社会法典第一二編による給付の請求権は生じない.給付の減額は、特定の義務不履行がこの間に終了したかどうかとは無関係であるとみなされる.なぜなら、労働する意思が明言されたり行動で示されたりした場合に、給付の減額を予定よりも早く打ち切ることについては、法律に定められていないからである.これに対し、連邦社会扶助法による制裁は、扶助受給者が咎められる行動をやめない期間に限られる.したがって、行動を改めて、制裁を終わらせるかどうかは扶助受給者自身が決める．社会法典第二編による給付については、三ヵ月以内に義務不履行が新たに行われる場合、三ヵ月の期間がまた始まる．この期間は最初の三ヵ月に続くか、部分的に重なり合うこともある．

2 社会手当の減額と停止

社会法典第二編第二八条による社会手当は、就労が可能で要扶助者と共に同一のニーズ共同体に生活している就労不可能な者が受給する．この人々に就労可能な扶助受給者の義務不履行の責任を負わせることはできない．社会法典第二編第二八条により、受給資格のある者自身が、社会法典第二編第三一条第一～三項の示す義務不履行を咎められる場合に限って、彼らの給付が減額される可能性がある（SGB第二編第三二条）．それは次のようなケースのいずれかが該当する場合である．

・管轄実施者と連絡を取るように、また場合によっては、医師または精神科医の診察を受けるように、という実施者の要請に応じない（SGB第二編第三一条第二項）．
・満一八歳に達した後、社会手当の請求権ないしその引き上げを意図し、故意に収入や資産を減らした者（SGB第二編第三一条第四項第一番）．
・法律効果についての教示にもかかわらず、浪費的な態度（たとえば、電話料金や電気代がいつも不当に高額）をとり続ける者（SGB第二編第三一条第四項第二番）．

社会手当受給者に対する医師または精神科医の診察予約日時を守るようにという要請については、この予約日時が社会手当受給者に重要な理由がないのに守られなかった場合、社会法典第二編第三二条、第三一条第二項による制裁は有効である．

社会法典第二編第三一条第三項第四文の定めるところによれば、ニーズ共同体に一八歳未満の子どもが生活している場合、給付減額に際して現物給付が支給される．その意図は、両親の一方が受ける給付の減額にあたって、減額時に子どもが打撃を受けるのは避けられないものであるが、できるかぎり子どもに影響を与えないよう留意すべきだということである．しかし、子ども自身の請求権は、社会法典第二編第三二条に限り有効である（Steck/Kossens 2005：135, 2008：151）．

三　第三者の義務

1　請求権の移転

社会法典第二編による給付は、要扶助性の存在を前提条件とする（SGB第二編第九条）．社会扶助法（SGB第一二編第二条）に法的に保障されている後順位性の原則の実現と同じく、求職者基礎保障にも（後順位性の原則、SGB第一二編第五条参照）、他の優先義務のある第三者に対する扶助受給者の請求権を管轄実施者が自らに移転できるようにする規定が必要である．それに加えて、給付受給のための前提条件を故意、または重大な過失により招いた者は、自分または家族に公共資金から返済義務なしに扶助が支払われることを期待してはならない．以上の理由で、従前の社会扶助法はすでに他者の義務と費用返還を定めていた．社会法典第二編第三三条から第三五条は、かなりの部分で連邦社会扶助法を拠所としている．

失業手当Ⅱまたは社会手当の受給者が、家族の一員またはその他の第三者（SGB第一編第一二条のさす給付主体ではない）に対し請求権を有する場合は、求職者基礎保障の実施者は他者に対する書面による通知によって、該当する扶助受給者の請求権を支給された給付額まで自らに移転させることができる（SGB第二編第三三条）．請求権の移転は、当該給付が適時に実施されたならば、生計費保障給付を行わなかったであろう範囲でのみ、これを実施することができる．この際、請求権が譲渡、担保権設定または差押えができないものであることは、請求権移転の妨げにはならない（SGB第二編第三三条第一項）．

社会法典第二編第三三条第二項により、求職者基礎保障の実施者は、民法上の扶養請求権、たとえば、離婚または別離扶養料、相続人に対する扶養請求権についても、支給した給付額まで移転させることができる．また、義務を負う者に対する扶養権の情報請求権も移転できる．この場合、ドイツ民法典（BGB）第一六一三条（過去に対する扶養）の要件の下では、過去に対する扶養請求権の移転も可能である．しかし、扶養を受ける権利のある者が、次の各号の一つでも当てはまる場合には、扶養請求権の移転が生じることがあってはならない．

・扶養義務者と同一のニーズ共同体で生活している場合．
・扶養義務者と親族関係にあり、かつ扶養請求権を主張しない場合．
・扶養義務者と親子関係にあり妊娠している場合．
・実の子どもを満六歳になるまで養育している場合．

社会法典第二編第三三条による請求権の移転に関する規定は、社会扶助法の原則に基づいている（SGB第一二編

第九三条以下）．しかし、社会法典第二編第三三条第二項第二番はかつての失業扶助の伝統を引き継いで（SGB第三編第一九四条第三項第一一番）、当事者が主張しない成年者の扶養請求権も、基本的に移転しないことを定めている（表2－4－2）．

第三者に対する書面による通知は、要扶助者に対して生計費保障給付が中断なしに支給される期間について請求権移転の効果を生じさせる（SGB第二編第三三条第三項）．ここでいう中断とは、二ヵ月を超える長い期間をいう．社会法典第一〇編第一一五、一一六条にいう使用者および損害賠償の義務を負う者に対する給付主体の請求権は、社会法典第二編第三三条第一項に優先する．すなわち、これらの請求権を求職者基礎保障の実施者は移転させることはできない（Hüttenbrink 2004：185）．

2 返還請求権

求職者基礎保障の実施者の請求権は、従前の社会扶助法に基づいている．返還請求権（SGB第二編第三四条）は、要扶助者のうち、満一八歳以上で、故意または重大な過失により自己の要扶助性、またはニーズ共同体に同居する者に対する要扶助性を、あ

表2-4-2　扶養返還請求

	失業扶助（2004年末まで）	失業手当Ⅱ／社会手当（2005年以降、一部経過規定を伴う）	社会扶助（2004年末まで）
扶養返還請求	（夫婦）パートナーの収入と資産を考慮 該当者の（成人した）子どもと両親の収入と資産は考慮しない 主張された扶養請求権は考慮される	（夫婦）パートナーの収入と資産を考慮 該当者の（成人した）子どもと両親の収入と資産は考慮しない （例外：子どもが25歳未満で最初の教育課程にある） 主張された扶養請求権は考慮される	（夫婦）パートナーの収入と資産を考慮 両親または子どもの収入と資産も考慮される

出所）Bäcker/Koch 2004：88-92.

るいは自己またはニーズ共同体に同居する者に対する生計費保障給付の支給を、特段の理由なしに招いた者に向けられている．義務を負う者が、生計費保障給付または第一二編による生活扶助に将来依存するようになるであろう限り、返還請求は見合わせられる．返還義務は相続人にも該当するが、その義務は相続開始時の遺産の価値に制限されている．返還請求権は基本的に、給付支給の暦年経過後三年で消滅する．

3 相続人の責任

相続人は、相続開始に先立つ一〇年間の給付が一、七〇〇ユーロの上限額を超える場合には、その給付に対し損害補償義務を負う．返還義務は、相続開始時点での遺産価値を限度とする．返還請求権は遺産の価値が一五、五〇〇ユーロ未満である限り、相続人が故人配偶者か親族であって、一時的ではなく故人の死亡まで故人と家計共同体で暮らし、かつ故人を介護したときは行使されない．返還請求権は、相続人に対する請求が、個々の場合の特性からして特別の苛酷さを意味するであろう限り行使されない．返還請求権は基本的に、給付受給者の死後三年で失効する．

社会扶助受給者の相続人は、社会法典第一二編第一〇二条により損害補償義務を負う．今後数年は、死亡した扶助受給者が初めに社会扶助、それから社会法典第二編による給付を受給したので、あるいは逆の順序で受給したので、相続人が両方の規定により義務を負うケースが増えてくるかもしれない．このようなケースでは、異なる控除額（一五、五〇〇ユーロ、SGB第二編第三五条第二項第一番または一五、三四〇ユーロ、SGB第一二編第一〇二条第三項第二番）を顧慮して、両方の規定間の区切りが問題になってくる．これに関連して、社会法典第一二編第三三条の妥当な葬祭料のための保険料を社会扶助実施者に引き受けてもらうことができるのは、社会扶助受給者の相続人にとっても意義深いであろう．そのような請求権は、社会法典第二編による給付受給者にはない（Hüttenbrink 2004：190）．

第5章 管轄・実施者と協力義務

一　概要

実施者の問題、つまり、どの官庁が失業手当Ⅱを管轄すべきかという問題は、ハルツⅣ立法手続きにおいて、もっとも激しく議論された問題であった．当事者からすると、どれだけのお金がどのような条件下で今後もらえるのか、という問題に比べれば、一見あまり重要でない問題かもしれないが、よくみてみれば、誰が失業手当Ⅱの実施者なのかについての決定は、扶助を求める者個人にとっても重要であることがはっきりする．

失業手当Ⅱは、連邦政府の見解によれば、より集中的なケアならびに集約された助成と要求によって、何よりも就労可能な扶助受給者を労働市場に復帰させるのが目的である．そのため、管轄官庁と現場で携わる者が法律の目的を十全に果たすことが、改革の成就にとって根本的に重要なことになる．

連邦雇用エージェンシーは、第一に管轄権を持つ官庁として、アドバイスや紹介、専門教育および発展教育の分野での経験が豊富であり、これらの分野は今後の失業手当Ⅱにとってとくに重要になる．だが、連邦雇用エージェンシーは九〇、〇〇〇人強の職員を抱えるマンモス官庁であるために柔軟性に乏しく、従来から中央集権的に運営されてきたという欠点がある．他方，地方自治体は，たとえば，債務者や中毒者向けのアドバイス，子どもの養育ならびに心理社会的業務といった付帯業務において，長年の経験があるという長所がある．しかし，地方自治体の活動範囲は必然的に狭い地域の枠内に限られていたので，地域外の職業斡旋や新規職場開拓においては経験がなかったり，乏しかったりする．調停委員会において見出された解決法により，六九の郡および郡に属さない市が自由に選択できるようになり，連邦雇用エージェンシーと自治体実施者の異なる着手方法を比較するチャンスが生まれた．そのため，六年の試行期間満了後，連邦雇用エージェンシーと自治体実施者が今後失業手当Ⅱを管轄すべきかどうか，管轄すべき場合には範囲をどのようにするか，決定されることになった（Steck/Kossens 2005：143）．

ハルツⅣにおける管轄分担は，二〇〇五年一月一日以降，次のようになった．新しい給付は通常（試行条項の方法による地方自治体の選択は除く）二つの給付主体，すなわち，連邦雇用エージェンシー（ＢＡ）および自治体実施者（州法により異なる規定がない限り，郡および郡に属さない市）から支給される．

二　実施者の責任

1　連邦雇用エージェンシー

連邦雇用エージェンシーは，既にみたように労働市場政策上の労働統合給付と生計費保障のための給付（失業手当Ⅱ，社会手当，追加需要，失業保険給付金受給終了後の期限付き加算，社会保険）を管轄する．

2　自治体・オプション自治体

自治体実施者は，住居と暖房のための給付，子どもの養育設備，債務者および中毒者に対するアドバイス，心理社

表2-5-1　オプション自治体

バーデン ＝ヴュルッテンベルク州	ビーベラッハ郡、ボーデンゼークライス郡、オルテナウクライス郡、トゥットリンゲン郡、ヴァルズフート郡
バイエルン州	エアランゲン市、ミースバッハ郡、シュヴァインフルト市、ヴュルツブルク郡
ブランデンブルク州	シュプレー＝ナイセ郡、ウッカーマルク郡、オーバーハーフェル郡、オストプリグニッツ＝ルッピン郡、オーデル＝シュプレー郡
ヘッセン州	マイン＝キンツィッヒ＝クライス郡、ヴィースバーデン市、マイン＝タウヌス＝クライス郡、フルダ郡、オーデンヴァルトクライス郡、マールブルク＝ビーデンコップフ郡、ホッホタウヌスクライス郡、フォーゲルスベルククライス郡、ヘルスフェルト＝ローテンブルク郡、オッフェンバッハ郡、ダルムシュタット＝ディーブルク郡、ベルクシュトラーセ郡、ラインガウ＝タウヌス＝クライス郡
メクレンブルク ＝フォアポンメルン州	オストフォアポンメルン郡
ニーダーザクセン州	オズナブリュック郡、パイネ郡、エムスラント郡、オステローデ・アム・ハルツ郡、オースターホルツ郡、グラーフシャフト・ベントハイム郡、レーア郡、フェルデン郡、オルデンブルク郡、ゲッティンゲン郡、ローテンブルク郡、ゾルタウ＝ファリングボステル郡、アンマーラント郡
ノルトライン ＝ヴェストファーレン州	ハム市、ミュールハイム・アン・デア・ルール市、シュタインフルト郡、コースフェルト郡、デューレン郡、エンネペ＝ルール＝クライス郡、ミンデン＝リュッベッケ郡、ホッホザウアーラントクライス郡、クレーヴェ郡、ボルケン郡
ラインラント ＝プファルツ州	ダウン郡、ジュートヴェストプファルツ郡
ザールラント州	ザンクト・ヴェンデル郡
ザクセン州	バウツェン郡、カメンツ郡、デーベルン郡、マイセン郡、ムルデンタールクライス郡、レーバウ＝ツィッタウ郡
ザクセン＝アンハルト州	シェーネベック郡、ヴェルニゲローデ郡、アンハルト＝ツェルプスト郡、メルゼブルク＝クヴェアフルト郡、ベルンブルク郡
シュレスヴィヒ ＝ホルシュタイン州	ノルトフリースラント郡、シュレスヴィヒ＝フレンスブルク郡
チューリンゲン州	イェーナ市、アイヒスフェルト郡

会的なケア、基準給付ではカバーされない一時需要（被服と住居の初めての設備調度費ならびに数日にわたる学校旅行）を管轄する．なお、自由選択の場合には、自治体が諸給付全体の実施者になるが、このオプション自治体の数は六九と定まっている[1]（表2－5－1参照）．

新しい社会法典第二編第六条aから第六条cの諸規則は、地方自治体選択のための試行条項の実施について充てられている．社会法典第二編による給付を受給する求職者の労働統合に際し、雇用エージェンシーと地方自治体の間のフェアな競争によって、さまざまな形の実施者が一定期間試される．そのような競争のおかげで、統合への様々なアプローチ、とりわけ地方自治体機構において発展したコンセプトを有効性という観点から比較できるようになった．

3　協同組織

社会法典第二編第四四条bは、当地の雇用エージェンシーと自治体実施者との間に、地域協同組織を設立することとしている．目的は、要扶助者のために共通の窓口を設けることである．協同組織は、雇用エージェンシーのジョブセンター（SGB第三編第九条第一項a）で設立される．これに伴い自治体実施者は、求職者基礎保障の枠内で義務を負う任務を、この協同組織に移転すべきであるとされ、雇用エージェンシーはこの任務移転を義務付けられている．協同組織は私法上または公法上の契約により設立が可能である（SGB第二編第四四条第一項）が、法律はその構成について最大限の自由を認めている．一つの地方自治体地区に複数の雇用エージェンシーがある場合には、管轄責任を負うものとして一つの雇用エージェンシーを指定する（SGB第二編第四四条第一項第二文）．

（1）Kommunalträger-Zulassungsverordnung（KomtrZV）vom 24. September 2004（BGBl. IS. 2349）．

協同組織には、任務を遂行するため、行政行為や異議申し立てに対する決定を公布する権利がある（SGB第二編第四四条第三項第三文）．協同組織の監督は、管轄州最高官庁が連邦経済雇用省の了解を得て行う（SGB第二編第四四条b第三項）．雇用エージェンシーと自治体実施者は、知り得ている事実のうち他方の実施者の給付にとって重要である可能性のあるものはすべて伝達し合う（SGB第二編第四四条第四項）．

4　第三者委託

双方の実施者は援助を得るために、たとえば、福祉実施者、自治体雇用協会などの第三者に任務遂行を委託することができる（SGB第二編第一七、一八条）．州は、郡がその郡に属する市町村または市町村組合を参加させるに当たり、社会法典第二編による任務実施を執行し、指示を与えることができるかどうか、できるとすればどの程度までか、その可否および範囲を決定することができる．この場合、郡は異議申し立てに対する決定を出す（SGB第二編第六条第二項第一文）．ベルリン、ブレーメンおよびハンブルクの各州は、求職者基礎保障に関する官署の管轄権についての規定を州の特殊な行政構造に合わせて調整する権限がある（SGB第二編第六条第三項）（Steck/Kossens 2005：155）．

三　実施者をめぐる状況

社会法典第二編の実施者に関しては、未だ先の見えない問題となっている．それは、第一に協同組織における雇用エージェンシーと自治体の共同関係のあり方とイニシアティブの所在、第二に協同組織かオプションかの選択の問題にあると考えられる．まず、協同組織における雇用エージェンシーと自治体の共働をめぐっては、連邦雇用エージェンシーと自治体の指揮命令系統の混在と協同組織としての意思決定システムの弱さがしばしば問題となっていた(2)．法施行直後の混乱を解決するため、連邦経済雇用省、連邦雇用エージェンシー、ドイツ都市会議、ドイツ市町村同盟は協同組織における運営についての協定を結んだ．

この枠組み協定は、協同組織の執行体制における権限関係の整理と明確化を図るもので、協同組織の実施者総会(Trägerversammlung)は自治体と雇用エージェンシー双方からの代表者によって構成される協同組織の最高意思決定機関である．そこでの両者からの代議員構成の如何によっては協同組織に対する双方の影響力が異なってくるのであるが、たとえば、協同組織の職員構成でみると、五四パーセントが雇用エージェンシー、四六パーセントが自治体という比率となっており、代議員数をこの比率で割り振るとすれば、自治体が協同組織の意思決定においてイニシアテイブを発揮することはできない．枠組み協定では、この問題をクリアするために、自治体が一定の基準を満たした場合には、自治体側から過半数の代議員を送ることができるものとした．

しかし、実施者総会で自治体が過半数を握ったとしても、それを通じて連邦雇用エージェンシーに対して影響力を及ぼしうるか否かはまた別の問題である．とりわけ地域構造問題を抱え、失業率の高い地域においては、自治体が協同組織を通じて地域雇用市場に影響を及ぼす余地は限られている．「要は連邦雇用エージェンシーによる集権的コントロールが強いあまり、実施者総会での過半数は自治体の政策的余地を拡大することにならない、というのが実態と考えられる」(武田 2007：165)．

また、実施体制の問題として、受給者の増加に対して職員配置が追いついていない状況は一般的に指摘されている

(2) 私どもの聞取り調査でも、協同組織内部の職員が出身所属の違いにより、失業者に対する姿勢が異なっていた．そうした行政文化の違いから協力体制が十分ではないということが指摘されていた(マルティンルター大学社会人類学研究所・鹿児島国際大学大学院福祉社会学研究科(二〇〇五)『ドイツハルツⅣ調査報告書』)．

ことであるが、職員配置については、職員一人当たりの担当件数の上限を、給付担当職員と斡旋担当職員のそれぞれについて、各実施者が定めることになっているので、「受給者の労働市場への統合における実績についても相違が生じている」（武田 2007：166）.

四　協力義務

要扶助者、使用者ならびに第三者には、社会法典第二編第五六条から第六二条による協力義務があり、その義務の中には不履行による損害賠償の義務が生じたり、法律違反になったりするものもある.

1　要扶助者の義務

就労可能な要扶助者が生計費保障のための給付を受給または申請した場合は、次の協力義務が生じる.

(1)　社会法典第一編第六〇条以下の協力共通義務

要扶助者とニーズ共同体の構成員は、とくに次の義務を負う.

・原則として給付にとって重要であり、質問用紙で尋ねられている事実をすべて申告すること.
・管轄給付主体の要請に応じて、第三者による必要な情報の授与に同意を与えること.
・管轄実施者の要請に応じて、必要な証明手段（たとえば、証明書）の提出または提出に同意すること.
・給付にかかる状況の変更、とりわけ就労開始、就労状況、出産手当または類似の給付ならびに年金の申請または受給、新しい住所、結婚および婚姻に類似したパートナーシップの開始または別離、収入および資産状況またはパートナーの収入および資産状況の変更、資産収入または税返還の流入などは、遅滞なく届け出ること．状況の変更にもかかわらず、正しく完全に、しかるべき時に届け出る義務を履行しなかった場合は、社会法典第二編により法律違反と判定され、五、〇〇〇ユーロ以下の罰金に処せされる．協力的でない時は、社会法典第一編第六六条第一項により給付廃止または取り上げに至る場合もある．[3]

(2) 届出の共通義務（SGB第三編第三〇九、三一〇条に関連してSGB第二編第五九条以下）

― 雇用エージェンシーの要請に応じて、特定の目的（職業アドバイス、実習または仕事の斡旋、能動的職業助成給付の準備、給付手続きにおける決定準備、請求権前提条件の存在審査）については、原則として決められた日と決められた時間に面談に来ること、または医学的心理的診察の日時に訪れることなどの義務がある．これは異議申し立て期間や裁判手続きにも該当する．要扶助者が書面による法律効果の教示にもかかわらず、これらの義務のうち一つでも履行せず、それに対する重要な理由を自らが証明しなければ、失業手当Ⅱは段階的に減額される．このような結果を避けるためには、支障が起きたらすぐ届出がなされるべきである．

― 要扶助者は、転居する場合、管轄雇用エージェンシーに遅滞なくこれを届け出なくてはならない．

(3) 就労可能時の届出義務

― 就労可能状態になった時ならびにその予想期間について、雇用エージェンシーに届け出ること．医師が就労可能であると認めた時には、その予想期間についての証明書を、三暦日が過ぎないうちに提出する義務がある．連邦雇用エージェンシーによれば、就労可能状態になった時は遅滞なく届け出るべきであり、故意または重大な過失によ

(3) vgl. BA-Merkblatt, S.51 sowie Alg Ⅱ-Antragsformulare, Zusatzblatt Veränderungsmitteilung.

り届出義務を怠った場合には、給付が中止されることもある（BA-Merkblatt, 51）.

(4) 収入証明書の提出義務

経常的金銭給付を申請し、受給している要扶助者が、報酬を得てサービスや労働を提供する場合、使用者・発注者は遅滞なく所定の収入証明発行用紙を提出する義務がある（ＳＧＢ第二編第五八条第二項）．法律がここで対象とするのは、サービスと役務の提供に限られている．故意または重大な過失による提出義務の不履行は、法律違反であり二、〇〇〇ユーロ以下の罰金に処せられる．

2 使用者の情報提供義務

要扶助者の使用者は、雇用エージェンシーの要請に応じ、給付請求権についての事実に関して、労働条件の終了と終了理由についての申告も含めて、情報を提供しなくてはならない（ＳＧＢ第二編第五八条第二項）．ここで対象となるのは、社会法典第三編第三一二条による雇用証明書、たとえば、仕事内容、労働報酬およびその他の金銭給付など、広範囲にわたる情報の提供である．この規定の対象は使用者に限られているため、把握されるのは雇用関係のみであり、フリーの就業またはその他の基盤に基づく仕事は把握されない．この義務に対し、故意または重大な過失による不履行は、損害賠償の義務が生じ、二、〇〇〇ユーロ以下の罰金に処せられる．

社会法典第二編の経常的金銭給付を受給し、または申請した要扶助者を、対価を渡して雇用する使用者、または報酬と引き換えに仕事を委託する者は、この要扶助者が給付を申請し、受給する期間の間、仕事の内容と期間、対価または報酬額について証明する義務を負う．これらの者は、証明書は遅滞なく発行し、要扶助者に交付する．証明書には、雇用エージェンシーが定めた用紙を使用し、この用紙を遅滞なく提出する義務がある．

故意または重大な過失による証明義務の不履行は、損害賠償請求権につながることもありうる（SGB第二編第六二条第一番）．また、故意または重大な過失による証明義務ないし交付義務の不履行は法律違反であり、二、〇〇〇ユーロ以下の罰金に処せられる．

給付受給者の使用者、あるいは自営業の発注者は、任務の遂行に必要な場合には、要請に応じて雇用エージェンシーに営業簿、営業資料、証明資料ならびに在宅労働者のリスト、対価リスト、対価証明資料を調べさせる義務を負う（SGB第二編第六〇条第五項）．このことは、給付の申請者、受給者、受給したことのある者、または第三者が資料を所有している場合もそうした義務を負う．資料の引渡し、模写・複写を要請することができない．故意または重大な過失による情報提供義務の不履行は、法律違反であり、二、〇〇〇ユーロ以下の罰金に処せられる．これに対して、社会法典第二編第六二条による損害賠償の義務は、この項が「情報提供義務」の不履行を罰するに過ぎないため生じない．

3　第三者の情報提供義務

収入状況・資産状況を顧慮するとき、特定の情報提供義務が第三者に生じる（SGB第二編第六〇条）．定められている審査権は、社会法典第一〇編第二〇条以下、第九八条以下の一般規則を補足、または排除し、適切性の枠内に限り有効である．すなわち、個々の場合の重要な事実を明らかにするためには、原則として審査がどうしても必要であるが、そのためには要扶助者自身が、優先的に審査に協力しなければならない．情報提供義務を負う者またはその身近な者が、法律違反または犯罪行為により告訴される危険がある場合には、情報は提供されなくてもよい（SGB第一〇編第九八条第二項第二文、第九九条第三文）．

要扶助者に、要扶助性審査の枠内で考慮すべき給付（たとえば、生計費）を支給する者は、雇用エージェンシーの任務遂行に必要な場合には、要請に応じて雇用エージェンシーに、この点に関する情報を提供する義務を負う（任意給付または不明確な法的状況に基づく給付についてはSGB第二編第六〇条第一項、給付義務のある場合はSGB第二編第六〇条第二項）．扶養義務の確定は、ドイツ民法典（BGB）第一六〇五条第一項の情報提供義務に関連する（Steck/Kossens 2005 : 161）．

要扶助者のパートナー（配偶者、人生パートナー）の収入と資産を活用すべき場合は、パートナーは要請に応じて、雇用エージェンシーに、この点についての情報を提供する義務を負う（SGB第三編第三一五条第五項第一番に基づいているSGB第二編第六〇条第四項第一番）．

要扶助者の預金を預かっていたり、資産を保管したりする者（とくに金融機関ならびにすべての投資形式の保険）は、それに関連する収入または資産について、必要な場合に情報を提供する義務を負う（SGB第二編第六〇条第二項）．そのためには所定の用紙に記入する．要扶助者のパートナーの収入と資産を活用すべき場合には、この情報提供義務はパートナーの収入と資産にも適用される（SGB第二編第六〇条第四項第二番）．当該者にはこの点に関して、補償請求権が認められる（SGB第一〇編第二一条第三項第四文）．

故意または重大な過失によるこれらすべての義務の不履行は、損害賠償の義務を生じ（SGB第二編第六〇条第二番）、二、〇〇〇ユーロ以下の罰金に処せられる．

4 労働統合給付における情報提供義務

労働統合措置の実施者は給付が正当に支給され、または実施されているかどうか、そしてどの程度正当であるかについて解明するような事実について、雇用エージェンシーに遅滞なく情報を提供する義務を負う．故意または重大な過失によるこの義務の不履行は、法律違反であり、二、〇〇〇ユーロ以下の罰金に処せられる．また、労働統合措置の実施者は給付にとって重要な変更事項がある時には、それを遅滞なく雇用エージェンシーに伝達しなくてはならない．

労働適応対策参加者は、雇用エージェンシーの要請に応じて、適応措置の成果についての情報、適正試験を始めとしてその他のすべての情報を提供し、その実施者による成果の評価を受け入れる義務を負う（SGB第二編第六一条第二項）．実施者は、自己による参加者の評価を遅滞なく雇用エージェンシーに届け出なければならない．

5　データ収集についての経過規定

失業扶助、引揚者に対する社会統合扶助、または社会扶助を受給する要扶助者、ならびにこれらの者とニーズ共同体で生活している者についての必要な届出のための実施者によるデータの収集は二〇〇四年八月一日以降からすることができる．そして遅くとも二〇〇四年一〇月一日以降は必ずデータ収集しなくてはならない（SGB第二編第六五条第一項）．

第三部　社会扶助制度

第1章 社会扶助法の諸原則

ドイツの社会保障制度は保険原理、援護原理および扶助原理に分けて説明できるが、その中の扶助原理に基づく代表的な制度が社会扶助である．社会扶助は自らの収入および資産によって生計を維持できない者あるいは生活困窮をもたらす特別な事情がある者に対して、民法上の扶養義務や他の社会保障給付を補足し、すべての者に対して、緊急避難的に人間の尊厳に値する最低限度の生活を保障する最後のよりどころとして重要な位置づけが与えられている．

社会扶助法（ＳＧＢ第一二編）は、わが国と同様、その運用や解釈についての指針となる基本原則が定められている．その原則は両国ともに共通性がみられるが、基本的な点での重要な相違もみられる．その最大なものは、制度の運用と責任主体である．わが国の生活保護が国の業務とされ、保護費の四分の三が国庫負担とされているのに対し、ドイツの社会扶助は市と郡という地方自治体の任務とされ、これに州が加わって実施し、連邦政府は大枠を定めるだけで、費用についても負担しない（田中 2007：202）．このほか、保護の開始がわが国では申請主義であるのに対し、ドイツでは職権開始とされていることも異なる点である．ここでは、そうしたことを念頭に、ドイツ社会扶助法の基本原則

（1）基本原則については、Hüttenbrink 2004：66を参照．

をみておきたい(1)。

一　人間の尊厳にふさわしい生活の確保

社会法典第一二編第一条第一文は、基本法の第一条（人間の尊厳・基本権による国家権力の拘束）に由来している。この法律（SGB第一二編）の冒頭では、社会扶助の任務は扶助受給者に「人間の尊厳にふさわしい生活」（menschenwürdigen Dasein）を営むのを可能にすることである、と重ねて明確に強調している。いうまでもなく、この法律上の規定は一般条項的な表現であり、解釈と注釈が必要である。人間の尊厳にふさわしい生活が各々のケースで何を意味するのか、法律ではさらに詳しい説明はなされていない。この概念をもっと具体的に定めるには、正当公正に考えている人々すべての文化的構造や慣習的構造、法の秩序、感情全体をなんとしても考慮に入れるべきである。人間の尊厳という概念は、他人ではなく自分自身の利益と目的のために人間に当然与えられる価値である、と言い換えることができる。その際、この概念は立法機関だけではなく法廷によっても明確に規定される。人間の尊厳は個人、すなわち、給付受給資格のある人物の価値、およびその存在や身体的安全、個人の自由に対する権利、教育および授業、職業選択、生業可能性、居住地の選択の自由、その他に対する権利をも意味する。人間の尊厳は、個人を国家に従属させるような措置を禁ずる。したがって、社会扶助は各々の人間の尊厳を守り、各々に社会生活への参加を可能にするべきである。扶助を求める者が、受給資格のない者と同じ環境で、社会扶助に依拠しない者の生活に比べ、遜色のない生活を営めるようにするべきである。「人間の尊厳の実現は国家機関の行動すべてにおける基準」である（Hüttenbrink 2004 : 67）。

二　自助のための扶助

社会法典第一二編第一条第二文には、社会扶助は可能な限り、受給資格者が社会扶助に頼らずに生活できるようにするべきである、と規定されている．すなわち、社会扶助は通常、困難な状況が後々まで取り除かれ、受給資格者が扶助を必要としなくなるように計画されるべきである．「自助のための扶助原則」（Hilfe zur Selbsthilfe）は、①相談、援助、促進（SGB第一一条）、②予防的保健扶助（SGB第一二編第四七条）、③障害者の社会統合扶助（SGB第一二編第五三条より第六〇条）に深く関わる．

三　後順位性

「社会扶助の後順位性原則」（Nachrang der Sozialhilfe）とは、「助成原則」（Subsidiaritätsprinzip）とも表記され、わが国の生活保護法の補足性原理に相応する原則である．同法第二条第一項では、必要な援助を自助が可能な者、または第三者、とくに家族員や他の社会給付実施者から受ける者には社会扶助を支給しないと規定し、したがって、社会扶助は自助あるいは第三者側からの扶助が不可能な時に限って行われるものであることを示している．しかし、このことは現に生活に困窮している場合に、第三者からの援助が提供されていないにもかかわらず、社会扶助の不支給を容認するものではない（上田 2004：73–83）．なぜならば、社会扶助は生活困窮の原因を問わず、要扶助者の現在の状況に対応して支給されるものだからである．仮に優先されるべき給付請求権が存する場合であっても、それが実現可能でない場合は、社会扶助が即座に対応すべきことになる．この意味では、社会扶助の後順位性原則は、しばしば先順位に転じることになる．

後順位性原則は労働能力の活用、所得や資産の活用、第三者の扶助の活用などに帰結するが、次にこれらについてみておきたい.

1　自己労力の活用

法制度の再編成により、就労可能な要扶助者が新しい給付金である失業手当Ⅱに移行したため、以後生計扶助が受けられなくなったことを考慮すると、社会法典第一二編の成立にあたって、一般労働市場への統合を結果としてめざす従前の労働扶助規定（以前のBSHG第一八条より第二〇条）を保持する必要はなくなった. 法律の現在の全体構想に従えば、原則として就労が不可能な者のみが社会扶助を受給するので、法律の論理に基づけば、こうした規定を設ける必要はない. しかし、就労不可能な受給資格者にも、仕事（毎日三時間まで）に専念し所得を得る可能性があるので、社会法典第一二編第一一条第三項第二文および第三文では、社会扶助実施者は受給資格者が就労可能になるために、その者の就労を支援しなければならない、と定めている（田畑 2006a：70）. 受給資格者が就労により収入が得られる場合には、受給資格者はそうするよう義務付けられている. さらに受給資格者は、そのための必要な措置に参加しなくてはならない. しかし、次のような場合には、受給資格者に就労を要求してはならない（SGB第一二編第一一条第四項）.

・稼得能力の減退あるいは疾病、障害のため、あるいは介護を必要とするために仕事ができない時、あるいは
・法定年金保険の規定による年金受給年齢に達しているか、それを超えている場合（現在は六五歳）、あるいは
・その他の重要な理由で就労できない時

重要な理由の一つとして、就労により子どもに適切な教育ができなくなる場合があるが、その場合には受給資格者に就労を要求することはできない．しかしながら、子どもが満三歳以上の場合、保育施設あるいは昼間在宅養育により子どもの世話が保証される限り、原則として、子どもの教育がおびやかされることはないと考えられている．独りで子どもを育てている者に対しては、優先して子どもの日中の世話が受けられるよう社会扶助実施者は配慮すべきである．受給資格者が家政のため、あるいは家族の介護のために、定められた仕事ができないなど、個々のケースにおいては就労が不可能な場合があるが、しかし、義務に反して就労を拒んだ場合、社会法典第一二編第三九条により給付が制限されることもありうる．

2　収入と資産の活用

受給資格者に収入あるいは資産がある限り、その者は（補足的な）社会扶助を受ける前に、その収入や資産を優先的に活用しなくてはならない（収入と資産の活用についての詳細は、第二部第三章を参照のこと）．

3　第三者扶助と資産の活用

「第三者扶助」（Hilfe von Anderen）とは、法人あるいは自然人のすべての援助だけではなく、第三者の個人的な援助をも指し、金銭給付に限らず、現物給付をも含むものである．第三者の扶助の理由が法的義務なのか、道徳的義務なのかは関係がない．したがって、社会給付受給資格者はどの場合にも、特定の事柄に対して法的に第三者に請求できるかどうか、できるとすれば、どの程度まで可能であるかを吟味しなくてはならない．次のような請求権行使もこの点に関連する．

・扶養請求権
・その他民法上の請求権（たとえば、遺留分に対する権利、贈与者としての返還請求権、損害賠償請求権など）
・その他の公的な社会給付（たとえば、年金保険給付の申請、児童および少年援助法（SGB第八編）による給付、生活費前払い法による給付、健康保険給付、住宅手当、児童手当、失業者保険給付金など）

すなわち、社会給付受給資格者は、社会扶助実施者に請求する前に、生活費を自らで確保するために、ありとあらゆる可能性（たとえば、世帯構成員に対する扶養訴訟のように、裁判に訴える措置の開始も含めて）を試みる義務がある.

四　個別性の原則

社会法典第一二編第九条の「個別性の原則」（Prinzip der individuellen Hilfe）によって、社会扶助の支給は各々のケースや個人に応じた支給であることが強調されている. それ故、扶助の種類および方法・程度は、各々のケースの独自性、とりわけ受給資格者の人物およびその需要の種類、地域の事情に従う、と定めている（SGB第一二編第九条第一項）.

給付の形態に対する受給資格者の希望は、それが適切である限りかなえられなくてはならない（SGB第一二編第九条第二項）. 社会扶助実施者は、その希望の実現が過度の超過出費を伴う場合には、希望をかなえる必要はない. 受給資格者の希望を適切に配慮するのは、基本法第二条第一項に保障された人格権および基本法第一条の人間の尊厳の現われである. しかしながら、受給資格者に選択権があるのは扶助の具体化の方法についてのみであり、社会扶助実施者より実際に許可を得た扶助方法の実現に限られる．

受給資格者の望む扶助を具体化する方法は、困難な状況に直面して、当該者の個人的境遇をあらゆる面から考慮して、目標達成に必要でふさわしいものでなければならない．この際、厳密に客観的な基準によって、一方では費やされた資産および措置、他方では得られた成果のこの両者の間に、適切なバランスが備わらなくてはならない．受給資格者の希望の適切さの問題では、その希望がよりコストの安い、より費用の少ない方法で可能かどうか、たとえば、ホーム入所に対する居宅扶助の優先性について、考える必要がある．扶助は、可能な限り営造物やホームあるいは同種の施設の外で支給されるべきであるが、入所的扶助が適切で、かつ外来扶助が過度に超過出費を伴う場合は、この限りではない（ＳＧＢ第一二編第一三条第一項第四文）．その際には、個人および家族の事情、地域の事情が適切に考慮されるべきである（ＳＧＢ第一二編第一三条第一項第六号）．他の方法が期待できない場合には、費用の比較は行うべきではない．

予防とリハビリテーションは優先される（ＳＧＢ第一二編第一四条）．社会扶助は、間近に迫る困難な状況を完全にあるいは部分的に避けることが可能になる場合には、予防的に支給される（ＳＧＢ第一二編第一五条第一項）．前の給付の効果を確かめる必要がある場合には、困難な状況を克服した後にもアフターケア的な給付が支給される（ＳＧＢ第一二編第一五条第二項）．

個々に適合させるためには、社会法典第一二編第一六条にも規定されている通り、「家族事情に適した扶助」（familiengerechte Hilfe）がめざされるべきである（Hüttenbrink 2004：71）．

五　法律上の扶助請求権

1　しなければならない給付・するべきである給付・することができる給付

「しなければならない給付」（Muss-Leistungen）においては、社会扶助実施者がいかなる状況であろうと（たとえ財政資金に余裕がなかろうと）、給付を支給する義務がある．

「するべきである給付」（Soll-Leistungen）は、通常の場合はしなければならない給付である．しかし、個々のケースにおいて典型に当てはまらない状況である場合には裁量による．この典型に当てはまらない状況を社会扶助実施者は説明し、証明しなくてはならない．

「することができる給付」（Kann-Leistungen）においては、社会法典第一編第三九条に基づく義務に従った裁量により、社会扶助実施者が決定しなくてはならない．実施者が裁量を放棄した場合は、裁量放棄という裁量過失を犯すことになる（「裁量不足」）．他の裁量過失には法的制限を侵す裁量超過と、目的に反して裁量を行使する裁量過失行使がある．裁量規範が個人の保護を目的とする限り、義務に従った裁量行使に対し、法律上の請求権が生じる．

給付基準の要件を満たした者には、誰でも請求権がある．この基準となるのは、生計扶助では社会法典第一二編第一九条第一項、「老齢・障害等基礎保障」では社会法典第一二編第四一条に関連して第一九条第二項、保健扶助では社会法典第一二編第四七条に関連する第一九条第三項、社会統合扶助では社会法典第一二編第五三条に関連する第一九条第三項、介護扶助では社会法典第一二編第六一条に関連する第一九条第三項、特別な社会的困難を克服するための扶助では社会法典第一二編第六七条と関連する第一九条第三項、その他の異なる境遇における扶助では社会法典第一二編第七〇条と関連する第一九条第三項である．

ニーズ共同体内の個人も、それぞれが給付受給資格を持つ．子どもにも請求権は認められているが、法的行為が可能でないうちは、自らの意思で請求権を行使することはできない．「しなければならない給付」に対する法律上の請求権は、給付しなければならないと定められている限り成立する．形式と金額（「種類と量」）については、社会扶助実施者が裁量により決定する（SGB第一二編第一七条第二項第一文）．形式（種類）としてはサービス給付、金銭給付、あるいは現物給付がある（SGB第一二編第一〇条第一項）．この場合の金銭給付は、現物給付に優先する．商品券は現物給付に含まれる（SGB第一二編第一〇条第三項）．法律自体が裁量を排除している場合には、裁量決定ではなく、拘束力のある決定が下される（SGB第一二編第一七条第二項第一文）．たとえば、基準額（SGB第一二編第二八条）、住居および暖房のための給付（SGB第一二編第二九条）、ならびに追加需要加算（SGB第一二編第三〇条）、介護扶助（SGB第一二編第六四条）の場合がこれに当てはまる．金銭給付の代わりの現物給付支給は、金銭給付が目的に反して消費されると想定される場合には、裁量過失にはならない（表3－1－1）．

裁量決定（すなわち、「できる－規定」あるいは「するべき規定」）に際して行政官庁は、そもそも行動する必要があるのかどうか、ある場合にはいつ、どのようになされるべきかを責任をもって決定する．立法機関が規定に従って、より有利な、あるいはより負担のかかる行政官庁行為の裁量決定発布に対する権限を容認した場合、官庁の決定の余地が法律で認められているにもかかわらず、官庁の決定は法律が規定しない範囲では行われない．官庁は法律に制限されている（基本法第二〇条第三項第三号）ので、官庁の裁量の行使も、法律と憲法によって定められた法律の一般的な制限に従う．裁量決定に際して当局は第一に、実情を完全にしかも正しく確かめなくてはならない．勝手気ままな行動は許されない．正確に言えば、決定にあたって法律規定の認識できる目的を考慮する義務がある（SGB第一編第三九条を参照）．当局は基本権として守られている当該者の権利や、第三者の基本権を侵してはならない．とりわけ

表3-1-1　社会法典第12編による「しなければならない給付」「するべきである給付」「することができる給付」一覧

しなければならない給付	するべきである給付	することができる給付
1．生計扶助［第19条第1項第1文による給付（一時需要のための給付も含む）］ 2．「老齢・障害等基礎保障」（第41条第2項に関連する第19条第2項による給付） 3．保健扶助（第47条から第52条に関連する第12編第19条第3項に基づく給付） 4．障害者のための社会統合扶助（第54条、第55条に関連する第19条第3項に基づく給付） 5．介護扶助（第61条、第64条、第65条に関連する第19条第3項に基づく給付） 6．特別な社会的困難を克服するための扶助（第67条に関連する第19条第3項に基づく給付） 7．視覚障害者扶助、その他異なる境遇における扶助（第72条、第73条、第74条に関連する第19条第3項に基づく給付）および葬祭扶助の引き受け	1．住居を失う恐れに際し生計扶助の枠内での負債引受（第34条第1項第2文） 2．生計扶助の枠内での貸付としての不可避の需要に対する補足的給付（第37条第1項に基づく給付） 3．家政継続給付または老齢扶助など、その他異なる境遇における扶助（第70条または第71条に関連する第19条第3項に基づく給付）	1．以下の扶助による外国人のための扶助（第23条第1項第3文に基づく） ・予的保健扶助（第47条） ・家族計画扶助（第49条） ・不妊手術時の扶助（第51条） ・社会統合扶助（第54条、第55条） ・特別な社会的困難を克服するための扶助（第67条、第68条）、その他異なる境遇における扶助（第70条から第74条） 2．生計扶助の枠内における住居入手費用および賃貸保証金（第29条第1項第7文） 3．生計扶助の枠内における任意健康保険および介護保険保険料（第32条第2項および第3項）ならびに老齢保障保険料（第33条） 4．生計扶助の枠内における家賃および光熱費の負債の引受（第34条第1項第1文） 5．生計扶助の枠内における暫定的窮境に際する給付（第38条第1項） 6．基礎保障の枠内における不可避の需要に対する補足的給付（第42条第2項） 7．社会統合扶助 ・障害の著しくない者に対する扶助（第53条第1項第2号）およびその他の作業所における扶助（第56条） 8．介護者の介護に対する扶助および介護者のための老齢保障（第65条第1項第1号） 9．その他の境遇における扶助（第73条）

出所）Klinger/Kunkel/Peters/Fuchs 2005：62.

基本法第三条の差別禁止によって，当局の行動の自由裁量余地は制限されている．そのほかに，官庁の決定はバランスの取れたものでなければならない．市民には裁量ミスのない決定を求める請求権がある．

2　外国に居住するドイツ人に対する社会扶助

原則として外国に居住するドイツ人は，社会扶助を受給できない（SGB第一二編第二四条第一項第一文）．しかし，社会法典第一二編第二四条第一項第二文により，自国への帰還が特定の法律上の理由で不可能であり，はなはだしい窮状があるために，個々のケースにおいて扶助が拒否できない場合には，この原則の例外として扶助を認めることができる．この場合は，社会法典第一二編第一八条とは異なり，申請書を出生地の広域実施者に提出するだけで支給される（SGB第一二編第二四条第四項）．しかし，社会法典第一編第三七条第二項により，社会法典第一編第一六条の規定はこれに影響されない．経過規定は，社会法典第一二編第一三二条第一項，第二項および第三項に列挙された人的グループが対象である（Klinger/Kunkel/Peters/Fuchs 2005：63）．

3　外国人に対する社会扶助の特別規定

社会法典第一二編第二三条第一項第一文には，連邦領域に滞在する外国人に対し給付すべきものとして，生計扶助，疾病時の扶助，妊産婦扶助，介護扶助が挙げられている．ここに挙げられていない扶助は，裁量により支給することができる（SGB編第二三条第一項第三文）．滞在法による定住許可または期限付きの滞在権限を持ち，継続的に連邦領域に滞在する予定の外国人は，第二三条第一項第一文の影響を受けない（SGB第一二編第二三条第一項第四文）．同様に社会法典第一二編第二三条第一項第一文の影響を受けないのは，社会法典第一二編第二三条第一項第五文に基づき、特別規定に該当する外国人である．移住の自由の成果（EC設立条約第三九条）として条例一六一二／六八番は、ヨーロッパ連合加盟国出身の被用者は、自国民と同じ社会福祉的優遇措置を受けることを定めている．しかし新しく加盟した一〇カ国のうち、八カ国については、この事項は二〇〇九年五月一日まで適用されない（要綱二〇〇四／三八／施行法）．他のヨーロッパ連合市民はすべて、移住の自由に対する権利を持つ限り、被用者と同等である（ヨーロッパ連合移住自由法第二条）（Klinger/Kunkel/Peters/Fuchs 2005：64）．

六　需要充足の原則

明記されてはいないが、さまざまな法律規定に現われている原則が「需要充足原則」（Bedarfsdeckungsprinzip）である．ドイツ特有の需要充足原則の意味するところは、当該者が現在直面している困難な状況において、具体的で個人的な需要を社会扶助がカバーしなければならない、ということである．ここから若干の結論が導き出される．

1　請求権の譲渡禁止

社会扶助は個人的な需要を充たさなくてはならないことから、受給資格者の請求権を譲渡したり、担保に入れたり、担保として差し押さえることはできない（SGB第一二編第一七条第一項第二文）．受給資格者が死亡した場合は、まだ払われていない社会扶助給付は無効となる．とりわけ受給資格者の相続人は、後払いを請求することはできない．ただし、例外として、施設での扶助あるいは介護手当に対する資格者の請求を、社会扶助実施者が満たしていなかった、あるいは充分には満たしていなかった限りにおいては、受給資格者の死後、この請求権は扶助を提供した者あるいは介護を行った者に帰属する（SGB第一二編第一九条第六項）．

2　社会扶助の開始

社会扶助請求権は、受給資格者に避けることのできない困難な状況が発生するのと同時に生じる．であればこそ、社会法典第一二編第一八条第一項には、社会扶助実施者またはその委任を受けた機関が、扶助実施の要件が存在することを知ったら直ちに社会扶助が開始される、と規定されているのである．したがって、社会扶助実施者は職務上扶助を実施しなければならず、申請は法律上必要ではない．この職権保護の原則がわが国の生活保護とは異なる点である．ただし、書面による申請を社会扶助実施者に提出することが望ましいとされるのは、申請書に記録されない口頭での面談は、経験によればたいてい消えてしまい、後に証明することが不可能になるからとされている．

社会扶助への申請は、形式によらず提出することができる．(2) しかし、社会扶助実施者は通常、申請書とは別に社会扶助申請用紙の記入を求めることが多い．

社会給付受給権者が、管轄権のない社会扶助実施者または管轄権のない市町村に問い合わせた時は、管轄権のない社会扶助実施者または市町村には、その知りえた事情を管轄社会扶助実施者またはその委任を受けた機関に遅滞なく通知し、必要書類があればそれを送付する義務がある．送付された必要書類より扶助実施の要件の存在が明らかになった場合には、社会扶助開始の時点については、当該非管轄機関の認知した時点が管轄社会扶助実施者に対しても基準となる（ＳＧＢ編第一八条第二項）．

（2）ただし、社会法典第一二編第四一条以下に基づく「老齢・障害等基礎保障」は、常に申請を前提とする（ＳＧＢ第一二編第四四条第一項第二号）．(Hüttenbrink 2004 : 74)．

3　過去にさかのぼる扶助の禁止

社会扶助は、現在の困難な状況のみを克服すべきであるから、原則として後になってから過去に遡って実施することはできない．知識の不足や無用の恥じらいから申請しない者は、過去に対する請求権を持たない．たとえば、家具を購入したい者は、買う前に書面による申請を行わなければならない．負債も引き受けられない．したがって、社会扶助を申請せずに、とりあえずクレジットを設定して生活費を賄う者は、社会扶助実施者に負債の引受をさかのぼって請求することはできない．ごくまれな例外的な場合に福祉事務所が負債を引き受けることがある．(3)

この例外の根拠は、滞納した家賃を引き受けることによって、扶助を求める者の住居が将来にむけて保証されることにある．このような場合には、現金給付は補助（返還義務のない補助金）あるいは貸付として実施される．

4　困難な境遇が終了した際の給付停止

需要充足の原則からさらに、次の結論が導き出される．それは、現在の困難な状況がもはや存在しない場合、給付はすぐに停止されねばならない、ということである．つまり、受給資格者が突然別の方法で生活費を確保できるようになった場合、社会扶助給付はその瞬間から停止される．なぜなら、社会扶助給付は年金のような永続給付ではないからである．受給資格者が社会扶助を受けずに死亡した場合、その請求権は相続人に受け継がれずに失効する．

（3）たとえば、社会法典第一二編第三四条に基づき、福祉事務所が例外的に過去の家賃滞納分を引き受けることがある．これは、その間に貸主が猶予なしに賃貸契約を解約したことが原因で、住居保障のために正当だと判断された場合である（Hüttenbrink 2004：75）．

5　困難な境遇の原因の非重要性

困難の状況の原因は重要ではない．社会扶助の実施にとっては、具体的な困難な状況が生じていること、この需要が充足されねばならないことが問題なのであって、困難な状況の原因には規定上何の意味もない．したがって、要扶助者が自ら困難な状態を招いたのかどうかは、重要ではない．しかし、就労可能な仕事に従事するのを拒否する者は、生計扶助の削減を甘受しなければならない[4]．故意にまたは重大な過失のために起こした反社会的行動により、社会扶助実施の要件を自らあるいは近い親類の者に招来させた者は、社会扶助実施者より社会扶助の返還を要求されることがある（Hüttenbrink 2004：76）．

（4）ただし、社会扶助受給資格者のうちの一定の者、たとえば、障害者・病人、介護中の者、三歳未満の子の養育をしている単身者などには仕事に就くことを要求してはならないことになっている（田畑 2006a：70）．

第2章

給付の種類と方法

ドイツの社会扶助は、わが国の生活保護法と福祉サービス法の一部を含んだ制度である．「ハルツⅣ」改革により、社会扶助の対象は、就労が不可能な者と就労が不可能な家族に限定されることになった．これまでは就労が可能な者でも生活に困窮している場合は社会扶助の受給が可能であったが、二〇〇五年一月一日からは、一五歳以上六五歳未満の就労が可能な者で、自己の必要生計費（notwendiger Lebensunterhalt）を収入や資産で賄うことができない者は、社会法典第二編の「求職者基礎保障」を申請することになった．また、六五歳以上の者および一八歳以上の就労が不可能な者に対する「老齢・障害等基礎保障」は、独立した法律により定められていたが、既述した通り、社会法典第一二編第四章に編入されることとなった．

これまでの連邦社会扶助法は、給付の種類を生計扶助と特別扶助の二つに大別していたが、社会法典第一二編ではそうした区分を解消し、七種類の社会扶助給付を定めた．この七種類の給付として、①生計扶助（ＳＧＢ第一二編第二七条より第四〇条）、②老齢および稼得能力減退に際しての「老齢・障害等基礎保障」（ＳＧＢ第一二編第四一条より第四六条）、③特別な状況におけるその他の扶助（以下、特別扶助、ＳＧＢ第一二編第四七条より第七四条）（表３－２－１）がある．

表3-2-1　社会扶助給付

1．生計扶助（SGB 第12編第27条より第40条）
◇経常的給付
(1)　基準額による通常需要
(2)　住居費
(3)　追加需要
(4)　特別需要
◇一時需要（SGB 典第12編第31条）
(1)　家庭用器具を含め、初めての住居設備の支給
(2)　妊娠・出産時も含め、被服の支給
(3)　学校法の規定範囲内での数日にわたる学校旅行
2．「老齢・障害等基礎保障」(SGB 第12編第41条より第46条)
(1)　基準額
(2)　住居費と暖房費
(3)　追加需要
(4)　一時需要
(5)　健康保険料および介護保険料
(6)　特別な場合における生計扶助
3．その他の扶助（SGB 第12編第47条より第74条）
(1)　保健扶助
・予防的保健扶助
・疾病扶助
・家族計画扶助
・妊娠出産扶助
・不妊手術時の扶助
(2)　障害者のための社会統合扶助
(3)　介護扶助
(4)　特別な社会的困難を克服するための扶助
(5)　その他の境遇における扶助（SGB 第12編第70条から第74条）
・家政継続扶助
・老齢扶助
・視覚障害者扶助
・その他の境遇における扶助
・葬祭費

一　給付の種類

1　生計扶助

生計扶助（Hilfe zum Lebensunterhalt）は、社会法典第二編による給付も社会法典第一二編第四一条から四六条による基礎保障給付も受給していない者で、必要生計費を自らの収入や資産によっては調達できないか、または充分に賄うことのできない場合に、社会法典第一二編第二七条から第四〇条の規定に基づいて給付される。

これまでの連邦社会扶助法による生計扶助は、経常給付と一時給付で構成され、前者が月毎の基準額と加算措置により実施される一方で、後者はその都度の必要に応じて申請し認可を得るべきものとされていた。もっとも、一時給付の事務管理上の煩雑さから、特に被服費などは一括して認定し、年に何回かに分けて給付するようにはなっていたが、それは例外的な方法として行われていたにすぎなかった。今回の改革によって、一時給付を一律化して加算した額を「基準額」（Regelsätze）として設定したことは、社会扶助実施の事務管理が簡素化されるだけではなく、これにより社会扶助実施が法律的にも一般的にも安定する（Hüttenbrink 2004：81）。これを受給者の側からみれば、毎月の給付の中で買い物が必要な場合に備えて節約することが必要になり、受給者にはいっそうの自己責任が求められることになった。

社会法典第一二編による生計扶助は、基準額と各種の加算措置で構成されるが、基準額は世帯主とその世帯構成員を区別して定められ、失業手当Ⅱ・社会手当と同水準である（表2－2－5を参照）。

各種の加算措置としては、①追加需要加算（ＳＧＢ第一二編第三〇条）、②住居費および暖房費（第二九条）、③一時需要加算（第三一条第一項）、④健康保険および介護保険の保険料（第三二条）、⑤特に困難な状況における特別需要加算（第二八条第一項二文）などがある．このうち、①の追加需要加算が認められるのは、(a) 六五歳以上の者または六五歳未満の就労不能な者（第三〇条第一項）、(b) 妊娠一二週目を過ぎた妊婦（第三〇条第二項）、(c) 子育てている単身者（第三〇条第三項）、(d) 一五歳以上で社会統合扶助を受けている障害者（第三〇条第四項）、(e) 費用のかかる栄養補給が必要な者（第三〇条第五項）である．②は実際にかかる費用が別途支給される．家賃の未払いで住居を失う恐れがあるときは、社会法典第一二編第三四条第一項第一文により、例外的に過去に遡って住居費を引き受けることができる．なお、住居費および暖房費は基準額にも追加需要加算にも含まれていないが、既述したように、将来的には社会扶助実施者の裁量により一律化するか、個別に算出して給付するかを選択できることが明文化されている（SGB第一二編第二〇条二項、二九条二項）．しかし、社会扶助実施者が一律化をするにあたっては、当該地の住宅事情からみて、給付可能で適切な住居への引越しが現実的にできることが前提になる．一律化を行わないとすれば、住居費は実際にかかった費用が給付されるべきだが、その費用が無制限に認められるわけではないので、家賃の適切性が問題になる．家賃の適切性については、特に住宅手当法第八条により公布された「家賃および負担の最高額」（Höchstbeträge für Miete und Belastung）を指針としている（Hüttenbrink 2004 : 93）．

ところで、一時給付は今回の改革により廃止されたのであるが、社会法典第一二編第三一条第一項では、特別の境遇にある者、たとえば、火災で焼け出された者、刑の執行を終えて釈放された者、ドイツに受け入れられた強制移住者、住所を持つに至ったホームレスなどが、「ゼロから」(bei Null) 生活を始めるときの一時需要に対応する給付が考慮されている（田畑 2006c : 11）．これが③の一時需要加算である．これには、初めての家財道具などの住居設備費（第一号）、妊娠・出産時などを含めての被服の新調費（第二号）、数日の学校旅行費（第三号）がある．このうちの第一号および第二号の給付は、一律化した給付としても提供できると規定し、社会扶助実施者に一律化の権限を委ねている（SGB第一二編第三一条第一項）．ただし，一時需要加算の一律金額の査定にあたっては，適切な届出と跡づけのできる「納得できる経験的知見」（nachvollziehbare Erfahrungswerte）を考慮すべきであると規定している（SGB第一二編第三一条第三項第二文）．

2 「老齢・障害等基礎保障」

社会法典第一二編第四一条第一項によれば，「老齢・障害等基礎保障」の受給資格者は，自らの収入および資産で自らの生活費を調達できない六五歳以上の者（一号），あるいは一八歳以上の者で，そのときの労働市場の状況に関わらず，「完全な」稼得能力の減退に該当し，当該状態が除去される見込みがない者（二号）である．ここでいう「完全な」稼得能力の減退に該当している者とは，社会法典第六編第四三条第二項一号によれば，病気または障害が原因で，一日に少なくとも三時間の就労が可能でないため，職業紹介の対象にならない者のことである．

二〇〇三年一月一日実施の「基礎生活保障法」（GSiG）は，連邦社会扶助法の世帯主の基準額に一五％を一律的に上乗せしたものを基準額として示していたが，社会扶助法が社会法典第一二編に編入され，基準設定が変更されたため，この一五％加算制は廃止され，一律化された社会法典第一二編による基準額に合わせられることとなった．「老齢・障害等基礎保障」は，基準額のほか，追加需要，住居費および暖房費，一時需要，健康保険料および介護保険料，特別な場合における生計扶助で構成される（SGB第一二編第四二条）．「老齢・障害等基礎保障」は，生計扶助と同様，ミーンズテストを伴うが，生計扶助に優先し，申請書の提出がなければそれを受給できない（SGB第一二編第四三条第二項）．この点，既述したように，社会扶助が申請書の提出の有無に関わらず，実施者が社会扶助実施の要件の存在を知ったとき，職権で直ちに保護が開始されるのとは異なる．また，「老齢・障害等基礎保障」は，その申請資格のある者が「老齢・障害等基礎保障」の請求をした場合、扶養義務者の年間総収入が一〇万ユーロを超えない限り、扶養義務は考慮されない（SGB第一二編第四三条第二項一文）．この点も生計扶助と異なる（田畑 2006c：12）．

3 特別扶助

社会法典第一二編における特別扶助は、連邦社会扶助法によるこれまでの特別扶助と殆ど同じで、本質的な改定はみられないが、これまでの一一種類の特別扶助が五種類に整理統合されている．保健扶助、障害者のための社会統合扶助、介護扶助、特別な社会的困難を克服するための扶助、その他の境遇における扶助、がそれである．

(1) 保健扶助（SGB第一二編第四七―五二条）

保健扶助（Hifen zur Gesundheit）には、予防的保健扶助（第四七条）、疾病扶助（第四八条）、家族計画扶助（第四九条）、妊娠出産扶助（第五〇条）、不妊手術時の扶助（第五一条）がある．予防的保健扶助は、疾病の発症または健康障害が生じる恐れがあると医師が判断したときに行われるもので、法定疾病保険の給付に相応する．疾病扶助は、病気の診断、治療、悪化防止または苦痛の緩和のため、第五編第三章第五節に準ずる疾病治療給付を支給する．家族計画扶助は、既婚者のみならず、未婚者や独身者にも、また家族を持ちたくないという意味での「否定的計画」にも対応し、その給付は医師の助言、必要な診察、妊娠をコントロールする医薬品の処方などである．妊娠出産扶助は、分娩関連費用を法定疾病保険にも子どもの父親にも請求できない場合に給付される．不妊手術時の扶助は、違法でない同意による不妊手術に関わる給付で、それには医師による助言、診察、診断および治療、医薬品、治療材料などの供与がある（Marburger 2005：26–27）．

(2) 障害者のための社会統合扶助（SGB第一二編第五三－六〇条）

身体的、精神的、知的な障害を有する者に対して行われる社会統合扶助は、差し迫った障害を予防し、または現存する障害を除去・緩和し、障害者の社会参加を促進するための扶助である．ただし、障害者に対するリハビリテーションや社会統合の促進給付は、年金保険、雇用促進法、疾病保険、労災保険などの制度でも行われており、社会扶助はその後順位性原則から、これらの給付が行われる場合にはその限度で行われない．

(3) 介護扶助（SGB第一二編第六一－六六条）

介護扶助（Hilfe zur Pflege）には、居宅介護、補助具、通所介護、短期入所介護および入所介護があり、介護保険を補完し、介護需要を充足する役割を担っている．介護保険と介護扶助の関係については、介護保険の給付条件よりも介護扶助の給付条件の方が緩和されている（第六一条第二項）．そのため、介護等級ゼロの者や介護保険未加入者などの介護保険の対象にならない者も、介護保険給付と同様の在宅介護や介護施設入所などの現物給付が支給され、また、在宅の場合には介護者が確保できる限りにおいて現金給付としての介護手当の支給を受けることができる（第六一条第二項、第六四条第一項）．介護保険給付を受給している者についても、保険給付の対象とならない者についても、介護扶助のニーズとして、日常生活に必要な行動の支援、部分的または全面的な代替、これらの行動の自立性確保に必要な見守りや指導が条文上明記されており（第六一条第四項）、保険給付ではカバーされない上乗せ横だし給付も、必要な限りにおいて介護扶助によりカバーされることになる（本沢 1996：45）．ただし、要介護者が介護保険による介護手当のみを受けていて、現物給付を受けてない場合は、受給資格者の需要は介護保険の介護手当により満たされているので、社会扶助法による介護手当がさらに支給されることはない（Hüttenbrink 2004：171）．

(4) 特別な社会的困難を克服するための扶助（SGB第一二編第六七―六九条）

特別な生活状況にあって社会的困難を抱えている場合、社会的困難を克服するための補足的な給付としての扶助が提供される．措置の内容としては、困難を回避し、除去し、緩和し、またはその悪化を防止するために必要な一切の措置、とりわけ扶助を求める者とその家族に対する助言と人的支援、職業教育や職場の獲得・維持のための援助ならびに住居の維持や調達にあたっての諸措置が含まれる（第六八条第一項）．この規定がホームレス対策などに有効に機能している．

(5) その他の境遇における扶助（SGB第一二編第七〇―七四条）

これには家政継続扶助（第七〇条）、老齢扶助（第七一条）、視覚障害者扶助（第七二条）、その他の境遇における扶助（第七三条）、葬祭費（第七四条）がある．

① 家政継続扶助

世帯員の誰もが家政を運営することができず、しかも家政の継続が求められている場合には、家政継続扶助（Hilfe zur Weiterführung des Haushalts）が行われる．この扶助は、原則として一時的に行われるものであり、その内容は世帯員の個人的な世話（子どもの賄いや見守り、洗濯・掃除、買い物など）である（第七〇条）．

② 老齢扶助

老齢扶助（Altenhilfe）は、加齢によって生ずる困難を防ぎ、克服または軽減し、高齢者が社会生活に参加することを可能にすることに役立つことを目的とする．その内容として、(ア) 高齢者が望む活動への参加のための給付、(イ) 高齢者の需要に応じた住居の調達および維持のための給付、(ウ) 高齢者の保護に役立つ施設への入所に関わるすべての問題に対する助言と援助、(エ) 高齢者に適切なサービスの利用に関わるすべての問題に関わる助言と援助、(オ) 高齢者の社交、娯楽、教養または文化的欲求を満たす行事や施設訪問のための給付、(カ)高齢者に身近な人々との交流ができるようにするための給付、が列挙されている．ただし、老齢扶助は補足的措置であり、他の法規定が優先される．高齢者の助言と援助が個々に必要な限りは、手元にある収入または資産は考慮されない（第七一条）．

③ 視覚障害者扶助

視覚障害者に対しては、視覚障害に起因する支出の増加を補填するために、他の法規定による同種の給付を受けていない限り、視覚障害者扶助（Blindenhilfe）を行わなければならない．ただし、視覚障害者が「無理のない仕事」を拒否し、または相当な職業もしくはその他の適当な仕事に就くための職業教育、補習教育ないし再教育を受けることを拒否した場合は、視覚障害者に対する請求権は二五パーセントずつ段階的に減額される（第七二条）．

④ その他の境遇における扶助

法律では定められていないその他の境遇でも、公的費用の投入が正当であるような境遇であれば、社会扶助は諸事情の受け皿として実施することができる（第七三条）．

⑤ 葬祭費

葬祭義務者に葬祭費（Bestattungskosten）の負担が期待できないときは、葬祭のための必要な費用が支給される（第七四条）．土葬か火葬か海葬かの葬祭形式は家族が決定する．葬祭費用に含まれるのは、遺体搬送、簡素な造りの棺、遺体の入棺の他、霊安室および墓地の使用料、ならびに簡素な十字架を含む墓の設置と簡単な整備の費用などで、形状的な墓地管理および死亡広告、礼状や葬祭後の会食にかかる費用は含まれない（Hüttenbrink 2004：179）．

二　給付方法

社会扶助の給付方法には、サービス給付（人的扶助）、金銭給付、現物給付がある.

1　サービス給付

サービス給付（Dienstleistungen）あるいは人的扶助は、まずは社会扶助実施者による説明、相談、情報提供が行われる．社会扶助実施者は、助言を求める者には誰にでも、社会法典第一二編に基づく権利と義務について説明し（SGB第一編第一三条）、相談に乗り（SGB第一編第一四条）、必要な情報をすべて与える（SGB第一編第一五条）義務がある．人的扶助には、給付受給者に対する包括的で目標の定まった個人的な保護も含まれる．たとえば、食事宅配サービス請求の手配や社会扶助実施者による老人ホーム探しなど、高齢者が独りではこれらの手配ができないというときに実施される.

社会法典第一二編第一一条に基づいて、サービス給付は、社会生活へ積極的に参加し、または困難を克服するため、できる限り、自助の強化を目標とする．要扶助者が他の方法では困難な状況を克服できない場合は、妥当な相談費用は社会扶助実施者が引き受けるべきである．その際、社会扶助実施者は、債務者相談所や他の専門相談所に一括払いの形で、費用を引き受けることもできる.

2　金銭給付

金銭給付（Geldleistungen）は社会扶助実施者により、経常的あるいは一時的給付として支給される．金銭給付は通常返還されない補助金として給付されるので、受給資格者の経済状況が持ち直した場合でも、社会扶助費用が受給資格者により償還されることはない．しかし、金銭給付支給を貸付として行うことはありうる．金銭給付は現物給付に優先する（Hüttenbrink 2009：109）．

3　現物給付

この他にも社会扶助実施者には、受給権者の必需品を現物給付（Sachleistungen）によって直接賄うこともできる．現物給付は、（家具や被服などの支給の形で）とりわけ一時的扶助支給に際して実施される．商品券や他の決済形式は、社会法典第一二編第一〇条第三項第二文により現物給付に属する．

第3章 収入および資産の活用

一　収入認定に関する通則

1　収入概念

社会法典第一二編に定める給付、連邦援護法に定める基礎年金、連邦援護法の準用を規定する法律に定める基礎年金、生命、身体、健康への損害に対する連邦補償法に定める年金、または補助金にあっては連邦援護法に定める基礎年金に相当する額を除き、収入には現金または金銭的価値を有するすべてが含まれる（SGB第一二編第八二条）．未成年者に対する児童手当は、当該未成年者の必要生計費をまかなうのに必要とされる限り、それぞれの児童の収入と見なす．ただし、収入から左記の各号は控除しなければならない．

①収入から支払われた税

②雇用促進保険料を含む社会保険の強制保険料

③公的もしくは民間保険、または類似の制度に対する保険料であって、その根拠および金額が適切であるもの

④収入を得るために不可欠な必要経費

⑤第九編第四三条第四文にいう労働促進手当および労働報酬引き上げ額

このほか、生計扶助ならびに「老齢・障害等基礎保障」の場合、受給資格者の自営および非自営的就労による収入のうち三〇パーセントの額を控除しなければならない．第一文と異なり、障害者作業所での就労の場合、一定額を越える報酬の二五パーセントに標準扶助額の八分の一を加えた額を報酬から控除しなければならない．その他、一定の理由がある場合、第一文に定められた額とは異なる額を収入から控除することができる．

また、通所施設または入所施設で生活している場合、在宅生活についての支出が節約されている限りで、第三章に定める生計扶助給付費用の調達をその者に要求することができる．それ以外に、相当程度の期間施設介護を必要とする者に対しては、他の者を扶養していない限り、費用調達を適切な範囲で要求できるものとする．

2 目的および内容が特定された給付

公法上の規定に基づいて明示的な目的のために支給される給付は、社会扶助が個別に同一目的に資すると考えられる範囲でのみ、収入として認定する．また、財産的損害でない損害を理由として民法典（BGB）第二五三条第二項によりおこなわれる損害賠償は、収入として認定してはならない．

3 贈与

民間社会福祉団体からの贈与は、収入として認定しない（SGB第一二編第八四条第一項）．ただし、その贈与が高額であって、受給資格者が贈与と社会扶助を受給するのはきわめて不公平であると思われる場合には、この規定は適用されない．その贈与は収入として認定する．

法上または倫理上の義務がないにもかかわらず，民間社会福祉団体以外の者が行った贈与は，その贈与を収入として認定するとすれば，受給権者に特別な困難をもたらすと考えられる場合には，収入として認定しない．

二　特別扶助の収入認定

特別扶助においても，生計扶助と同様，受給資格者の収入と資産を認定する必要がある．ここでも生計扶助や「老齢・障害等基礎保障」における収入および資産の概念が，同じく該当する．特別扶助は基礎部分の供与（経常的扶養）が目的ではなく，個人が置かれている特殊で，非典型的な状況が対象となるので，特別扶助の収入認定に関しては，資産の認定と同様，立法機関は寛容である．しかし，社会法典第一二編第八二条第三項による社会扶助法上の控除額は，特別扶助の収入認定においては差し引かれない．

1　一般的収入限度

生計扶助においての算定は，受給資格者の全ての収入をその者の社会扶助額から差し引くこととしているが，特別扶助において法律は，社会法典第一二編第八五条に従い，まず要扶助者とその家族に対して一般的収入限度額を算定する．そして収入がこの限度額を下回る場合は，受給資格者は，社会法典第一二編第四七条から第七四条による扶助を減額なしで受け取る．収入が収入限度を超えたら，超えた分を扶助から減額する．

社会法典第一二編第八五条第一項により、要扶助者と同居の配偶者には、需要が存続する間、月当たりの世帯収入が次により算定される収入限度を超えない限り、資産の活用を求めるべきではない.

(1) 頂点基準額の二倍の基礎額(二〇〇八年現在、七一八ユーロ)

(2) 住居費

(3) 配偶者または生活パートナーその他に扶養されている他の世帯構成員一人につき、頂点基準額の七〇%から切り上げた額の家族加算

ケース①(1)

ケムニッツ出身のトゥースケ氏は歩行障害があり、家政の他に着脱衣に援助が必要である(毎日およそ二時間).介護保険給付は受給していない.そのため福祉事務所は月に二一五ユーロの介護手当を支給する意向である.トゥースケ氏とその妻は、息子より月に五〇〇ユーロの仕送りを受けている.その他に、住宅手当が七五ユーロ入る.賃貸している住居は暖房費も含めて、月に三五〇ユーロかかる.トゥースケ夫妻の収入限度額は次のようになる.

社会法典第一二編第八五条第一項第一番による基礎額(七一八ユーロ)

住居費(三五〇ユーロ)

妻の家族加算(世帯主基準額の七〇%)

(1) ケースの①~⑥は、Hüttenbrink 2009：238－242による.金額はいずれも二〇〇八年現在である.

ここでは、ザクセンの世帯主基準額
三五九ユーロ、その七〇％＝二五一ユーロ
合計＝一、三一九ユーロ
トゥースケ夫妻の収入限度額は一、三一九ユーロになる．しかし、夫妻の収入は五〇〇ユーロしかないため、収入は限度額を下回り、予定されている介護手当は全額支給されることになる．

2　収入限度額を超える場合の収入活用

ケース②―ケース①の変形その一

T氏は不動産売却から月に一、五〇〇ユーロの終身年金を得ているが、扶養費は受けていない．

この事例では、夫婦合わせて収入が一、五〇〇ユーロになる．したがって、一般収入限度額を一八一ユーロ（一、五〇〇－一、三一九）超えることになる．そのために福祉事務所は、予定していた介護手当の金額をこの超過分だけの一八一ユーロ減額し、したがって介護手当としてT氏に三四ユーロ（二一五－一八一）のみを支給することになる．

ケース③―ケース①の変形その二

T夫妻の収入合計は一、六〇〇ユーロである．この場合、超過額は二八一（一、六〇〇－一、三一九）ユーロであり、福祉事務所は収入超過分と予定していた介護手当を清算し、介護手当の支給を取りやめることになる．

認定されるべき収入が限度額を超える限り、適当な程度で資産が活用されるべきである（社会法典第一二編第八七条第一項）．どのような範囲が相当であるかを調べるにあたっては、とりわけ需要の種類、障害または介護需要の種類と程度、費用を必要とする期間とその金額、ならびに要扶助者とその被扶養権利のある家族の特別な負担を考慮しなければならない．したがって、前述の二つの変形ケースでは、トゥースケ夫人がいつでも介護できるような状態にするために、原型ケースの前記変形その一では収入を全く算入しないように、変形その二では状況により、部分的な収入認定を行うように、主張することができる．なお、社会法典第一二編第六四条第三項のさす重度要介護者および社会法典第一二編第七二条による視覚障害者人には、収入限度額を超えた分の収入活用において、少なくともその一〇〇分の六〇は期待すべきではない（社会法典第一二編第八七条第一項第三文）．

ケース④―ケース①の変形その三

トゥースケ氏は介護度Ⅲであり、六七、五〇〇ユーロの介護手当を受給している．収入合計は一、五〇〇ユーロである．

この場合、法律の定めるところによれば、収入限度を超えた超過額一八一ユーロのうち、少なくとも六〇％（＝一〇八・六〇ユーロ）は算入されないため、介護度Ⅲの介護手当から差し引かれるのは最高で七二・四〇ユーロである．この事例では、わずかであるが介護手当が支給される．

生計扶助以外の社会法典第一二編第四七条から第七四条による必需品入手のための一時給付においては、その消費が最低一年間と定められているときは、社会法典第一二編第八七条第三項により、給付が認可された月が過ぎてから三ケ月以内の期間に稼得収入から費用の調達を請求してもよい．

ケース⑤—ケース①の変形その四

在宅介護のため、トゥースケ氏には特別な介護ベットが必要である．ベットは一、三〇〇ユーロかかり、社会扶助実施者から認可されている（社会法典第一二編第四〇条に関連して社会法典第一二編第六一条第二項第一文）．トゥースケ氏の収入（前記参照）が一般収入限度を一八一ユーロ超えているので、社会扶助実施者は一八一ユーロの四倍＝七二四ユーロを介護扶助の一時給付に算入することもできる．なぜなら、給付について決定された申請月、およびその後三ヶ月までの期間中の収入が考慮されうるからである．社会法典第一二編第八七条第三項のさす収入認定は自由裁量規則であるため、この例では収入認定を見合わせる権利が社会扶助実施者にはある．このようにしてトゥースケ氏の在宅介護が後々まで保障されるのであれば、社会扶助実施者はまず算入を見合わせるだろう．

社会法典第一二編第八九条第一項の定めるところによれば、受給資格者が複数のさまざまな必需品のうちの特定の需要を充足するため、収入の一部が活用できる場合には、同時に生じるその他の需要に収入活用できるかという調査をするとき、収入の当該部分は考慮されない．

3　収入限度に満たない場合の収入活用

個々の場合において収入限度に満たなくとも、特別扶助においてその収入を活用するよう義務づけられている場合がある．第八八条第一項によれば、該当するのは次のような場合である．

・社会扶助が給付すべきであるような特定の目的のために、他の給付が行われる場合

・需要を満たすためにほんのわずかの費用しか必要とされない場合．ほんのわずかとみなされるのは、その価格が二〇ユーロ（世帯主基準額のおよそ五％）に満たないときである．

・半入所的もしくは入所的給付においては、そのために自宅での家計費より出費が節約された分だけ、また施設での比較的長期の介護が必要な者については、その者が専ら他の者を扶養していない場合.

なお、社会法典第一二編第八八条第二項により、入所施設での入所的給付においては、入所作業所での有償の仕事より得た収入の一部、たとえば、世帯主基準額の八分の一の額（現在四三ユーロ、さらに収入のうちこの額を超えた分の二五％を加算）は算入されない.

ケース⑥

A氏は保護を受けている作業所で働いており、月に三〇〇ユーロを稼得している. 同時に相応の施設に入所している. A氏のひと月当たりの収入三〇〇ユーロは社会法典第一二編第八八条第二項の規定により、その一部分は算入されない. この事例では、Aの収入のうち一〇九ユーロが手付かずに残る.

4　その他の場合の収入限度

その他の場合に連邦および社会扶助実施者は、社会法典第一二編第八六条に基づき、社会法典第一二編第四七条から第七四条による特別扶助に対して、収入限度の基礎額をより高額にすることができる. この特例基礎額の設定は、統合扶助（社会法典第一二編第五三条以下）と介護扶助（社会法典第一二編第六四条第一項による介護度ⅠとⅡ）に適用することが望まれる.

三　資産

1　活用対象となる資産

(1)　換価可能なすべての資産は、活用しなければならない．しかし、次に掲げる資産については、その活用または換価を要求してはならない（SGB第一二編第九〇条第二項）．

①生活基盤の建設または確保のため、または世帯を持つために公費で交付された資産

②収入税法第一〇a条または第一一節にいう積み立て型老後準備にあたり、かつその積み立て分が国家により助成された元本およびその運用益

③その他の資産であって、第八号にいう宅地を購入、または維持するために充てられることがはっきりしているもので、かつその宅地住宅が障害者（第五三条第一項第一文および第七二条）または要介護者（第六一条）の居住用にあてられており、または充てられることになっているものである限りで、かつ当該資産の活用または換価によって、目的が危うくなるおそれがある場合

④適切な家具

⑤職業教育または稼得活動の開始または継続に不可欠のもの

⑥その処分が請求者またはその家族に特別な過酷さを意味するであろう先祖伝来の道具や家宝

⑦精神的、とくに学問的、芸術的要求の充足に役立つもので、かつそれを持っていても贅沢といえないもの

⑧適切な宅地で、請求者その他第一九条第一項ないし三項に掲げる者が、一人でまたは家族と一緒にその一部または全部に居住し、かつその死後も居住するであろうもの．適切性は、居住者の数および居住需要（障害者、盲

人または要介護者等）、宅地の大きさ、家屋の大きさ、住宅の形態および設備ならびに住宅を含む土地の価格により判断する

⑨ 少額の現金その他金銭的価値のあるもの

(2) そのほか、資産の活用を要求された者およびその者の扶養権利者たる家族にとって過酷さを意味するであろう限りで、資産の活用や換価を社会扶助の前提条件としてはならない．第五章ないし第九章に定める給付に際しては、とりわけ適当な生活遂行または適切な老齢保障の維持を著しく困難にするであろう限りで、このことが該当する．

2 貸付

資産は活用しなければならないが、しかし、当該資産をすぐには使用もしくは換価できず、またはそのことが活用を要求された者にとって過酷さを意味するであろう限りで、社会扶助は貸付として行うものとする．この給付は、返還請求権が物権的その他の方法で保証されることを条件として行うことができる．

四 障害者の場合の収入認定の限定

障害状態からみて、入所施設、障害者向けデイ施設、医学的または医師の処方する措置に対して給付が必要な場合、社会法典第一二編第一九条第三項に掲げる者に費用の調達が部分的に可能な場合であっても、給付は全面的に行わなければならない．ただし、第一九条第三項に掲げる者に費用の調達を期待できるのは左の場合のみである．

① 未就学児童のための療育的措置

② 準備を含め、適切な学校教育のための援助

③ 障害のある未就学者に対する社会生活への可能な範囲内での参加を可能にする援助

④ 適切な職業のための学校における職業教育、その他の適切な仕事のための訓練に対する援助で、そのために必要な給付が障害者向け特殊施設で提供される場合

⑤ 医学的リハビリテーションのための給付（第九編第二六条）

⑥ 労働生活参加のための給付（第九編第三三条）

⑦ 第九編第四一条に定める認可障害者作業所および同様のその他の作業所における給付（第五六条）

⑧ 障害者に労働生活を可能な範囲内で可能にさせるのに必要でかつ適切な実践的知識および能力の習得のための援助.

これらの援助が障害者向け特殊通所施設で提供される限り、生計費に関する給付は、手持ち資産を考慮せず支給しなければならない．施設で提供される生計費は、①ないし⑥の場合にあっては、在宅生活で節約された支出分のみを算定する．これは、生計費給付と同時に施設で支給されるその他の給付が主たるものとなっている期間には適用しない．⑦と⑧の費用の調達は、障害者の収入が合計して標準扶助額の二倍を上回らない場合、その収入に対して期待することができない．州管轄行政庁は、在宅生活で節約される支出および昼食費負担に関する詳細を定めることができる．⑤と⑥の場合にあって、故意または重過失により保険加入しなかった者または十分に保険加入しなかった者は、とりわけ第一〇三条および第一〇四条に定める費用返還の義務を負う.

第4章

社会扶助実施者

一　概念

社会法典第一二編第九七条では、地域実施者と広域実施者の給付の種類に応じた「事物管轄」（sachliche Zuständigkeit）と、具体的な事例をどこの実施者が管轄するかに関する「地域管轄」（örtliche Zuständigkeit）を規定している．ここでいう地域実施者とは、郡に属さない市（kreisfreie Stadt）および郡（Landkreis）をいい、また、広域実施者は各州がそれぞれ定めることとされており、多くの州では州（またはこれと同格の特別市）自体が広域実施者となる．広域実施者の管轄とされない事項はすべて地域実施者の管轄とされるが、障害者のための社会統合扶助（ＳＧＢ第一二編第五三～六〇条）、介護扶助（ＳＧＢ第一二編第六一～六六条）、特別な社会的困難を克服するための扶助（ＳＧＢ第一二編第六七～六九条）、視覚障害者扶助（ＳＧＢ第一二編第七二条）は、広域実施者の事物管轄下に入る．

広域実施者と地域実施者との間には、「優先・従属関係」（Über oder Unterordnungs-verhältnis）は存在しない（Klinger/Kunkel/Peters/Fuchs 2004 : 39）．なぜならば、両者はそれぞれ異なる任務を果たさなくてはならないからである．どのような任務であるのかについては、原則として州立法機関が定める．

地域実施者にせよ広域実施者にせよ、具体的な事例をどの実施者が管轄するかを決定するために、地域管轄が定められ、原則として扶助を求める者が事実上滞在（tatsächlich aufhält）しているその区域の実施者がこれを所管することとされている（SGB第一二編第九八条第一項）．すなわち、純粋にそこにいることが決定的に重要であって、必要な届出をしているか否か、滞在が恒常的か一時的か、合法か違法かということは関係ない．ただし、この原則には重要な例外があり、実務上はこれが大きな意味をもっている．その一つは、扶助が入所施設において行われる場合で、この場合にはその施設がある場所を区域とする実施者の所管ではなく、扶助を求める者が施設に入所する時点または入所前二ヵ月間に最後に通常の居場所（der gewöhnliche Aufenthalt）を有していた場所を区域とする実施者の所管になる（SGB第一二編第二項）．ただし、死亡した者の葬祭費については、死亡まで社会扶助を行っていた実施者が、それ以外の場合には死亡した場所を区域とする実施者が所管する．施設入所前の通常の居所がどこであったか、四週間以内に確定しないとき、または急を要する場合には、受給資格者が実際に滞在していた地域の実施者が暫定的に管轄する（居所原則）．

社会法典第一二編第一一条は、とくに社会扶助実施者の個人的援助と相談義務を強調し、そのための条件として、連絡しやすく、個々のケースを当地の状況を踏まえてすばやく調べ、評価できる「市民の身近な」（bürgernahe）官庁である必要性を規定している．そのため社会法典第一二編第九九条は、州にその地域に即した規定を定める権限を与えている．しかし、州は社会扶助実施者の任務そのものを委譲するような規定は定めていないし、任務の遂行の規定はある．このことは、任務の遂行の責任は引き続き管轄実施者にあるということを意味している．

ところで、ドイツの社会福祉や医療の分野においては、民間の非営利の各種団体を抜きにしては語ることができない．とくに社会扶助の運営に当たっては、民間社会福祉団体との適切な役割分担と協力が不可欠である．このため社会法典第一二編のなかに明文でこれに関する規定を設けている．すなわち，教会および公法上の宗教団体ならびに民間社会福祉団体が固有の社会的任務とその遂行のために行う活動は，この法律によって侵害されないとし，社会扶助実施者は法律の実施に当たってこれらの団体と協力し，その際にはその独自性を尊重すること，社会扶助領域におけるその活動を適切に支援すべきことなどを定めている（ＳＧＢ第一二編第五条第二項）．さらに，施設およびサービスの提供に関しては，地方公共団体は社会扶助実施者以外の者の設置による適切な施設がある限り，新たに自らの施設を設置し拡張してはならないものとされ（ＳＧＢ第一二編第七五条），社会福祉サービスにおける民間社会福祉団体の優先性を規定している．これは，後順位性の原則のひとつの側面であるが，わが国の社会福祉サービス供給体制とは大きく異なるドイツの特徴である（田中 1999：160–161）．

施設の概念は，社会法典第一二編第一三条に関連して，第七五条第一項に定義されている．それによれば，施設には入所施設または通所施設があり，前者は受給資格者が生活し，社会法典第一二編あるいは社会法典第八編による扶助を受ける施設である（ＳＧＢ第一二編第一三条第二項）．ただ単に住むだけではなく，受給資格者は，扶助コンセプトに順った専門家による全体的ケア，とりわけ介護や治療のケアを受けなくてはならない．家あるいは看護付き住居は，通常この限りではない．通所世話型居住施設で扶助を受ける場合，この扶助に対しては社会法典第一二編第九八条第五項により，入所前に扶助の管轄権を持っていた実施者が引き続き地域管轄権を持つ．

二　社会法典第一二編による任務遂行一覧

社会法典第一二編第五条第五項に基づいて社会扶助（地域または広域）実施者は，民間社会福祉団体（民間社会福祉団体）が同意していれば，それらの団体を任務遂行全般に関与させたり，そのような任務をそれらの団体に全般的に委譲することができる（図3－4－1）．もちろん、委譲により、管轄権に影響を与えることはなく、したがって、社会扶助実施者の任務遂行責任も変わることがない．

三　民間社会福祉団体に対する公共機関の後順位性原則

1　民間社会福祉団体のポジション

民間社会福祉団体とは、教会および民間社会福祉団体である（SGB第一二編第五条第一項）．民間社会福祉団体は社会法典第一二編の基準対象者、すなわち、社会法典第一編第一二条の指す社会給付実施者ではない．民間社会福祉団体はもともと活動的であり、立法者がこの活動を義務付けているわけではない．しかし、それとは関係なく、公的実施者より市民への給付支給の契約により義務を負うことができる（SGB第一二編第五条第五項）．しかし、受給資格者に

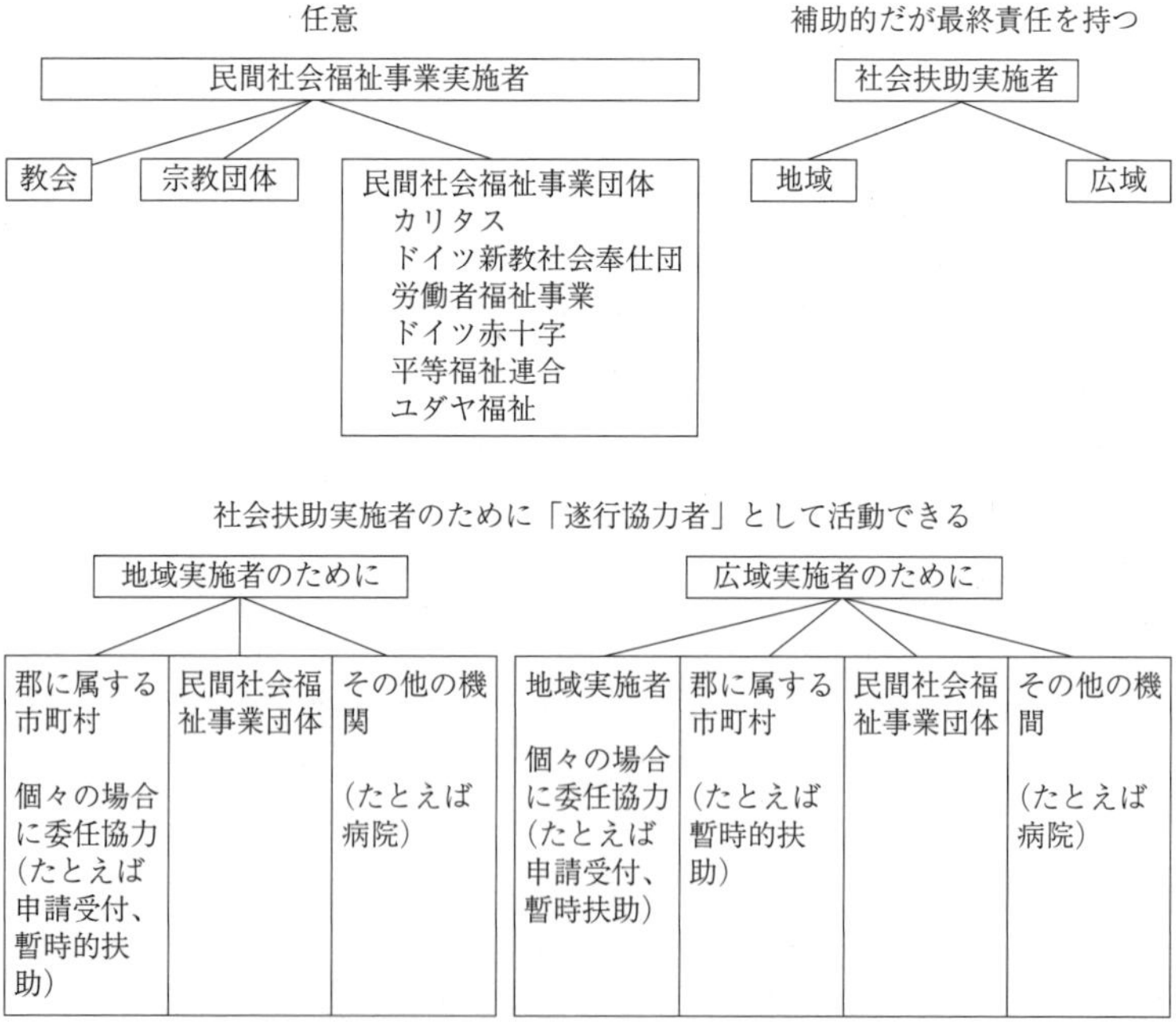

出所）Klinger/Kunkel/Peters/Fuchs 2005：41.

図3-4-1　社会法典第12編による任務遂行一覧

対しては、依然として社会扶助実施者が規定どおりの任務遂行の責任を持つ（ＳＧＢ第一二編第五条第五項第二号）．民間社会福祉団体は、公的実施者が受給資格者に対する義務を果たすのを援助するので、民間社会福祉団体は同時に「履行補助者」（Erfüllungsgehilfen）として、公的実施者のために活動する（派生的活動）．施設実施者として、民間社会福祉団体は公的実施者と社会法典第一二編第七五条から第七八条に基づき、給付協定および報酬協定を結ぶ（Klinger/Kunkel/Peters/Fuchs 2005：45）．

2　公共機関の後順位性原則（助成原則）

⑴　受動的助成

民間社会福祉団体により個別に給付が行われている場合、公的実施者は自らの措置を中止するべきである（ＳＧＢ第一二編第五条第四項および第七五条第二項）．

⑵　能動的助成

公的実施者は民間社会福祉団体を、その活動において適切に援助すべきである（ＳＧＢ第一二編第五条第三項第二号）．しかし、民間社会福祉団体は、特定の形式または特定の金額の援助に対する法律上の請求権はない．種類と範囲についての決定権は、むしろ公的実施者にある．

3　連邦憲法裁判所の判決による原則

連邦憲法裁判所は、その指針となる一九六七年七月一八日の判決（BverfGE 22, 180）において、次の項目をはっきりと示した．しかし、助成概念を連邦憲法裁判所は用いていない．

― 協力原則、すなわち、公的実施者と民間社会福祉団体は協力する義務がある．

― 扶助に対する全体責任（最終責任）は公的実施者にある．

― 民間社会福祉団体に対する無条件の助成義務は存在しない．

― 地方自治体の予算権は影響を受けない．

― 民間社会福祉団体の絶対的優先権は存在しない．

― 公的資金および個人的資金は、受給資格者の福祉のために、有効に活用すべきである．

4 協力原則

(1) 機能面

① 公的実施者は、その地域において、社会扶助給付実施に必要な社会福祉サービスまたは施設が、適切な時期に十分に利用できるようにする全体責任を持つ（SGB第一編第一七条）．
② 施設およびサービスは、公的実施者が自ら供給しなくてもよい．
③ 民間社会福祉団体が施設を設立する限り、公的実施者は財政資金または現物給付によって、これを援助すべきである．
④ 援助の適切さは、一つには公的実施者の給付資産、もう一つには民間社会福祉団体の自己負担によって量られる．

(2) 組織

協力は協議体により、最善の保証がなされる．いかなる場合でも公的実施者は、任務の目標設定および実施の際に、民間社会福祉団体の自主性を重んじなくてはならない（SGB第一編第一七条第三項第二号）．

(3) 個々の場合

公的実施者が自らの施設ではなく、民間社会福祉団体と同様の施設で給付を行う場合、公的実施者は民間社会福祉団体に費用承諾書を与え、同時に受給資格者に対して、費用引受を表明する．費用承諾書は公法上の契約により、社会法典第一〇編第五三条に基づいて規定される．一方、この契約では、施設実施者は公的実施者に対して、サービス給付および現物給付を給付受給者に支給する義務を負う（SGB第一二編第七五条第三項に基づく給付および報酬に関する協定）．協定は予定期間について締結する（SGB第一二編第七七条第一項）．このような協定の締結がない場合、社会扶助実施者は、個々の場合の特殊性からみて、例外的に施設での給付が必要な場合に限り、当該施設による給付を支給することができる（SGB第一二編第七五条第四項第一文）．紛争は共通仲裁機関が調停する（SGB第一二編第八〇条）．

四　社会法の三角関係

1　概念

受給資格者、社会扶助実施者、施設実施者の間には、「社会法の三角形」（sozialrechfliches Dreiecksverhältnis）が生じる（図3－4－2）．この法的関係の中で、まず受給資格者は社会扶助実施者に対する社会法典第一二編による扶助の法律上の請求権が生じる．社会扶助実施者は、行政行為により給付決定通知を出すことによって、法律上の請求に応える．すでにこの行政行為とともに社会扶助実施者は、施設で生じる費用の費用引受書を提出する．受給資格者と施設実施者との間で私法上の契約が結ばれ、施設実施者は受給資格者に対し、サービス給付を支給する義務を負い、一方、受給資格者はこのサービス給付に対する支払い義務を負う．最後に社会扶助実施者と施設実施者との間で、公法上の契約（SGB第一〇編第五三条）が結ばれる．これは「交換契約」（Austauschvertng）（SGB第一〇編第五五条）であり、社会扶助実施者は施設実施者に費用承諾書を与え、一方、施設実施者は受給資格者に対し（個々の場合）、一定の質保証の給付を支給する義務を負う．この公法上の契約は、一方では施設実施者と給付の質の基準、他方ではそれに対する報酬が定められている全般的な協定（SGB第一〇編第五三条に基づく）が行われている場合に限り、施設実施者と結ばれる（SGB第一二編第七五条第三項）．施設実施者とのこれらの協定は、各経済年度の始まる前に今後の期間（協定期間）に対し結ばれる（SGB第一二編第七七条第一項）．協定の内容について、意見が一致せずに協定が成立しない場合には、異論のある点について仲裁機関が決定する（SGB第一二編第七七条第一項第二号）．仲裁機関は、施設実施者の代表者および社会扶助実施者の代表者で構成されている（SGB第一二編第八〇条第二項）．

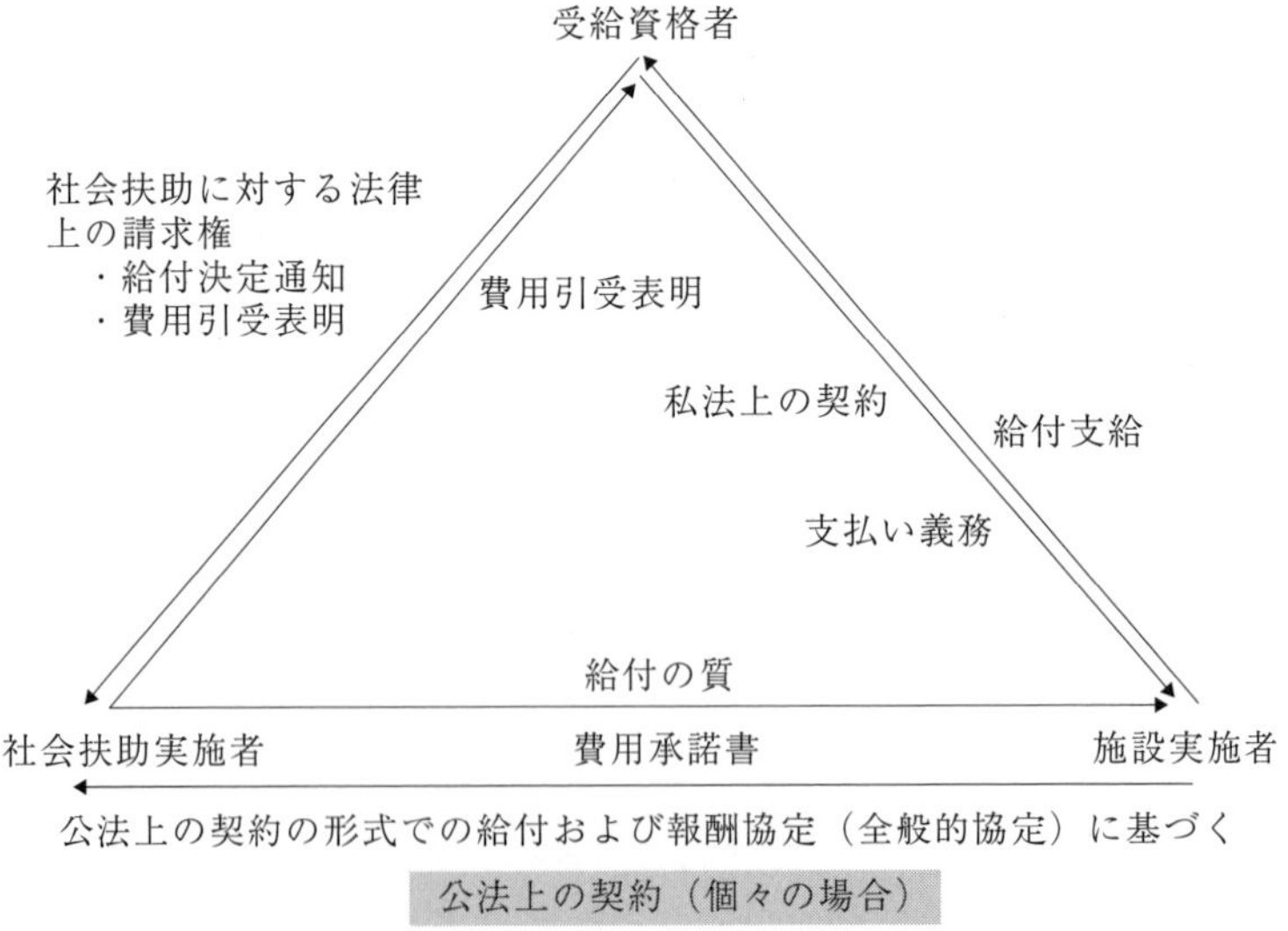

出所）Klinger/Kunkel/Peters/Fuchs 2005：48.

図3-4-2　社会法の三角関係図

2　適用ケース

たとえば、老人ホームへの入所を望んでいる女性（六五歳）がいて、彼女は福祉事務所にカリタス老人ホームを指名したとする．この場合、この女性は社会法典第一二編第四一条に関連して、「老齢・障害等基礎保障」に対する請求権、そして社会法典第一二編第七一条に基づき、老齢扶助に対する請求権を持つことになる．カリタスホームに入所したいという望みは、社会法典第一二編第九条第二項および第三項に基づき、かなえられなければならないことになる．ホームでの扶助としては、必要な生活費用の引受、住居費・暖房費および必要な生活費（とりわけ衣料および個人的に自由に使える現金額）の引受が、社会法典第一二編第四二条、第三五条に基づき行われる．この女性とホーム実施者としてのカリタスの間では、ホーム規定にしたがって個人的入所契約およびケアについての契約が結ばれる．カリタスと社会扶助実施者の間には、社会法典第一〇編第五三条に基づき、公法上の契約が結ばれ、公的実施者はホーム入所の費用を引き受け、ホーム実施者はホーム居住者に給付支給の義務を負うことになる．社会法典第一二編第七五条第三項に基づき、カリタスと給付協定および報酬協定をすでに結んでいた場合に限り、公的実施者は社会法典第一二編第七五条第四項第一文により、カリタスの施設での費用を引き受ける義務を負う．社会扶助実施者は、受給資格者の女性から、費用のうち彼女が自分の収入および資産から負担しなければならない分を社会法典第一二編第一九条第五項による費用償還として回収する（Klinger/Kunkel/Peters/Fuchs 2005：48）．

第5章

情報の保護と手続きの原則

一　情報提供義務および協力

社会扶助実施者は職務上、法規範の要件を満たしているかどうかを調べる．この事情調査においては、社会扶助実施者が義務的裁量により事情の解明に必要だと思われる証拠物件を用いる（SGB第一〇編第二一条）．その際、実施者は，とくに使用者や医師からの情報を入手し、家庭訪問による検証を行うことができる（Klinger/Kunkel/Peters/Fuchs 2005：49）．

この調査義務に相応するのが第三者の情報提供義務であり、それには①扶養義務のある者、費用返還義務のある者および雇用者の情報提供義務（SGB第一二編第一一七条）、②医師の情報提供義務（SGB第一〇編第一〇〇条）、③税務署の情報提供義務（SGB第一〇編第二一条第四項）、④他の社会給付実施者の職務共助義務（SGB第一〇編第三条）、⑤目撃者の証言義務および専門家による鑑定義務（SGB第一〇編第二一条第三項）があり、さらに事情調査に際しての扶助を求める者の「協力義務」（Mitwirkungspflicht）がある（SGB第一〇編第二一条第二項）．

協力義務の内容は、社会法典第一編第六〇条から第六四条に基づくが、たとえば、家庭訪問を許容したりするような協力義務はない．社会法典第一編第六〇条によると，扶助を求める者には，①給付にとって重要な事実，たとえば，所得，資産，家族構成，扶養義務者，年齢などについての情報をすべて申告する義務，②第三者が必要な情報を与えることに同意する義務，③状況の変化を報告する義務，④証拠物件，たとえば，賃金証明書，年金決定通知，賃貸契約書などを挙げ，提示する義務がある．その他，社会法典第一編第六二条により，診察および治療を受ける義務，また社会法典第二編による社会法典第一編第六四条により，就労を促進する措置に参加する義務がある．

ところで，協力義務と協力行為は適切で，必要かつバランスがとれていなければならない．事実の申告は，それが法規範の要件を満たすという目的を達成するのに有益な場合に限り，適切である．関連しない事実は申告する必要がない（協力義務の適切性）．必要なのは，扶助の具体的なケースに必要とされる事実だけである．したがって，各種の銀行情報または医師の情報に対する記入漏れのある承諾書は必要ない．社会扶助実施者が受給資格者よりも少ない労力で，たとえば，職務共助により他の官庁から情報を手に入れることができる場合も，同様に協力行為はあまり必要ない（協力義務の必要性，SGB第一編第六五条第一項第三番）．協力行為が請求された給付とバランスが取れた関係にあるとき，その協力行為は適切である（SGB第一編第六五条第一項第一番）．わずかな給付のため，遂行が難しい協力行為はバランスが取れた関係とはいえない．また協力行為は，重大な理由のために要求できないようなことがあってはならない．このことは個々のケースにおいて，子どもの父親の名前をあげるのを拒否する母親などの場合に推量される（協力行為の適切性）．

協力義務を怠った場合の制裁もある．たとえば，家庭訪問が適切かつ必要で釣り合いがとれているにもかかわらず，許容されない場合が，これに当てはまる．しかし，制裁を課す場合は，社会法典第一編第六六条第三項により，①その結果生じる事柄についての書面による指摘，②協力義務を果たすための適切な期限設定，③成果のないままの期限切れなどの要件が満たされていることが必要である（Klinger/Kunkel/Peters/Fuchs 2005：50）．

二　社会福祉データの保護

1　原則

扶助を求める者について、社会法典第一編第六〇条による協力義務の枠内で、広範囲にわたって開示する義務と、社会扶助実施者がこれらのデータを開示しない義務がある（図3－5－1）．この守秘義務は、情報の自己決定に対する基本的権利の領域特有の成文化として、社会法典第一編第三五条に定められている．社会法典第一編および第一〇編による領域特有の社会福祉データの保護規定は、連邦データ保護法および州データ保護法のデータ保護規則全般に対し優先権を持つ．州データ保護法により、州データ保護委託者によるデータ保護監視のみが行われる（SGB第一〇編第八一条第二項第二文および第三文）．

社会法典第一編第三五条の保護領域への「介入」（Eingriff）があるとしたら、それは法上の規定が認めたときにし

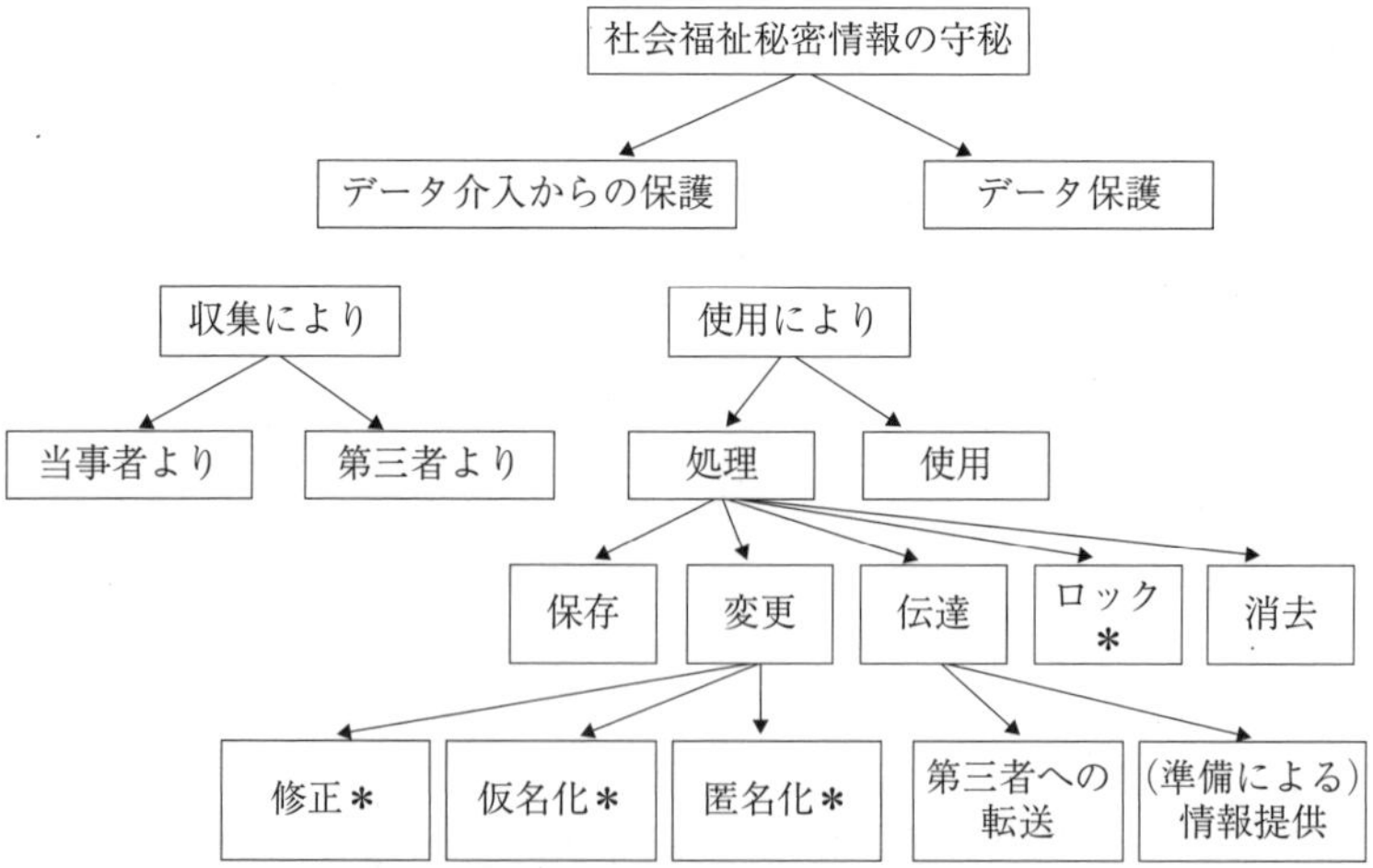

＊処理手順ではあるが、介入ではなく、保護手段である．
出所）Klinger/Kunkel/Peters/Fuchs 2005：51.

図3-5-1　社会法典第１編第35条による社会福祉秘密情報への介入一覧

か許されない（Klinger/Kunkel/Peters/Fuchs 2005：52）．介入に対する法上の規定は社会法典第一〇編第六七条ａ、データ伝達による介入に対しては社会法典第一〇編第六七条ｄに規定されているが、伝達権限がそこから生じない限り、他の官庁に対する伝達義務、裁判手続きにおける証言義務、書類提示義務も生じない（ＳＧＢ第一編第三五条第三項）．伝達要件のうち最も重要なのは、社会法典第一〇編第六八、六九、七一条である．

注意しなくてはならないのが、社会法典第一〇編第七六条の伝達要件のすべてに関する制限である．すなわち、福祉事務所が刑法典第二〇三条第一項に列挙された職業グループ、たとえば、ソーシャルワーカー・社会教育者、心理学者、医師、コンサルタントの一つの所属者から得たようなデータには、法上の伝達権限は及んでいない．付け加えられなければならないのは、これらの職業グループ所属者にとってデータの転送が可能になるような刑法上の前提条件である．刑法上の公開権限のうち最も重要なのが承諾である．

社会扶助実施者はすべて社会福祉データ保護を義務付けられているが、民間社会福祉団体はデータを公的実施者より伝達してもらった場合を除いては、この義務がない（ＳＧＢ第一〇編第七八条第一項第二文）．

2　社会福祉秘密データの保護範囲

個人に関するデータとは、一人の自然人（たとえ故人であろうと）の人的および物的状況についての申告情報のすべてであり、このデータがまだ隠されているかどうか、つまり、知られていないかどうかは、全く関係がない（ＳＧＢ第一〇編第六七条第一項）．その他として第六七条第一項第二文に基づき、企業秘密および業務秘密、たとえば、民間社会福祉団体の従事者数あるいは財政上の数字情報なども保護されている．自然人の社会扶助の受給あるいは社会扶助実施者との関係がすでに保護されるべきデータであり、それが振込み実施者によって、「社会給付」であると銀行に知られてはならないのである．[1]

社会福祉データは、とりわけ許可されていない「伝達」（übermittlimg）に対して保護されている（Klinger/Kunkel/Peters/Fuchs 2005：52）．伝達は情報を第三者にさらに伝えることである（ＳＧＢ第一〇編第六七条第六項第二文第三番）．第三者とはまず、社会扶助実施者の地域団体外の他の官庁、機関および人物すべてである．社会扶助実施者の地域団体内の機関も第三者である．これ以外にもＳＧＢ第一〇編第六七条第一〇項に基づき、福祉事務所の内部機関で、社会扶助の業務を担当しない機関も第三者である．反対に、たとえば、生計扶助の行政専門家が個人的な扶助を与えることができるように、受給資格者の個人データを一般社会奉仕団の職員に転送する場合、これは第三者への転送ではない．なぜなら、両者は生計扶助のケースを違う観点で処理しているといえるからである．一般のボランティアから行政専門家への逆方向の伝達も、確かに社会法典第一編第三五条の指す伝達ではないが、もし受給資格者がソーシャルワーカーをその職業的立場から信用して、ソーシャルワーカーにデータを打ち明けたのであれば、刑法典第二〇三条第一項の指す開示になる．

社会福祉秘密情報の「守秘」（ＳＧＢ第一編第三五条第一項第二文）の意味するところは、社会福祉データは開示されてはならない、つまり、積極的予防措置により守るべきだということである．ケースの処理を委託されていない第三者は、社会福祉データへの接続をしてはならない．したがって、部屋を出るときは柵に鍵をかけ、電話のやりとりおよび公衆の行き来においては、秘密保持は守られなくてはならない．

（1）BverwGv.23.6.1994.

3　介入権限としての承諾

「承諾」（Einwilligung）は介入の前に与えられるところの個人に関する情報の所有者（当事者）の介入同意表明である．承諾は基本的に文書で与えられ、その都度一つひとつの場合に制限されていなければならない（ＳＧＢ第一〇編第六七条ｂ）．第三者（たとえば、銀行、医師）による情報提供に対する全般的な承諾表明、あるいは他の官庁での書類要求は無効である．ＳＧＢ第一〇編第六七条ｂによる、承諾の条件としては、承諾があらゆる種類の介入に対し「開け、ごま」（Sesam-öffne-dich）になるのを防ぐ意図がある（Klinger/Kunkel/Peters/Fuchs 2005：53）．

4　データ収集

データ収集とは、自然人についてのデータの入手のことである（ＳＧＢ第一〇編第六七条第五項）．社会法典第一二編による具体的な任務を遂行できるようにするため、そのデータが必要な場合に限り、データ収集は許可される．福祉事務所は、まずはじめに当事者よりデータを自ら収集するよう努めなくてはならない（ＳＧＢ第一〇編第六七条ａ第二項第一文、「当事者収集 Betroffenerhebung」）．口頭質問やアンケート用紙の送付、当事者の許可を得て第三者より情報を入手することにより、情報収集が行われる．社会法典第一〇編第六七条ａ第二項第二文の数えられるほどのごく限られた例外においてのみ、データ収集を当事者の協力なしに行うことができる（「他者収集 Fremderhebung」）．

5　データ保存およびデータ消去

データ保存はデータ処理の一つの形式であり、データが記憶媒体に記録されることを意味する（ＳＧＢ第一〇編第六七条第六項第二文第一番）．データ保存は、社会法典第一〇編第六七条ｃに定められている条件下に限り、認められる．

個人に関するデータをデータ記憶媒体に取り込むことが、個々のケースの具体的任務を果たせるようにするのに必要な場合、かつ必要な限りは、保存が認められる．データ保存はデータ収集と同じ目的に使われなくてはならない（目的一致 Zweckkongruenz）．

データ消去も同様に、データ処理の一つの形式であり、保存されたデータを識別できなくすることである（ＳＧＢ第一〇編第六七条第六項第二文第五番）．社会法典第一〇編第八四条第二項により、データが任務遂行に必要でなくなったら、そのデータは消去される（Klinger/Kunkel/Peters/Fuchs 2005：54）．書類分類での保存期限は定められるべきである．消去により当事者の保護に値する利益が侵害されるような場合は、消去の代わりにデータのロックが行われる（ＳＧＢ第一〇編第八四条第三項）．

6　データ伝達

データ伝達は社会法典第一〇編第六七条d第一項に基づき、法律による伝達要件が存在する場合には認められる．そのうち重要なものを例記しておく．

(1)　社会給付実施者間の伝達

社会給付実施者間の伝達については、社会法典第一〇編第六九条第一項第一番が有効である．それによると、社会法典による法定任務を果たすために必要な場合は、常に伝達は認められている．伝達する機関が伝達により自身の社会法典任務を果たす場合も、伝達が社会福祉データの受信者による社会法典任務の遂行に用いられる場合も同様に可能である．

(2) その他の官庁への伝達

社会給付実施者（ＳＧＢ第一編第一八条から第二九条）ではないその他の官庁（たとえば、警察）への社会福祉データの伝達は、社会法典第一〇編第六八条により可能である．当事者の保護に値する利益が妨げられない場合、第六八条に挙げられた標準データに限り第六八条に挙げられた官庁に伝達してもよい．たとえば、当事者の現在の居所は、警察が要請すれば、警察に伝達することができる．

標準データ以外のデータは、法定情報提供義務を果たすために、社会法典第一〇編第七一条に限り、その他の官庁に伝達できる．福祉事務所にとって最も重要なのは社会法典第一〇編第七一条第二項になる．この規定は、外国人の社会扶助受給の外国人局への伝達を滞在法第八七条による法定伝達義務の遂行において認めている．

(3) 裁判所への伝達

標準データは社会法典第一〇編第六八条により、請求に応じて裁判所に伝達できる．そのうえ社会法典の任務の遂行に関連する場合は、福祉事務所は社会福祉データを伝達できる．したがって、たとえば、社会法典第一〇編第六九条第一項第二番により給付詐欺を警察および検察庁、裁判所に伝達できる．社会法典第一〇編第六九条の場合には、一方で社会扶助任務の遂行と他方で裁判手続きとの間の関連が必要である．そのような関連があるかどうかは、社会扶助実施者が判断しなくてはならない．なぜならば、社会扶助実施者にデータ伝達の主導権があるからである．これとは逆に、社会法典第一〇編第七三条の場合は、裁判官に主導権があり、裁判官だけがデータの伝達を命じることができる（ＳＧＢ第一〇編第七三条第三項）．社会法典第一〇編第七三条第一項の場合、裁判官に主導権があるのは犯罪（刑法典第一二条第一項）あるいは犯罪に匹敵するような違反行為、たとえば、けた外れの金額の給付詐欺などに関わるときである．

(4) データ照合のための伝達

社会法典第一〇編以外の伝達権限は、社会扶助に関しては社会法典第一二編第一一八条に、社会法典第二編による生計費保障については社会法典第二編第五二条に規定されている．給付請求の悪用を避けたり発見したりするために、「老齢・障害等基礎保障」を除く社会扶助実施者は自動データ比較による照合のため、特定のデータを他の機関から呼び出すことができる．たとえば、社会扶助実施者は社会法典第一二編第一一八条第四項により、自動車運行許可所に要扶助者が自動車保有者であるかどうかを問い合わせることができる．自動車運行許可所は社会法典第一二編第一一八条第四項第五文に基づき、このデータを伝達しなければならない．

7 当事者の情報閲覧要求権

社会法典第一〇編第八三条に基づき、市民は誰でも福祉事務所に、自分自身に関するデータの閲覧を要求することができる．社会法典第一〇編第二五条による一般的な書類閲覧権とは異なり、この情報閲覧要求権は現在行われている行政手続の他、たとえば、相談書類のデータにも有効である（SGB第一〇編第八条）．しかし、この情報の閲覧要求権は、第三者の重要で正当な利益のために秘密を守らねばならないデータには適用されない（SGB第一〇編第八三条第四項第三番）、という制約を受ける．たとえば、婚姻擬似共同体の存在について福祉事務所に信用に足る報告をする情報提供者のデータなどがそうである．

三　行政手続上の諸権利とその保護

1　法的行為能力

ドイツ民法典（BGB）第一一条第一項第一番によれば、法律行為可能である限り、自然人は誰でも法的行為可能である．社会法典第一〇編第一一条第一項第二番では法的行為可能性が拡大され、ドイツ民法典第一〇四条以下によりまだ法律行為可能ではない一八歳未満の者であっても、一五歳以上は法的行為可能である．一五歳以上の者は、自分の意思で社会給付申請書を提出し、その後の処理もできるし、扶助を受給することもできる（Klinger/Kunkel/Peters/Fuchs 2005：56）．しかし、一五歳未満の者は社会扶助の給付受給資格は確かにあるが、その請求権は法定代理人（両親の二人とも、ドイツ民法典第一六二六条）が主張しなければならない．

2　意見聴取

当事者の権利（SGB第一〇編第一二条）を侵害する行政行為が公布される前に、決定的に重要な事実について意見を述べる機会が、当事者に与えられるべきである（SGB第一〇編第二四条）．申請が却下される場合には、受給資格者の請求権が侵害される可能性もあるので、当事者の「意見聴取」（Anhörung）が行われなければならない．意見聴取は行政行為の前に行われなければならず、口頭でも書面によってもよい．意見聴取が行われないと、行政行為の否認可能性につながる．

意見聴取は法的手続き行為なので、法的行為能力が条件となる．一八歳未満の者でも一五歳以上は、社会法典第一編第三六条により法的行為可能であるので、これらの者が福祉事務所に申請書を提出した場合には、意見聴取が行われなければならない．

3　書類の閲覧権

当事者（ＳＧＢ第一〇編第一二条）には行政手続（ＳＧＢ第一〇編第八条）において、法律上の利益が得られる限り、自分自身に関連する書類の「閲覧」（Einsicht）が認められている（ＳＧＢ第一〇編第二五条）．書類閲覧に制限があるものの一つが社会福祉秘密情報である（ＳＧＢ第一〇編第二五条第三項）．

4　理由づけの義務

書面による行政行為は、同じく書面によりその理由が付されなければならない（ＳＧＢ第一〇編第三五条第一項）．その行政行為が負担を増すか優遇をもたらすかは、理由付けにとっては関係がない．理由付けには、決定の重要で具体的かつ法律に沿った理由と、裁量決定においては裁量に至った考え方を含むものでなければならない（Klinger/Kunkel/Peters/Fuchs 2005：57）．

5　決定の判決主文作成

行政行為の判決主文（決定文書）は、明確さの原則（ＳＧＢ第一〇編第三三条第一項）を満たさなければならない．これは物質的必要条件である．何を官庁が市民に望み、あるいは給付するのかが市民にわかれば、明確さは守られている．したがって、たとえば、社会法典第一二編第一一七条第一項による扶養義務のある者の情報提供義務は、扶養義務のある者が自分の経済状況について情報を提供しなければいけないとわかるように、はっきりと文章化されていなくてはならない．形式的な行政行為によって、この者にこの義務が課される場合に限り、社会法典第一〇編第三一条の指す「規定」(Regelung) が存在する．

社会法典第一二編第九三条による移行通告は、債権者の交替が行われることがはっきりわかるようでなければならない．さらに給付義務についてはっきりと述べられていなくてはならない．支給された給付額は、少なくとも移行通告からは明らかでなくてはならない．

6 法律上の保護

社会法典第一二編および社会法典第二編によるケースでは、福祉事務所の決定に対し、当該者は裁判所、二〇〇五年一月一日以降は社会裁判所に訴えることができる (社会裁判所法第五一条第一項第四番および第六番a)．訴訟の種類としては、取り消し訴訟および「義務づけ訴訟」(Verpflichtungsklage) が考えられる．取り消し訴訟は行政行為の破棄、義務づけ訴訟は行政行為の発布を目的とする．仮指示の申請により、市民は暫定的に法律上の保護を得る．手続きは無料である (社会裁判所法第一八三条)．

市民がまず予審手続きにおける法律上の保護を求めた場合に限り、訴訟は認められる (社会裁判所法第七八条に関連してSGB第一〇編第六二条)．当該者の異議に応えて、官庁は自身の決定について調査する．官庁が異議を正当だと判断すれば、除去決定を出す (社会裁判所法第八五条第一項)．しかし、官庁が異議を不当だと判断すれば異議決定を出す (社会裁判所法第八五条第二項第一文第四番および第二文と第三文)．この異議決定は発令官庁、すなわち、行政行為を発布した官庁が出すが、次順位の官庁は異議決定を出すことはできない．なぜなら、社会扶助は自治業務 (指示のない義務任務) であり、異議手続きにおいては行政行為の合目的性を上位官庁に審査させることはできないからである．郡に属する市町村が社会法典第一二編の任務遂行のため、郡から参加要請された場合は、郡が異議決定を出す（ＳＧＢ第一二編第九九条第一項）．広域実施者が地域実施者あるいは郡に属する市町村に参加要請した場合にも、同様である（ＳＧＢ第一二編第九九条第二項）．

異議決定がなされる前に、「社会福祉の経験者」（sozial erfahrene Rersonen）が参加し相談に乗らなくてはならない（ＳＧＢ第一二編第一一六条第二項）．しかし、州法はこれに参加させないと決定することもできる．たとえば、社会法典第一二編施行法第九条によるバーデン＝ヴュルッテンベルク州がそうである．不正確なのは、法律中の文章「異議についての決定の発布」（Erlass des Bescheides über einen Widerspruch）である．これは、異議を除去する決定ではなく、異議が除去されないので下される決定である（異議決定）．

州法が社会福祉の経験者の参加を除外したのであれば、異議が二〇〇五年一月一日より前に申し立てられていたが、異議決定がまた出されていない場合でも、経験者は参加すべきではない．二〇〇四年に出されていた決定に対して、異議が二〇〇五年一月一日以降になってようやく申し立てられたのであれば、なおさらのことである（Klinger/Kunkel/Peters/Fuchs 2005：57–58）．

文献

Adamy, W.（2003）*Das neue SGB II-Der Abstieg der Arbeitslosenhilfe in die Sozialhilfe*, SozSich.

Albers, H.（2004）*Die Zusammenlegung von Arbeitslosenhilfe und Sozialhilfewirksame Reform oder organisatorisches Fiasko*, NdsVBI.

Beck-Rechtsberater（2003）*Mein Recht auf Sozialhilfe*, Deutscher Taschenbuch Verlag.

Beck-Rechtsberater（2004）*Mein Recht auf Sozialleistungen*, Deutscher Taschenbuch Verlag.

Beck-Rechtsberater（2005）*Guter Rat bei Arbeitslosigkeit*, Deutscher Taschenbuch Verlag.

Bericht der kommission（2002）*Moderne Dienstleistungen am Arbeitsmarkt, Vorschläge der Kommission zur Umstrukturung der Bundesanstalt für Arbeit*, Berlin.

Bäcker, G.（2004）*Sozialhilfestreitigkeiten auf die Sozialgerichte*, NJW.

Bäcker, G./Koch・A（2004）*Unterschiede zwischen künftigem Arbeitslosengeld II und bisheriger Arbeitslosen-und Sozialhilfe*, SozSich.

Böckem, S.（2007）*Zusammenführung von Arbeitslosenhilfe und Sozialhilfe*, GRIN Verlag.

Brand, J.（2005）*Hartz* IV—*Mein Recht auf Arbeitslozengeld II*, Verbraucherzentrale.

Brühl, A.（2003）*MeinRecht auf Sozialhilfe; mit Asylbewerberund Grundsicherungsleistungen, 18. Auflage*, München.

Bubeck, T.（2005）*Guter Rat bei Arbeitslosigkeit-Arbeitslosengeld・Arbeitslosengeld II・Soziale Sicherung・Rechtsschutz*, dtv.

Chojetzki, R./Klönne, M.（2004）*Das Vierte Gesetz für moderne Dienstleistungen am Arbeitsmarkt aus Sicht der Rentenversicherung*, DRV.

Der Spiegel（2004年第29号、2002年第48号）

Die Welt（2005年3月7日）

DV（2002）*Fachlexikon der sozialen Arbeit*, Kohlhammer.

Frick, J. R.（2003）*Arbeitslosenhilfe + Sozialhilfe = Arbeitslosengeld II, Gesundheitsund Sozialpolitik.*

Fuchs, P./Peters, K. (2003) *Neugestaltung von Sozialhilfe und Arbeitslosenhilfe*, BWGZ.

Geiger, U. (2004) *Verlagerung der Sozialhilfestreitigkeiten auf die Sozialgerichte*, NJW.

Growth, competitiveness, employment: The challenge and ways foward into the 21th century (white paper) (COM (93) 700)˙

Green Paper: European social policy: Options for the Union (COM (93) 551)˙

Hauck, K./Noftz, W. (2006) SGB II, Loseblattsammlung, Berlin.

Hüttenbrink, J. (2004) *Sozialhilfe und Arbeitslosengeld II. Hilfe zum Lebensunterhalt, Grundsicherung, sonstige Ansprüche, Verfahren, Verwandtenregress*, C. H. Beck.

Hüttenbrink, J. (2009) *Sozialhilfe und Arbeitslosengeld II. Hilfe zum Lebensunterhalt (Hartz* IV), *Grundsicherung, sonstige Ansprüche (z.B. Hilfe zur Pflege), Verfahren, Verwandtenregress*, C. H. Beck.

Klinger, R./Kunkel, P. C./Peters, K./Fuchs, P. (2005) *Sozialhilferecht-SGB XII mit SGB II und AsylbLG*, Nomos.

Krahmer, U. (2004) *Verfassungsrechtliche Bedenken gegen die Hartz-IV-Gesetze: Insbesondere das Beispiel des ungedeckten Bedarfs der Hilfe zum Lebensunterhalt bei nicht angespartem oder abhanden gekommenem Arbeitslosengeld II-zugleich ein Beitrag zu ∞5 Abs.2 Satz 1 SGB II sowie zu §21 Satz 1 SGB II*, ZfF.

Kruse, J./Reinhard, H. J./Winkler, J. (2002) *Bundessozialhilfegesetz mit Asylbewerberleistungsgesetz; Kommentar*, München.

Löns, M./Herold-Tews, H. (2005) SGB II, Grundsicherung für Arbeitsuchende, München.

Löschau, M./Marachner, A. (2004) *Zusammenlegung von Arbeitslosen-und Sozialhilfe. Hartz IV*, Luchterhand.

Marburger, H. (2005) *SGB II-Grundsicherung für Arbeitssuchende, Regensburg*, Berlin.

—— (2005) *SGB XII Die Neue Sozialhilfe*, Walhalla Fachverlag.

Marschner, H. (2004) *Gesetzliche Neuregelung im Arbeitsvermittlungsrecht zum 1.1.2004*, DB.

—— (2004) *Die neue Grundsicherung für Arbeitssuchende nach dem SGB II*, ZKF.

Mohr, K. (2007) Soziale Exkulusion in Wohlfahrtsstaat, Arbitslosensicherung und Sozialhilfe in Großbritannien und Deutschland.

Mrozynski, P. (2004) *Grundsicherung für Arbeitssuchende, im Alter, bei voller Erwerbs-minderung und die Sozialhilfereform*, ZFSH/SGB.

Münder, J.（2004）*Das SGB II—Die Grundsicherung für Arbeitsuchende*, NJW.

——（2004）*Sozialgesetzbuch II, Lehr-und Praxiskommentar*, Baden-Baden.

——（2/2004）*Grundsicherung für Arbeitssuchende*（*SGB II*）*-Chancen und Risiken für Kommunen*, KommJur.

Oestreicher, E./Schelter, K./Kunz, E./Decker, A.（2004）*"Bundessozialhilfegesetz mit Recht der Kriegsopferfürsorge und Asylbewerberleistungsgesetz", Loseblattsammlung, München Pfohl, Zusammenführung von Arbeitslosen-und Sozialhilfe für Erwerbsfähige*, ZfSH/SGB.

Raff, D.（2003）*Sozialhilfe,Arbeitslosenhilfe und Arbeitslosengeld II*, GRIN Verlag.

Sachße, C./Tennstedt, F.（1988）*Geschichte der Armenfürsorge in Deutschland*, kolhammer.

Schellhorn, W./Schellhorn, H.（2002）*Das Bundessozialhilfegesetz, Kommentar, 16. Auflage*, Neuwied.

Spellbrink, W.（2004）*Wandlungen im Recht der Arbeitsvermittlung-oder: Viel Lärm um wenig*, SGB.

Spellbrink, W./Eicher, W.（2003）*Kasseler Handbuch des Arbeitsförderungsrechts*, München.

——（2004）*Dürfen Bezieher von Arbeitslosengeld II künftig vorzeitig in die Rente abgeschoben warden?*, SozSich.

Spindler, H.（2003）*Das neue SGB II-Keine Grundsicherung für Arbeitssuchende*, SozSich, 338

Steck, B./Kossens, M.（2005）*Neuordnung von Arbeitslosen-und Sozialhilfe durch Hartz IV* C. H. Beck.

Steck, B./Kossens, M.（2008）*Arbeitslosengeld II, Aktuelle Rechtsprechung und Entwicklungen in der Praxis, 2. Auflage*. C. H. Back.

Stumberger, R.（2005）*Hartz IV—Der Ratgeber*, LINDE VERLAG.

Winkel, R.（2004a）*Das Märchen der verbesserten Arbeitsanreize: Für ALG-II-Bezieher bleibt vom*（*Neben-*）*Verdienst kaum etwas übrig*, SozSich.

Winkel, R.（2004b）*Der neue Kinderzuschlag: Eine familienpolitische Seifenblase*, SozSich. DGB—Bundesvorstand（Hreg.）

Winkel, R./Nakielski, H.（2004）*III Tipps zu Arbeitslozengeld II und Sozialgeld*, Bund—Verlag.

BERND GÖTZE（2000）『独和法律用語辞典』成文堂.

伊藤実（2004）「調査研究の目的と背景」『フランス・ドイツにおける雇用政策の改革―ＥＵ雇用戦略と政策転換（労働政策

研究報告書No.15)』一―九頁.
上田真理(2004)「ドイツ最低生活保障の行方」『総合社会福祉研究第24号』総合社会福祉研究所、七三―八三頁.
小沢修司(2007)『福祉社会と社会保障改革』高菅出版.
小原美紀(2004)「雇用保険制度が長期失業の誘引となっている可能性」『日本労働研究雑誌No.528』、三三―四八頁.
河野正輝(1997)『社会福祉の権利構造』有斐閣.
木下秀雄(2000)「稼働能力活用義務と扶助支給制限―ドイツ連邦社会扶助法を手がかりとして」『賃金と社会保障No.1270』、五八―七一頁.
厚生労働省編(2007)『世界の厚生労働2007』TKC出版.
後藤玲子(2006)「分配的正義―福祉政策の根拠―」武川正吾・大曽根寛編著『福祉政策Ⅱ』放送大学教育振興会、一六三―一八〇頁.
近藤文二(1963)『社会保険』岩波書店.
嶋田佳広(2007)「生活保護と就労支援―ハルツ第四法からの示唆―」『季刊労働法217号』一〇八―一二四頁.
庄谷怜子・布川日佐史(2002)「ドイツにおける社会的排除への対策」『海外社会保障研究141号』三八―五五頁.
高橋弦(2000)『ドイツ社会保障成立史論』梓出版社.
武田公子(2007)「ハルツⅣ改革とドイツ型財政連邦主義の行方」『金沢大学経済学部論集第27巻第2号』、一四九―一七三頁.
田中謙一(2009)「ドイツにおける最低年金をめぐる議論」『週刊社会保障第64巻2532号』株式会社法研、五四―五九頁.
田中耕太郎(1999)「社会扶助」古瀬徹・塩野谷祐一編『先進諸国の社会保障四ドイツ』東京大学出版会、一五一―一七四頁.
田中耕太郎(2007)「新しい生活保障システムの構築(1)―最低生活保障と生活の質」松村祥子編著『欧米の社会福祉』放送大学教育振興会、一九六―二〇八頁.
田中洋子(2003)「労働―雇用・労働システムの構造転換」戸原四郎・加藤榮一・工藤章編著『ドイツ経済―統一後の10年』有斐閣、七九―一一五頁.
田畑洋一(2005)「ドイツ最新事情―失業扶助と社会扶助の統合・再編」鹿児島県地方自治研究所『自治研かごしまNo.83』、四七―五一頁.
田畑洋一(2006a)「ドイツ『ハルツⅣ』改革と最低生活保障給付―稼働能力の有無による制度再編―」日本社会福祉学会九州

部会『九州社会福祉学第2号』、五五－七九頁．

田畑洋一（2006b）「ドイツ労働市場改革と最低生活保障給付の再編－失業扶助と社会扶助の統合－」『鹿児島国際大学福祉社会学部論集第24巻第4号』、一－一五頁．

田畑洋一（2006c）「ドイツ求職者基礎保障給付－その意義と体系(I)－」『鹿児島国際大学福祉社会学部論集第25巻第2号』、一－一二頁．

田畑洋一（2006d）「ドイツ最低生活保障給付－その体系と給付内容－」『鹿児島国際大学福祉社会学部論集第25巻第1号』、一－二二頁．

田畑洋一（2007）「ドイツ求職者基礎保障給付－その意義と体系(II)－」『鹿児島国際大学福祉社会学部論集第26巻第1号』、三一－四四頁．

田畑洋一（2008）「ドイツにおける最低生活保障制度の再編と新体系」『週刊社会保障第62巻２４６４号』株式会社法研、四四－四九頁．

田畑洋一（2009a）「第一次世界大戦期における扶助の変容と発展－ドイツ国家福祉事業の始まり(1)」『鹿児島国際大学福祉社会学部論集第28巻第2号』一六－二七頁．

田畑洋一（2009b）「ドイツにおける就労支援と就労機会の創出」『週刊社会保障第64巻２５７２号』株式会社法研、四六－五一頁．

田畑洋一（2011）「ドイツ社会法典第2編とニーズ共同体－上乗せ受給問題」『週刊社会保障第65巻26号』株式会社法研、四〇－四五頁．

駐在員事務所報告（2003）『ドイツ労働市場改革と政策金融の対応』日本政策投資銀行フランクフルト駐在員事務所．

都倉祐二（2002）「シュレーダー政権の課題－ハルツ委員会の答申と労働市場改革－」『海外労働時報№３３０』五〇－五九頁．

戸田典子（2010）「失業保険と生活保護の間－ドイツの求職者のための基礎保障－」『レファレンス２０１０．２』国立国会図書館調査及び立法考査局、七－二九頁．

名古道功（2005）「ドイツ労働市場改革立法の動向」『金沢法学第48巻第1号』、二九－一三九頁．

中内哲（2008）「ドイツの失業保険制度」『熊本大学学術リポジトリ（労働法律旬報）』一九－三六頁．

野川忍（2006）「労働市場改革の概要」『ドイツにおける労働市場改革－その評価と展望－（労働政策研究報告書№69）』労働政

策研究・研修機構、五—一四頁.

野川忍（2007）「総括　ドイツ・フランスにおける取り組みと日本への示唆」『ドイツ、フランスの労働・雇用政策と社会保障（労働政策研究報告書No.84）』労働政策研究・研修機構、一三九—一四八頁.

橋本陽子（2005）「第２次シュレーダー政権の労働法・社会保険法改革の動向」『法学会雑誌40巻２号』学習院大学、一七四—三一八頁.

濱口桂一郎（2004）「ＥＵの雇用戦略」『先進諸国の雇用戦略に関する研究（労働政策研究報告書No.３）』労働政策研究・研修機構、二四—四一頁.

樋口美雄（2001）『雇用と失業の経済学』日本経済新聞社.

平岡公一（2007）「貧困と社会的排除への対応」松村祥子編著『欧米の社会福祉』放送大学教育振興会、二三—四一頁.

布川日佐史（2002）「ドイツにおける失業時生活保障給付」布川日佐史編著『雇用政策と公的扶助の交錯』御茶の水書房、二三—四七頁.

松本勝明（2004）『ドイツ社会保障論Ⅰ—年金保険—』信山社.

マルティンルター大学社会人類学研究所・鹿児島国際大学大学院福祉社会学研究科（2005）『ドイツハルツⅣ調査報告書』.

本沢巳代子（1996）『公的介護保険—ドイツの先例に学ぶ—』日本評論社.

横井正信（2003）「シュレーダー政権の改革政策と２００２年連邦議会選挙」『福井大学教育地域科学部紀要Ⅲ（社会科学）第59号』、九—三八頁.

横井正信（2004）「第二次シュレーダー政権と『アジェンダ２０１０』(1)」『福井大学教育地域科学部紀要Ⅲ（教育科学）第60号』、七一—一二六頁.

吉原直樹（1996）「都市空間と国家・市場・福祉」吉原直樹編著『都市空間の構想力』勁草書房、二五一—二七九頁.

索　引

〈た　行〉

〈な　行〉

〈は　行〉

III　文　献

資　　料（申請書見本）

1．求職者基礎保障
2．「老齢・障害等基礎保障」
3．社会扶助

1．失業手当Ⅱ（1部省略）

社会法典第2編（SGBⅡ）による生活費保障のための給付申請書

—失業手当Ⅱ／社会手当—

所轄役所	**申請書提出日**	**受付印**
照会番号		
ニーズ共同体番号		
構成単位		
−わかる場合は記入してください−		

I.　申請者基本データ
姓
名
通り、番地 —必要な場合には方を書く—
郵便番号、地名
電話番号（市外局番から）および／またはEメールアドレス（確認先）
銀行口座（給付は現金を用いずに振り込まれるため、記入してください） 店番号　　　　　　　　　　口座番号
銀行名／郵便貯金名／貯蓄銀行名、 その他の金融機関名
口座名義
普通口座がなく、また、口座を開くこともできない場合は、銀行または貯蓄銀行の証明書により、その旨を証明してください。

—申請者は記入しないで下さい— 申請受付日：	
下記にチェック： □連邦身分証明書 □パスポート □その他の証明書　（Hz、日付）	
処理に当たって指摘すべき点 （管轄機関記入）	
人数 □1　□2　□3　□4　□5	
対応開始日	
給付／給与支給開始日	
労働不能になった日付	（Hz、日付／構成単位）
その他	

II.　個人的状況		
	申請者本人 私は　□一人暮らしです。 　　　□一人で養育中の母／父です。 子供については第３部に記入します。	第１番による申請者のパートナー、すなわち □永続的に別居していない配偶者 □婚姻に類似する世帯のパートナー □永続的に別居していない人生パートナー
	①	②
姓（該当する場合は旧姓）		
名		
性別	□女　　□男	□女　　□男
生年月日、出生地		
家族構成	□未婚 □既婚 □婚姻に類似する世帯 □登記された人生パートナーシップ □永続的に別居 □離婚 □死別 （既婚〜死別）________以来	□未婚 □既婚 □婚姻に類似する世帯 □登記された人生パートナーシップ □永続的に別居 □離婚 □死別 （既婚〜死別）________以来
国籍	□ドイツ □その他________ （労働許可が下りている場合、記入してください）	□ドイツ □その他________ （労働許可が下りている場合、記入してください）
雇用エージェンシー顧客番号（もしあれば）		

	①	②
就労可能範囲	あなたは、ご自身の推測により、通常の労働市場における仕事に毎日３時間以上専念できますか？ □はい □いいえ、なぜなら	パートナーは、あなたの推測により、通常の労働市場における仕事に毎日３時間以上専念できますか？ □はい □いいえ、なぜなら
難民資格取得者給付法による資格取得者	□いいえ　□はい はい、の場合には該当する**証明書**を持参のこと	□いいえ　□はい はい、の場合には該当する**証明書**を持参のこと
職業教育を受ける者 —学校教育も含む—	□いいえ　□はい　職業訓練の職種	□いいえ　□はい　職業訓練の職種
現在の雇用者の名称と住所、または学校情報		
入院施設入所	□いいえ　□はい　在院期間 ___から___まで はい、の場合、 該当書類を呈示してください。	□いいえ　□はい　在院期間 ___から___まで はい、の場合、 該当書類を呈示してください。
除外理由の存在可能性	—申請者は記入しないで下さい— □いいえ □はい	—申請者は記入しないで下さい— □いいえ □はい
あなたが今まで**社会扶助**を受けていた場合には、失業手当Ⅱを受けるために**健康保険**を選択しなくてはなりません。 したがって、**保険証**を呈示してください！		
健康保険（KV）	私は法定健康保険または家族保険の加入義務を果たしている □はい　□いいえ はい、の場合：健康保険会社名と所在地	パートナーは法定健康保険または家族保険の加入義務を果たしている □はい　□いいえ はい、の場合：健康保険会社名と所在地
	被保険者番号：	被保険者番号：
	いいえの場合： □私は今まで健康保険に加入していなかった **⇒健康保険を選択し、** **保険証を呈示してください** □私は今まで個人契約による健康保険に加入していた （付属の社会保険用紙に記入してください）	いいえの場合： □パートナーは今まで健康保険に加入していなかった **⇒健康保険を選択し、** **保険証を呈示してください** □パートナーは今まで個人契約による健康保険に加入していた （付属の社会保険用紙に記入してください）
あなた、またはあなたのパートナーが配偶者／登記された人生パートナーと別居中の場合、あなたが家族保険に加入できるかどうか審査する必要があります。		
別居中ですか？ □いいえ □はい はい、の場合 記入してください⇒	配偶者／登記された人生パートナーの情報 姓、 名___________ 健康保険会社名と所在地	配偶者／登記された人生パートナーの情報 姓、 名___________ 健康保険会社名と所在地
	被保険者番号：	被保険者番号：
重要な注意点：あなたもしくはパートナーが23歳未満の場合、あなたもしくはパートナーは親の家族保険に加入することができます。		
23歳以上ですか？ □はい □いいえ いいえの場合は、 記入してください⇒	母親について 姓、名、生年月日	母親について 姓、名、生年月日
	健康保険会社名称および所在地	健康保険会社名称および所在地
	被保険者番号：	被保険者番号：
	父親について 姓、名、生年月日	父親について 姓、名、生年月日
	健康保険会社名称および所在地	健康保険会社名称および所在地
	被保険者番号：	被保険者番号：

	①	②
年金保険（RV）	保険クラス □被雇用者 □労働者 □鉱員組合年金保険 □労働者　□被雇用者	保険クラス □被雇用者 □労働者 □鉱員組合年金保険 □労働者　□被雇用者
	年金保険番号	年金保険番号
	□年金保険番号申請済 □年金保険番号要申請 出生国／出生地________ □個人年金保険 （付属の社会保険用紙に記入してください）	□年金保険番号申請済 □年金保険番号要申請 出生国／出生地________ □個人年金保険 （付属の社会保険用紙に記入してください）

III.　申請者と同一世帯に同居しているその他の者の個人的状況

世帯内にその他の世帯構成員がいますか？　□はい　□いいえ
はい、の場合には、その他の世帯構成員を生年月日順に記入してください。
世帯構成員が４人以上いる場合には、**付属用紙４**を使用のこと。

	③	④	⑤
姓 （該当する場合は旧姓）			
名			
申請者／パートナーとの親戚関係			
性別	□女　□男	□女　□男	□女　□男
生年月日、出生地			
家族構成	□未婚 □______________ 以来	□未婚 □______________ 以来	□未婚 □______________ 以来
国籍	□ドイツ □その他________ （労働許可が下りている場合、記入してください）	□ドイツ □その他________ （労働許可が下りている場合、記入してください）	□ドイツ □その他________ （労働許可が下りている場合、記入してください）
雇用エージェンシー顧客番号（もしあれば）			
就労可能範囲（15歳以上の場合に限り要記入）	当該者はあなたの推測により、通常の労働市場における仕事に毎日３時間以上専念できますか？ □はい □いいえ、なぜなら	当該者はあなたの推測により、通常の労働市場における仕事に毎日３時間以上専念できますか？ □はい □いいえ、なぜなら	当該者はあなたの推測により、通常の労働市場における仕事に毎日３時間以上専念できますか？ □はい □いいえ、なぜなら
難民資格取得者給付法による資格取得者	□いいえ　□はい、の場合、該当する証明書を持参のこと	□いいえ　□はい、の場合、該当する証明書を持参のこと	□いいえ　□はい、の場合、該当する証明書を持参のこと
職業教育を受ける者 ―学校教育も含む―	□いいえ　□はい　職業訓練の職種	□いいえ　□はい　職業訓練の職種	□いいえ　□はい　職業訓練の職種
現在の雇用者の名称と住所、または学校情報			
入院施設収容	□いいえ　□はい ___から____まで はい、の場合、該当書類を呈示してください。	□いいえ　□はい ___から____まで はい、の場合、該当書類を呈示してください。	□いいえ　□はい ___から____まで はい、の場合、該当書類を呈示してください。
除外理由の存在可能性	―申請者は記入しないで下さい □いいえ □はい	―申請者は記入しないで下さい― □いいえ □はい	―申請者は記入しないで下さい □いいえ □はい

<table>
<tr><td colspan="4">構成員の健康保険および年金保険に関する以下の設問には、
当該者が14歳以上である場合に限り回答のこと。</td></tr>
<tr><td></td><td>③</td><td>④</td><td>⑤</td></tr>
<tr><td rowspan="4">健康保険（KV）</td><td>□健康保険会社名と所在地</td><td>□健康保険会社名と所在地</td><td>□健康保険会社名と所在地</td></tr>
<tr><td>被保険者番号：</td><td>被保険者番号：</td><td>被保険者番号：</td></tr>
<tr><td>□個人契約健康保険
（付属の社会保険用紙を記入してください）</td><td>□個人契約健康保険
（付属の社会保険用紙を記入してください）</td><td>□個人契約健康保険
（付属の社会保険用紙を記入してください）</td></tr>
<tr><td>□健康保険に加入していない</td><td>□健康保険に加入していない</td><td>□健康保険に加入していない</td></tr>
<tr><td rowspan="3">年金保険（RV）</td><td>保険クラス
□被雇用者　□労働者
□鉱員組合年金保険
□労働者　□被雇用者</td><td>保険クラス
□被雇用者　□労働者
□鉱員組合年金保険
□労働者　□被雇用者</td><td>保険クラス
□被雇用者　□労働者
□鉱員組合年金保険
□労働者　□被雇用者</td></tr>
<tr><td>年金保険番号：</td><td>年金保険番号：</td><td>年金保険番号：</td></tr>
<tr><td>□年金保険番号申請済
□年金保険番号要申請
出生国／出生地：</td><td>□年金保険番号申請済
□年金保険番号要申請
出生国／出生地：</td><td>□年金保険番号申請済
□年金保険番号要申請
出生国／出生地：</td></tr>
</table>

IV.　特別追加需要給付

特定条件を満たす場合、基準給付ではまかなえない追加需要給付が支給されることがあります。
この事は、同一家計内の構成員全員に当てはまります。

同一家計世帯内の構成員が

□妊娠している　　⇒姓、名：＿＿＿＿＿＿＿＿　**妊婦証明書**を呈示してください！

□重度障害者の人的範囲内にあり、**労働生活参加給付**を受給している。
⇒姓、名：＿＿＿＿＿＿＿＿　**認定証明書**を呈示してください！

□医学的理由により費用のかかる滋養の需要
⇒姓、名：1.＿＿＿＿＿＿＿＿　2.＿＿＿＿＿＿＿＿
必要性および追加需要の種類等証明用紙は、管轄役所にて入手できます。
かかりつけの医師がこれを記入のこと。

V.　申請者および世帯内に生活するその他の者の住宅状況

住居費および暖房費は
「適切な住居費および暖房費確定のための付属用紙1」に記入すること。

VI.　申請者および世帯内に生活するその他の者の収入状況

金銭または有価物件によるあらゆる収入は収入として認定します。
あなたおよび／またはあなたと同世帯内に生活する構成員は、次の項目から得る収入がありますか？
- 非自営または自営の仕事、賃貸業、農業、林業
- 児童手当、代償償還給付（失業手当I、一時金、疾病休業保険金）
- 社会保険年金、企業年金、退職年金など
- 生活費前払い法による生計費支給、給付
- 利子、資本収益、住宅手当、社会法典第12編による社会扶助
- その他の継続的または一時的収入　どのような種類ですか？

□第II、III部に記載した者は収入がない。

□第II、III部に記載した者のうち、次の者は収入がある。
姓、名＿＿＿＿＿＿＿＿収入の種類＿＿＿＿＿＿＿＿
姓、名＿＿＿＿＿＿＿＿収入の種類＿＿＿＿＿＿＿＿
姓、名＿＿＿＿＿＿＿＿収入の種類＿＿＿＿＿＿＿＿
収入状況を証明するために、各所得者についてそれぞれ付属用紙2を提出してください。
社会扶助を受給している場合には、さらに「現在有効な」認定証明書を呈示してください。

□月額＿＿＿ユーロの児童手当請求権がある。児童手当番号＿＿＿＿＿＿
⇒現在有効な証明書(例えば児童手当額について口座入出金明細書)を呈示してください。人数 □① □② □③ □④ □⑤

VII. 申請者および世帯内に生活するその他の者の資産状況

換価可能なあらゆる資産対象は資産として考慮します。
あなたおよび／またはあなたと同世帯内に生活する構成員は、
たとえば次の項目のような資産を所有していますか？
‣銀行預金、貯金、現金など
‣原動機つき車両、有価証券、株券、株式ファンド
‣養老保険、個人年金保険、「リースター年金」、建築資金積立契約など
‣建物のある、またはない土地、持ち家（たとえば単世帯・多世帯用住宅）、
区分所有住宅、その他の不動産
‣その他の資産対象、たとえば宝飾品、絵画など

⇒私（申請者）および／またはパートナー（第Ⅱ部参照）は、一人当たり4,850ユーロ（つまりパートナーと合わせて9,700ユーロ）を越える資産を所有しています。　□はい　□いいえ

⇒第III部に記載したその他の構成員は、一人当たり750ユーロを越える資産を所有しています。　□はい　□いいえ

この二つの設問のうち一つでも「はい」の回答がある場合、付属用紙３を記入すること。

VIII. 世帯外で扶養義務のある世帯構成員

（たとえば離婚した、または別居している配偶者、非嫡出子の父親、両親、子どもなど）

姓 （該当する場合は旧姓）			
名			
生年月日			
親戚関係			
郵便番号、地名			
通り、番地			
扶養を受ける権利のある者の姓、名			
扶養名目、和解、書面による協定、扶養額などの証明書を呈示してください。			
扶養給付は支給されている	□はい　□いいえ はい、の場合は付属用紙２を記入してください	□はい　□いいえ はい、の場合は付属用紙２を記入してください	□はい　□いいえ はい、の場合は付属用紙２を記入してください
扶養給付は支給されていない	扶養給付を請求しましたか？ □はい　□いいえ	扶養給付を請求しましたか？ □はい　□いいえ	扶養給付を請求しましたか？ □はい　□いいえ

IX. 雇用者、社会給付実施者に対するその他の請求権、損害賠償請求権

1	あなた、あるいはあなたと同一世帯に生活している人は、失業後の期間に対しかつての雇用者に請求権を行使しましたか？　□はい　□いいえ				
	はい、の場合　姓、名：	雇用者所在地：			
	理由				
	裁判／書類整理番号				
2	あなた、あるいはあなたと同一世帯に生活している人は、他の給付を申請しましたか？ または該当する申請書を提出する予定がありますか？　□はい　□いいえ				
	⇒とりわけ全種類の年金、旧雇用者の退職金、児童手当、連邦児童手当法第６条aによる児童加算、住宅手当、社会法典第12条による社会扶助給付は、記入すること。				
	給付を申請した人：				
	給付の種類：	社会給付実施者：	申請日：	申請対象期間	
	給付を申請した人：				
	給付の種類：	社会給付実施者：	申請日：	申請対象期間	
3	私／私と同一世帯内に生活する者の扶助必要性は事故により生じました。　□はい　□いいえ				
	はい、の場合　負傷者：				
	事故申請用紙をまだ記入していない場合は、記入してください！				

X.　給付支給にとって重要なその他の申告		
あなた、あるいはあなたと同一世帯に生活している人は、雇用エージェンシーまたは社会扶助実施者においてすでに給付を申請したり、受給したりしたことがありますか？		□はい　□いいえ
はい、の場合	給付名：　最終申請／受給日：	
	姓、名：	
	どの機関で（管轄実施者）？	
	書類整理番号／顧客番号／要扶助世帯番号	

次の申告内容は、失業手当Ｉ受給後に、失業手当Ⅱの期限付き加算に対する請求権が生じるかどうかを決定するのに必要です。

世帯内の次の構成員は、失業手当Ｉ（Alg）を受給しています／いました。

	姓	名	顧客番号
1			

失業手当Ｉ最終受給日：________________
最後に受給していた失業手当Ｉ（Alg）　□週に　□日に________ユーロ
終了通知書（Alg請求権最終日）と認可証明書（Alg額）を添付してください！

最後に支給された住宅手当　ひと月あたり____ユーロ（住宅手当額証明書呈示のこと）

□中断時期として____から____までの期間が定められた。

□____以来の中断時期のため、請求権は消滅した。

中断時期証明書または消滅証明書を添付してください！

	姓	名	顧客番号
2			

失業手当Ｉ最終受給日：________________
最後に受給していた失業手当Ｉ（Alg）　□週に　□日に________ユーロ
終了通知書（Alg請求権最終日）と認可証明書（Alg額）を添付してください！

最後に支給された住宅手当　ひと月あたり____ユーロ（住宅手当額証明書呈示のこと）

□中断時期として____から____までの期間が定められた。

□____以来の中断時期のため、請求権は消滅した。

中断時期証明書または消滅証明書を添付してください！

XI.　記入内容をもう一度正確に見直してください。
記入内容が正しくない、または不完全な場合には、必ず報告してください。

注意：第I部の記載者が給付を申請したならば、申請者が要扶助世帯を代表するということを前提とする。ただし、ニーズ共同体の他の構成員が雇用エージェンシーまたは社会扶助実施者に、この構成員が世帯の利害を自ら請け負いたいと宣言した場合、代理権があるものと推定する（社会法典第2編第38条）。

私は、私の記入した内容は事実に相違ないことをここに保証します。変化、とりわけ家族状況、収入状況、および資産状況の変化を、私は要請されることなく遅滞なく通知します。 私は給付支給に必要な情報の保存、記録および処理に同意しています。 地名／日付　　申請者の署名 地名／日付　　法定代理人の署名（申請者が未成年の場合）	私は、私によって、または管轄実施者の申請書受付によって行われた、次の部の変更または補足が正当であることをここに認めます。 ________________ 地名／日付　　申請者の署名 地名／日付　　法定代理人の署名（申請者が未成年の場合）

世話人／後見人／補佐人は指名されていますか？
□いいえ　□はい　→____________________により　書類整理番号：________
後見効力：____（証明書呈示）

地名／日付　　署名

２．「老齢・障害等基礎保障」

書類整理記号：	「老齢・障害等基礎保障」申請書—１ページ—	

注意：

あなたの「老齢・障害等基礎保障」申請が事実に基づいて適切に決定できるようにするために、あなたの情報とあなたに関する証明書類が必要です。

したがって、申請書は注意深く記入するようにお願いいたします。

添付された注意点の説明に留意し、申請書４ページに忘れずに署名してください。

記入内容の正当性は、最終ページの各自あるいはその法定代理人の署名により証明されます。

申請に関する情報保管は、社会法典第10巻（SGB X）第67条a第２項第１文に従って行われます。

その他の情報取扱は、SGB X第67条ｂ第１項により行われます。

この手続きにおいて、あなたは社会法典第１巻（SGB I）第60条第１項により協力する義務があります。

１．個人的状況に関する申告	１人目		２人目	
	□男　□女		□男　□女	
	申請者１		□申請者２ □配偶者（別居していない） □婚姻類似共同体のパートナー	
姓、 旧姓、 名				
住所　通り、 番地、郵便番号、 地名、（よろしければ電話番号）				
生年月日				
家族構成	以来		以来	
家計を主に負担しているのは誰ですか？ （世帯内の立場）	□		□	
国籍、 外国人の場合は 滞在許可資格				
年金保険番号				
世話人（任命証書のコピーを添付）				
住所　通り、 番地、郵便番号、 地名、（よろしければ電話番号）				
完全な生計能力の減少が継続している、なぜなら				
重度障害者証明書（証明書のコピーを添付）	有効期限	記号（G、aG？）	有効期限	記号（G、aG？）
	申請しましたか？　□はい　□いいえ		申請しましたか？　□はい　□いいえ	

あなたが入院施設（たとえば、ホーム、病院など）に住んでいる場合：**その前はどこに住んでいましたか**（通常滞在地）？	施設に**入所する前**の住居の住所	施設に**入所する前**の住居の住所
今までに「老齢・障害等基礎保障」を支給されたことがある：	□いいえ □はい　支給者は？	□いいえ □はい　支給者は？

２．扶養費		２人目が申請者である場合のみ記入してください
あなたの子ども／ご両親のうち、相当の収入（年に100,000ユーロ以上）を得ている人（ご両親は二人合わせて）はいますか？	□いいえ □はい（はいに×印を付けた場合、氏名と住所を記入してください）	□いいえ □はい（はいに×印を付けた場合、氏名と住所を記入してください）

姓、 名		
住所　通り、 番地、郵便番号、 地名、（よろしければ電話番号）		
生年月日		

離婚した、または別居している配偶者、または解消している人生パートナーシップのパートナーに対し、扶養請求権は生じますか？	□扶養請求を断念した □扶養請求権をすでに行使した □扶養請求権に権原が付いた （執行力のある権原、証書を添付してください） □扶養費は支払われる □別居／離婚しているパートナーの 年収ユーロ額は：＿＿＿＿＿＿	□扶養請求を断念した □扶養請求権をすでに行使した □扶養請求権に権原が付いた （執行力のある権原、証書を添付してください） □扶養費は支払われる □別居／離婚しているパートナーの 年収ユーロ額は：＿＿＿＿＿＿

書類整理記号：	「老齢・障害等基礎保障」給付申請書―２ページ―	申請者：
	１人目	２人目

３．健康保険／介護保険（証明書類を添付してください！）

保険会社名と所在地		
個人契約の保険の場合は、適用範囲を記入してください		
保険料月額		

４．収入（12カ月間の所得証明書を添付してください！）

無収入	□	□

収入	月額 月額でない場合にはその旨明示してください	支給申請日、 書類整理記号、 手続きの状態 （告訴、抗告）	月額 月額でない場合にはその旨明示してください	支給申請日、 書類整理記号、 手続きの状態 （告訴、抗告）
非自営業（就業所得、職業訓練報酬、障害者に対する作業所の報酬）				
健康保険給付（雇用者補助金を含む）				
一般営業				
農林業				
その他の自営業				
賃貸業				
住宅手当／負担補助金				
各種年金（たとえば、生計能力減少による年金、老齢年金、傷害年金、農業老齢手当、未亡人または孤児年金、教育年金、児童加算／手当、年金の介護手当、企業年金、児童教育給付、その他の年金）				
社会扶助給付				
「老齢・障害等基礎保障」給付				
難民資格取得者給付				
連邦援護法による給付				
雇用エージェンシの給付（たとえば、生計扶助、介護手当、補償年金）				
職業安定所の給付（たとえば失業手当Ⅰ、失業手当、適応扶助、職業訓練補助、雇用促進手当など）				
児童給付（たとえば、児童手当、育児手当）				
職業訓練助成金				
養育費				
金銭価値のある私法上の請求権（たとえば、賄い、居住権、小遣い、終身年金、介護手当）				
税金還付				
資本収益（たとえば、利子）				
その他の収入				

書類整理記号：	「老齢・障害等基礎保障」給付申請書―3ページ―	申請者：
	1人目	2人目

5．収入から控除できる項目（4．で考慮されない場合に限る）（証明書類を添付してください！）

控除できる項目はない	□	□

支出	月額		月額	
所得税				
健康保険				
介護保険				
失業保険				
年金保険				
災害保険				
老後保障保険料				
家財保険				
葬祭保険				
生命保険				
賠償責任保険				
仕事の材料費支出				
職業組合費				
二重家計増加費用				
住居と職場間の距離	km		km	
職場への交通費				
利用手段				
―公共交通手段				
―乗用車				
―最小乗用車(500ccm以下)				
―オートバイ				
―原動機付き自転車				
その他				
「その他」に対する詳しい理由付け				

6．現金、預金（たとえば貯蓄口座、振替口座）その他の資産（証明書類を添付してください！）

資産はない	□	□

資産の種類	証明書類による資産価値	資産推定価格	証明書類による資産価値	資産推定価格
現金				
銀行預金／貯蓄銀行預金（財産形成のための給付を含む）				
有価証券				
債権				
生命保険（買い戻し価格）				
家屋所有				
その他の土地所有				
原動機付き車両				
国が援助する個人契約老後保障				
譲渡契約による請求権（たとえば居住権、用益権、隠居後の財産保有権）				
その他の資産				

書類整理記号：	「老齢・障害等基礎保障」給付申請書―4ページ―	申請者：
	1人目	2人目

7．資産の譲渡

申請までの10年間に、資産が他の人に譲渡されたことがありますか（たとえば贈与、譲渡契約、隠居後の財産譲渡）？	□いいえ □はい 添付証書参照	□いいえ □はい 添付証書参照

8．住居費－施設に住んでいない人のみ記入してください

8．1　家賃　（証明書類を添付してください！）

住居内人数：　人	居住面積：　平方メートル	
住居費合計額：	ユーロ	
うち、暖房費を含まない家賃：	ユーロ	
雑費：	ユーロ	
暖房費：	ユーロ	
転貸による収入	ユーロ	
記入した金額に —調理燃料費は含まれていますか？	□はい　□いいえ	
—温水費は含まれていますか？	□はい　□いいえ	

8．2　家屋／住居所有

あなたが所有している家屋／住居に自分で住んでいる場合、費用／負担を算定して呈示してください。

9．金銭給付を受ける場合、以下の口座にお支払いくださるようお願いします。

口座番号、店番号、金融機関名称と所在地、口座名義の姓と名

宣言

書類を添付した「老齢・障害等基礎保障」給付申請書を、私は事実にしたがって記入しました。他者に関する申告（第2生計の申告を除く）は、私に全権を委託されたので記入しました。そうでない場合、これらの者はこの申請書、または別の用紙に自分で申告し、各自の署名によりその正当性を確定しました。

「老齢・障害等基礎保障」給付を受給する場合、そして受給する限り、個人的経済的状況（家族、住居、収入、資産、滞在に関する状況）の変化を遅滞なく、要請されることなく通知します。この事は、私が代理するその他の者の申告にも該当します。

□　まだ情報が不十分であり、そのための面接をお願いします。

□　私は私の配偶者または婚姻類似共同体のパートナーに、「老齢・障害等基礎保障」の決定受領の全権を委託します。

場合によっては住宅手当／負担補助金に対する請求権が生じることもあります。

□　住宅手当／負担補助金をまだ申請していない場合、私はここに適切な申請書を提出します。私は、この申請書を住宅手当管轄部署に転送することに同意します。

日付	1人目	署名
日付	2人目	署名

３．社会扶助（１部省略）

社会扶助申請者（基本申請書）

日付

―福祉事務所記入欄―

登録番号						開始			統計欄							再呈示			
K	GEM	A	SG	SB	ケース	日	月	年	PK	P	UR	W	D	L	国	Wv	G	ページ	R
1	1 0 0	0		0 0														----	

1 **個人的状況および特定人的範囲への所属**

―以下の欄は福祉事務所が記入すること！―

	01	02	03
	□申請者（H）□男 □世帯主 □女	□別居していない配偶者 □未成年非嫡出子の父親	□未成年非嫡出子の母親
姓			
名			
旧姓			
生年月日	/ PES	/ PES	/ PES
出生地			
家族構成			
国籍			
住所			
最後に従事していた職業			
職業識別記号			
最後の雇用者			
世話人	□いいえ □はい	□いいえ □はい	□いいえ □はい
氏名			
住所			
活動範囲			
業務記号			
追放者、亡命者、移住者	証明証番号 □いいえ □はい	証明証番号 □いいえ □はい	証明証番号 □いいえ □はい
庇護を求める外国人等	□いいえ □はい	□いいえ □はい	□いいえ □はい
庇護許可申請日	□いいえ □はい	□いいえ □はい	□いいえ □はい
連邦援護法による請求権	□いいえ □はい	□いいえ □はい	□いいえ □はい
重度障害者証明書	□いいえ □はい 生計能力減少度 %	□いいえ □はい 生計能力減少度 %	□いいえ □はい 生計能力減少度 %

2 **世帯内のその他の人** ***―以下の欄は福祉事務所が記入すること！―***

人員番号	姓、名	生年月日	PES	家族構成	職業／職業訓練場所	職業識別記号
04						
05						
06						
07						
08						
09						

3 昨年の滞在状況 (連邦社会扶助法第103条以下)

から	まで	通り(街)、地名	転居の理由

最後の居住地では社会扶助を受けましたか？　□いいえ　□はい
転居費用を負担したのは誰ですか？ ____________________

4 外国からの越境
越境の日付と場所 ▶____________________
家族構成員のうち、以前に外国に住んでいた人はいますか？
□いいえ　□はい　住 所: ▶____________________
家族構成員のうち、連邦共和国内で生まれた一番の年長者:
氏 名: ▶____________________
住 所: ▶____________________

5 葬祭保険および生命保険より生じる請求権

人員番号	保険会社	保険金額	保険料	満期日

6 雇用促進法(AFG)による請求権

人員番号	種 類	顧客番号	から	まで	停止期間	
					から	まで

7 年金保険より生じる請求権

人員番号	年金実施者	保険番号	保険料払込月数	年金申請

8 世帯外の扶養義務者 —添付資料3参照—

9 資産申告 —添付資料5参照—

10 その他の請求権

	から－まで		金 額

11 健康保険

人員番号	健康保険組合	保険料	種 類

種類: 1 加入義務保険加入
2 任意保険
3 家族保険
4 子どもの父により加入

－証明書類を添付してください！－

12 給付 *—以下の欄は福祉事務所が記入すること！—*

人員番号	種類	HAS	金額	減額	KS	VH	第85条	から	まで

13 住宅状況（場合により収益計算）

賃貸人（氏名、住所）	住居の規模 部屋数	m²	温水設備
			□ はい
			□ いいえ

14 暖房の種類　□ガス　□石油　□電気　□石炭　□遠隔暖房

15 実際の住居費 *—以下の欄は福祉事務所が記入すること！—*

家賃	雑費	合計額	UKS	暖房費	UKS

16 住宅手当 *—以下の欄は福祉事務所が記入すること！—*

申請日	認可開始日と終了日	金額	住宅手当番号	暖房補助
				□はい　□いいえ

17 所得 *—以下の欄は福祉事務所が記入すること！—*

人員番号	種類	EIS	金額	年金受給者番号、納税者番号	A	G	から	まで

－証明書類を添付してください！－

18	控除項目 （家財保険および賠償責任保険など） *—以下の欄は福祉事務所が記入すること！—*				
人員番号	種　　類	EIS	金 額	か ら	ま で

19 支給受給者 *—以下の欄は福祉事務所が記入すること！—*

	姓、名	通　　り(街)	番 地	方 所
1.				
2.				
3.				
4.				

	郵便番号	地　名	Strsch
1.			
2.			
3.			
4.			

	店番号	口座番号	BS	BG	ZS	支給理由
1.						
2.						
3.						
4.						

私は▸＿＿＿＿＿＿＿＿＿＿＿＿＿＿までに以下の書類を提出します。

私は社会法典（SGB）—共通事項部分—および刑法典の抜粋、ならびに・・・・市福祉事務所の情報冊子を受け取りました。

添付書類　□1　□2　□3　□4　□5　**は申請書の一部です。**

連邦データ保護法（BDSG）第2条第1項の指す個人に関する申告データの取扱、ならびにこれらデータの今後の変更については承知しています。

私の個人情報は社会法典第1巻第60条第1項1番に基づき収集されることに同意します。

担当者（署名、日付）　　　　申請者（署名、日付）

社会扶助申請書**添付書類1**

申請理由

申請者／扶助を求める者（姓、名）	生年月日
住　所	

担当役所印および書類整理番号

現在の扶助申請およびその理由

私または私と同一世帯内に生活する世帯構成員は、すでに社会扶助給付を受給しています/受給していました

扶助受給者（姓、名）	扶助の種類	福祉事務所名、書類整理番号	金額（DM）	期　間

裏返してください！

著者紹介

田畑　洋一（たばた　よういち）
1945年鹿児島県生まれ
東北大学大学院文学研究科人間科学専攻博士後期課程修了
博士（文学）

西九州大学助教授を経て，現在鹿児島国際大学福祉社会学部教授
独マルティン・ルター大学社会人類学研究所客員教授（2004年9月～2005年8月）

主要著書　『新社会福祉・社会保障』（編著　学文社　2011年）
『ドイツの求職者基礎保障』（監訳　学文社　2009年）
『現代社会福祉概説』（編著　中央法規　2004年）
『公的扶助論（第3版）』（単著　学文社　2003年）
『現代社会福祉概論』（編著　学文社　2001年）
『現代公的扶助法論』（分担執筆　法律文化社　1997年）

ドイツの最低生活保障―制度の仕組みと運用―

2011年8月30日　第1版第1刷発行

著　者　田　畑　洋　一
発行者　田　中　千津子

発行所　〒153-0064　東京都目黒区下目黒3-6-1
☎ 03(3715)1501　FAX 03(3715)2012
振替　00130-9-98842
株式会社 学文社

検印省略

ISBN 978-4-7620-2207-4
印刷／新灯印刷株式会社